일본인의

사유양식과
자본주의 정신

Japanese Noetic Mode and
Spirit of Japanese Capitalism

지은이

김필동 金弼東, Kim Pil Dong

히토츠바시(一橋)대학 석사·박사과정(일본사상전공) 수료 및 히로시마(広島)대학 박사과정(일본교육문화전공) 졸업. 근대 일본의 민중 사상 연구로 박사학위 취득. 일본국제교류기금펠로우, 국제일본 문화연구센터(日文研) 객원연구원 역임. 현 세명대학교 외국어학부 교수.

주요 저서로는 『전후 일본의 문화외교 연구』(한국연구재단 인문저술지원사업 선정), 『일본 일본인론의 재발견』(대한민국학술원 우수학술도서 선정), 『일본적 가치로 본 현대 일본』(대한민국학술원 우수학술도서 선정), 『근대 일본의 민중운동과 사상』(문광부 추천 역사분야 우수학술도서 선정), 『리액션의 예술 일본 대중문화』(한국출판협회선정 청소년권장도서 선정), 『日本語で日本を歩く』(일본국제교류기금 학술지원도서), 『일본의 정체성』 외 다수.

일본인의 사유양식과 자본주의 정신

초판인쇄 2023년 4월 20일 **초판발행** 2023년 4월 25일

지은이 김필동

펴낸이 박성모 **펴낸곳** 소명출판 **출판등록** 제1998-000017호

주소 서울시 서초구 사임당로14길 15 서광빌딩 2층

전화 02-585-7840 **팩스** 02-585-7848

전자우편 somyungbooks@daum.net **홈페이지** www.somyong.co.kr

값 19,000원 ⓒ 김필동, 2023

ISBN 979-11-5905-786-1 93300

이 저서는 2018년 정부(교육부)의 재원으로 한국연구재단의 지원을 받아 수행된 연구임(NRF-2018S1A6A4A01029736).

일본인의

사유양식과 자본주의 정신

김필동 지음

Japanese Noetic Mode and Spirit of Japanese Capitalism

일본적 자본주의 정신을 생각한다

일본 연구에 관심을 두기 시작하면 문제의식의 중심에서 쉽게 사라지지 않는 것이 하나 있다. 왜 일본은 비서구 사회에서 유일하게 근대화, 산업화에 성공할 수 있었을까, 그 사상 문화적 배경은 어떤 것이냐는 점이다. 해외의 일본 연구자나 지일가知日家들이라면 이 문제로부터 자유로운 연구자는 많지 않을 것이다. 그런데 일본의 식자층이나 일본인들은 이러한 문제의식 제기에 적지 않은 당혹감을 느낀다고 한다. 일본 근대화의 기반은 에도江戶, 근세인데 그 시대에는 서구적인 '시민'의식 같은 것이 존재하지 않았기 때문이다.

저자도 이러한 지적에 기본적으로 동의하지만 한 가지 간과해서는 안되는 점이 있다. 바로 그 근세 시대에 '일본적 자본주의 정신'이 형성되었다는 사실이다. 베버는 프로테스탄티즘이 만들어내는 근면적 '정신'이나 '윤리'가 근대적·합리적 자본주의 '정신'에 부합한다는 사상을 정립하면서, 이 같은 사상은 중국이나 일본에는 역사적으로 존재하지 않는다고 했지만, 실은 18세기 무렵부터 일본적 자본주의 정신이 일본 사회에 형성되기 시작했다. 백성들의 의복은 천布이나 목면木綿으로 한정되고, 하급 무사들은 명주紬나 견絹을 제한하는 법령이 시대를 관통하는 등, 신분을 초월하여 분수를 지켜야 한다는 생활 태도身分相応가 일본 사회의 전통으로 존재했다.

그뿐만 아니다. 미신迷信이나 주술呪術로부터의 해방과 의식·사회 변화를 선도하며 생활 속의 실천도덕이라는 사상을 전개하는 민중 사상가들이 각지에 등장하고, 그들이 주창하는 실천 사상이 사회적 영향력을 확대하며 도덕성과 공공성을 중시하는 상인 정신이 형성되고, 서민들은 검약 사상을 자기 혁신의 실천 덕목으로 중시하며 지역·사회 발전의 토대가 되는 윤리성을 확립해갔다. 정직, 근면, 검약, 음덕, 화합, 인내 등과 같은 통속도덕의 윤리를 바탕으로 합리적인 부를 추구하고 공익성을 중시하는 '정신' = '일본적 자본주의 정신'이 저변에서부터 잉태되었다는 것이다.

인간의 행동은 그 배후에 의식이라는 것이 존재한다. 의식은 지성知性의 능력을 가늠하게 되고 지성의 능력은 개인의 합리성 추구를 넘어 합리적 사회 문화 구축의 토대가 될 수 있다. 따라서 의식이 집단화된 도덕적 형태로 나타난 문화가 존재했는지, 그것이 역사성을 띠고 인간의 행동양식을 규정했는지 등의 문제는 정신문화적 관점에서 매우 중요한 의미를 갖게 된다. 저자가 이 부분을 중시하는 것은 그것이 바로 '근대화'의 기반, 요컨대 일본은 왜 비서구 사회에서 유일하게 근대화에 성공한 국가였는가에 대한 문제의식의 출발점이기 때문이다.

야마모토山本七平가 "어떤 사회든 그 사회에는 전통적인 사회 구조가 있고 그것이 각자의 정신 구조와 대응하는 형태로 움직이고 거기에는 각각의 원칙이 있다. 그 사회의 원칙이 외부에는 '보이지 않는 원칙'이어도 내부에서는 당연히 자명의 원칙으로 움직이고 있다"고 지적한 바 있듯이, 근면, 검약, 정직, 인내라는 금욕적인 생활 태도를 바탕으로 세속적인 직업 활동에 전념하여 합리적인 부를 축적해간 일본의 정신문화사를 규명하는 것은 '일본 문화 연구'라는 관점에서 보면 "보이지 않는 원칙"의 과학적 분석이자, 이문화를 심층적으로 이해할 수 있는 기반이라고 할 수 있다.

이 책의 방법론 및 내용

　프로테스탄티즘이 인간의 일관된 윤리적 기초를 제공하여 서구 근대 자본주의를 발전시킨 것처럼 불교나 유교적 기반이 일본의 자본주의 발전에 기여한 것은 주목할 가치가 있다. 경제 활동에 종교나 사상이라는 이데올로기를 주입하여 실천적 윤리관을 양성하고, 그것이 사회적 규범으로 확산되어 자본주의 정신을 잉태했다는 역사성을 정신사적 관점에서 규명한다는 것은 의미 있는 연구이지만, 문제는 그 실체를 과학적으로 분석하는 연구 방법론을 확보하고 있는가에 대한 자문이 필요하다. 저자는 일본·일본인·일본 사회가 체현하는 일반적 정서나 심리 및 전통적인 사유양식이 반영된 문화 양태樣態를 통사적 관점 내지는 사회 구조적인 측면에서 포괄적으로 분석하는 연구를 '일본 문화 연구'로 규정한 뒤, 이를 충족시키기 위한 전제 조건을 제시한 바 있다.

　첫째, 일본인의 의식 구조와 행동양식, 전통 사상이나 관행, 법이나 제도(혹은 이를 반영하고 있는 키 콘셉트의 설정) 등에 의거한 일관된 논리로 일본 사회·문화의 제 현상과 그 내면적 특성을 분석하는 문제의식, 즉 의식 구조나 행동양식의 분석 → 그것을 잉태하는 사회 구조의 분석 → 일본 문화의 특징 해명 → 타문화와의 비교 시점 확보, 둘째, 학제적 연구 방법론의 도입과 통사적 관점에서 문제의 본질에 접근하기 위한 실체적이고 종합적인 연구 마인드, 즉 실증주의 입장에서 오럴 히스토리의 방법론을 부정하거나, 필드 워크만을 중시한 나머지 역사 문헌의 치밀한 검증을 경시하거나, 정치·경제 구조의 분석에만 몰두한 채 문화적 가치나 전통 사상을 배제하는 자세의 지양, 셋째, 문제의식을 객관화할 수 있는 과학적인 연구 방법론의 단련, 예를 들면 현실 생활에 있어서 일본인의 사유양식 분석과 그 집합체인 문화 양태의 상관관계 분석, 그 결과로서 규정된 제도나 관행이 다시 일본인의 의식 세계를 속박하는 형태를 연속·순환적으로 분석하는 방법론의 단련 등이다.

분석 대상의 주제 설정에 대한 문제의식, 충실한 자료 확보와 분석, 선험적 가치관에 구속되지 않는 연구 방법론의 확보 등은, 논리의 비약과 왜곡을 근원적으로 차단할 뿐만 아니라 이문화의 객관적 이해를 가능하게 하는 토대이다. 이 글은 일본인의 사유양식·행동양식의 특징과 토착적인 사상, 그에 근거하여 형성되어온 일본 사회의 고유한 문화적 전통의 실체를 분석하는 문제의식·연구 방법론을 바탕으로, 일본인의 사유양식의 특질통속도덕의 실체과 그것이 일본적 자본주의 정신의 토대가 되어 오늘날까지 일본 자본주의 문화 발전에 기여하고 있음을 실증적으로 분석하는 데 주력했다. 그 과정을 4장으로 구성했고, 각 장의 내용은 다음과 같다.

제1장은 미 건국의 아버지로 불리는 벤자민 프랭클린의 실천적 사상의 실체와 그의 사상을 근대 자본주의를 성립시킨 '정신'으로 주목하여, 그 '정신'은 '영리욕'이 아니라 '특유의 에토스^{ethos}'이고, 그것은 끊임없는 근로와 검약, 정직, 신용과 같은 덕성이며, 그것을 관통하는 금욕적인 생활 태도를 보유할 때 비로소 근대 자본주의가 합리적으로 발전할 수 있다는 막스 베버의 논리를 토대로, 일본적 자본주의 '정신'을 잉태한 통속도덕의 실체와 그 이론적 기반 등을 분석했다. 일본인의 사유양식으로 주목한 '통속도덕'이란 '누구나 일반적으로 실천하고 사회적으로 승인되고 있는 내면화된 보편적인 생활 규범의 총체'이고, 근면, 검약, 정직, 인내, 화합과 같은 덕목을 의미한다. 이것은 공동체 속에서 발하고 있는 민중의 토착적인 전통윤리이자 역사의 발전 단계에서 주체적인 삶을 살아가는 민중들

의 자기 단련·사상 형성의 역사적 기반이기도 했다. 그 실천적 윤리성이 바로 일본적 자본주의 '정신'의 토대가 되었음을 제1장에서 실증했다.

제2장은 일본인의 사유양식으로서의 통속도덕의 역사성이 일본 근세 사회 자본주의 정신의 토대가 되었음을 실증적으로 분석했다. 구체적 사례로 유학자 가이바라 에키켄貝原益軒의 생활윤리의 실체, 승려로서 사민四民의 직업윤리를 최초로 설파한 스즈키 쇼산鈴木正三의 직분불행職分仏行 사상, 상인 출신으로 자랑스러운 일본인의 정신문화의 역사로 기억되고 있는 이시다 바이간石田梅岩의 심학心學 사상과 상인 철학商人道, 일본에서 '농민 성인聖人'으로 추앙받고 있는 니노미야 손토쿠二宮尊德의 보덕 사상報德思想과 농촌 부흥 운동, 실천적 농민 지도자이자 교육가로서 농민 교화와 농촌 개혁 운동에 앞장섰던 오하라 유가쿠大原幽学의 인심도심설人心道心說과 농촌 근대화 운동 등을 분석했다. 본 장에서 주목한 인사들은 가이바라를 제외하면 모두가 민중농민, 상인으로서, 어떤 학파도 추종하지 않고 자유로운 해석으로 실학적 사고에 철저했고, 근면, 정직, 검약에 근거한 생활 태도를 강조하고 실천하는 사상을 확립했다. 제2장에서는 그들이 주도한 실천윤리의 사회화를 통해 일본적 자본주의 정신의 원형이 근세 시대에 존재했음을 논증했다.

제3장은 근대 사회 형성기 관동關東 일대의 산타마三多摩 지역을 중심으로 산업화의 물결 속에 지역 사회를 중심으로 자기 근대화를 모색하는 과정에서 경영과 수양주의修養主義를 결합하여 지역의 발전을 주도한 지역 유지들의 전통적인 윤리 의식과 식산흥업 정신의 실체, 근현대 일본의 자본주의 구현에 기여한 상징적 인물들의 사상 등을 주목했다. 구체적으로

는 지치부秩父 산촌의 자기 근대화 과정, 이시다 바이간의 심학 사상을 계승한 마츠시타 코노스케松下幸之助의 실천 경영 철학, 일본 자본주의의 아버지로 불리는 시부사와 에이치澁澤榮一의 도덕경제 합일 사상, 근현대 사회 이행기 농어촌의 자력갱생운동의 실체 등이다. 특히 시부사와 마츠시타는 하나같이 사상의 무장과 윤리의 실천, 그리고 교육을 통한 실천윤리 전파에 진력하며 근현대 일본적 자본주의 정신의 원형을 구축하는 데 기여했다. 생활 속의 윤리 의식이 직업윤리 사상을 낳고, 그 연장선상에서 공적 가치를 중시하는 철학이 자연스럽게 형성되는 구조가 일본인의 사유양식·행동양식의 특징이고, 그 구조는 전근대 시대부터 계승되고 있는 일본적 가치의 창출과 전승 구도의 실체이자, 전후 일본의 고도 경제 성장의 토대이기도 함을 제3장에서 논증했다.

제4장은 전근대 사회에 형성된 자본주의 정신이 근대 사회를 거쳐 전후 어떠한 형태로 전승되어 경제 대국 일본의 기반이 되었는가를 주목했다. 패전 이후 일본의 고도 경제 성장은 놀랄만한 '세계사의 사건'이었기에 일본의 경제 성장을 가능케 한 제 요인에 대해서도 일본 국내외서 다양한 분석이 이루어졌지만, 저자는 일본인의 사유양식에 주목하여, 전후 부흥의 토대가 된 일본인의 통속도덕 실천과 기업가 정신, 경제 성장의 주체인 일본인의 노동관과 노동 생산성의 실체, 노동윤리의 에토스화를 통한 일본적 자본주의 정신의 역사성, 등의 문제를 분석했다. 이를 통해 전근대 사회에 형성된 일본적 자본주의 정신이 오늘날까지 경제 대국 일본을 지탱하고 있고, 그것이 일본인의 전통적인 사유양식에 기인하고 있음을 실체적으로 증명했다.

이 책이 기대하는 것

한일 문화 교류 확대로 양국 사회의 상호 인식은 변화했다. 그럼에도 양 국민의 정서는 여전히 역사·문화적인 갈등에 쉽게 흔들리는 인상을 떨치지 못하고 있다. 일본의 대한 인식은 차치하고라도 한국 사회의 '일본상'은 재정립될 필요가 있다. 그동안 한국 사회는 일본의 과거와 현재, 그리고 미래의 일본적 가치를 면밀하게 분석하는 열정과 노력 끝에 설정된 실체적 대일관을 공유하기보다는 '선험적 일본관'에 안주하거나 '심정적 차원'에서 이해하고 단정하는 우를 근절시키지 못했다. 그로 인해 현재까지도 우리의 뇌리에 각인되어 있는 대일 인식의 '실상'은 때때로 안갯속을 벗어나지 못하는 형국이다.

우리 사회가 'The Japanese'의 허상, 이른바 내실 없는 현상적 이해에 자만하고 있을 때 구미 사회는 다양한 관점과 연구로 일본 문화의 실체파악에 주력해 왔다. 정작 가장 심도 있게 분석해야 할 우리는 학계의 노력에도 불구하고 실체적 접근에는 소홀했다. 이 점은 아쉽지만 사실로 받아들이고 반성하면서, 이제부터라도 한국 사회는 기본적이고도 본질적인 일본 이해와 사회적 공감대를 형성할 수 있는 의미 있는 분석 결과를 축적하고 인지해가야 한다. 우리 스스로 초래한 한계를 극복하려는 의지가 결과를 동반할 때 향후 우리가 인식해야 할 일본·일본인·일본 사회의 참모습이 제대로 설정될 수 있고 지혜롭게 대응할 수 있는 힘도 축적될 것이다.

시대정신과 산업의 흐름을 직시하는 가치관의 형성이라는 관점에서도 그러하다. 4차 산업 혁명 시대에 일본 사회는 일본적 자본주의 정신을 바탕으로 '공유 경제'를 주도하는 다양한 창업 활동이 사회적으로 확산되었다. 공유 경제를 주도하는 세계적 기업에 한국계 기업이 이름을 올리지 못하고 있는 이유는 자본주의 정신과 창의 교육시스템의 부재에 기인하는 바가 적지 않다. 공유 경제의 근간은 정직, 근면, 검약과 사회적 신뢰 관계의 구축이 무엇보다 중요하기 때문이다. 바로 자본주의 '정신'의 핵심이다. 한국 사회가 선진화된 자본주의 시장을 구축하기 위해서는 자본주의 정신의 실체를 제대로 이해하고 실천하는 사상의 내면화 과정이 선행되어야 한다.

합리성을 추구하는 근대 자본주의는 이익 추구에 전념하는 나쁜 상인 근성이 만연한 곳에서는 형성될 수 없고, 오히려 상인들의 이익 추구는 엄격히 규제되어야 한다는 정신이 지배하는 곳에서 탄생하게 된다. 그러한 상인들의 행동양식을 특징 지우는 것이 근면, 검약, 정직을 핵심으로 하는 금욕적인 생활 태도이고, 그 정신을 바탕으로 세속적인 직업 활동에 전념하는 것이 근대 자본주의 정신이다.

그 정신을 우리 스스로 잉태하고 전승한 역사성이 취약했다면 지금부터라도 그 정신의 토양을 발견하고 육성해가는 것이 필요하다. 한국 자본주의 문화의 선진화를 위해 서구와 일본적 자본주의 정신의 실체를 한번쯤 돌이켜 보았으면 하는 소박한 마음을 담아 이 책을 완성했다. 한국에서 '일본 자본주의 정신'을 연구한 최초의 서적이기에 설레임과 아쉬움이 교차하지만 독자 여러분들의 성원과 관심을 진심으로 기대해 마지않는다.

2023년 3월
김필동

차례

일본인의 사유양식

생활 규범으로서 통속도덕의 역사성

1. 부富의 근원과 가치 자본주의 '정신'

부의 근원과 부를 추구하는 가치는 무엇이며, 동·서양의 차이는 존재
하는 것일까. 결론부터 언급하면 차이는 없으나 부는 일상의 직업 노동에
매진하는 방법적인 생활 태도와 그에 유래하는 충동적·관능적인 향락을
억제한 결과라는 사실을 직시할 필요가 있다. 따라서 근원과 가치를 추
구하는 사고를 그 사회나 민족이 스스로 만들어 사회 문화적으로 전승한
역사성역사적 형태을 확보하고 있느냐는 점은 중요하다. 오늘날의 관점에서
보면 자본주의 '정신'의 생육生育기반의 문제이다.

우리 사회가 그다지 주목하지 않았던 사실이지만 선진 자본주의 제국
은 대체로 그런 역사성을 보유하고 있다. 산업 혁명을 주도한 영국의 노
동자들은 중세 말기에 오랜 시간을 걸쳐 합리적인 산업 경영을 촉진하는
에토스를 보유하고 있었고, 산업 혁명 이후에는 노동자의 생활에서 낭비
적인 소비를 배제하고 노동력의 안정적인 재생산을 보장하려는 움직임
이 유럽 각지에서 본격화하기 시작한다. 자본주의 발전을 가능하게 하는
노동 규율과 생활양식의 정립이다.

벤자민 프랭클린의 근대적 인간상

애덤 스미스Adam Smith, 1723~1790가 장래 "놀랄만한 제국formidable empire"이 된다고 예언했던 미국의 자본주의 역시 예외가 아니다. 남북 전쟁 이후 산업 혁명을 통해 공업국으로 탈바꿈한 미국은 퓨리탄적 근면과 절약의 미덕을 강조하며 자본주의 정신을 형성해갔다. 그런 흐름을 주도한 대표적 인물이 18세기의 '근대적 인간상'을 상징하는 존재이자 미합중국의 '건국의 아버지'로 불리고 있는 벤자민 프랭클린Benjamin Franklin, 1706~1790이다.

그는 인간으로서의 기본은 '근면'과 '미덕'이고, 부자로서의 조건은 '시간'과 '돈'의 관리이며, 자신을 단련한다는 것은 '응석'과 '연약함'의 관리라고 했다. 미 건국의 아버지들 가운데 누구보다 사람을 끌어들이는 특이한 매력을 보유했고, 혁신과 진취적 기상으로 근대적 자본주의 육성을 주도했으며, 19세기에는 "서민이 배울 수 있는 우상일 뿐만 아니라 외국인을 미국적 가치관에 동화시키기 위해 이용할 수 있는 가장 중요한 신화적 인물"[1]로 부상했던 위인이다.

미국의 역사에서 프랭클린만큼 상징성에서 어떤 상상력을 불러일으키는 인물이 없을 정도로 창의적이고 실용주의적인 '미국인'이었지만 그의 인생 항로는 독립독행獨立獨行의 전형이었다. 가난한 평민의 17명의 자녀 중 15번째로 태어난 그는 목사가 되기를 원하는 아버지의 뜻에 따라 학교에 다니기 시작했으나, 어려운 가정 환경과 엄격한 규율에 적응하지 못한 채 학업을 중단하고 아버지의 일을 돕기 시작하면서, 10세라는 나이에 상공인으로서 힘든 삶을 시작했다.

어린 나이에 일을 시작했음에도 프랭클린은 현명하고, 공정하고, 청렴하고, 성실한 아버지를 존경했다. 아버지는 지역 유지들의 잦은 방문과 소속 교회로부터 다양한 문제에 관한 의견을 수시로 요청받았고, 그럴 때마다 아버지가 내린 판단과 의견은 절대적인 신뢰를 받았다고 한다.[2] 그런 아버지로부터 어느 날 "어떤 행위라도 정의롭지 못하게 달성한 것이라면, 그것은 전체의 이익이 되지 않는다. 잘못된 행위라도 바른 목적이 달성되면 괜찮다고 신神이 정했다고 생각하느냐. (…중략…) 정의의 룰을 깨트리면 그만큼 세상에 손상을 입히는 것이다. 우선은 좋을지 몰라도 언젠가 세상은 알게 된다"[3]는 교육을 받았을 때 자신을 납득할 수 있었다고 한다.

경제적으로 넉넉하지 못해도 "건전한 이해력과 견실한 판단력"을 겸비한 아버지 밑에서 "정직하지 않는 행위는 진정 유익한 것이 아니다"라는 가르침을 깨달은 그는, 독서를 좋아하는 자신의 성격을 간파한 아버지의 권유로 12세에 형이 운영하는 인쇄소의 견습공으로 취업하면서 성공 스토리를 만들기 시작한다. 사회인으로서의 출발이 결코 정상적이지 않았지만 주경야독의 근면하고 절도 있는 생활은 성공의 밑거름이 되었고, 역경을 두려워하지 않는 창의적 도전 정신은 주위의 신망을 얻기에 충분했다.

인쇄, 출판업에서 두각을 나타내기 시작한 그는 인쇄업 독립을 위한 준비와 보다 선진화된 문화를 접하기 위해 18세에 영국 유학길에 오르게 된다. 런던에서 2년간 인쇄업과 유럽에 관한 공부를 하면서 역량을 다져가는 계기를 만들었고, 그 과정에서 자신이 체득한 유용한 지식을 사회에 확산하기 위해 『자유와 필연―쾌락과 고통에 대한 이론』이라는 저서를 출간하기도 했다.

귀국 이후에는 신문 창간을 비롯해 『지폐의 본질과 필요성』이라는 저서를 발간하는 한편, 도덕이나 정치, 과학에 관한 토론회를 주변 상공인들과 관계자들을 모아 정기적으로 개최하는 비밀 클럽을 만들어 특유의 지적 탐구열을 발산했고, 25세에는 공공사업의 일환으로 회원제 도서관을 설립하고, 26세에는 미국인들에게 미덕의 가치를 전하기 위한 방편으로 다양한 격언이 들어간 최고最古의 캘린더 『가난한 리차드의 달력Poor Richard, 1733 – An Almanack』을 출판했다.

달력이 없는 지방은 거의 없다는 현실에 착안하여 주요 연중행사, 영국의 역대 국왕, 유럽의 주요 국왕이나 왕자의 생일 같은 표를 비롯해 읽어서 재미있고 많은 사람이 알고 싶어 하는 유용한 정보와 격언들을 채워넣었다. 책을 읽지 않는 서민들에게 지식을 전달하기 위해 시도했던 이 구상은 미국 사회에 커다란 반향을 불러일으키며 프랭클린의 명성을 드높이는 전기가 되었다. 캘린더의 일례를 보면[4]

나이 든 독신남이 결혼하고 싶은 여성은 현명하고, 아름답고, 돈이 많고, 미혼인 처녀로서, 크지도 작지도 않은 적당한 체격에, 도시에서 태어나 자라고 시골 주부처럼 일하는 여성. 그런 남자는 실로 바보스럽고 오랜 시간 허무한 기다림에 젖어 있는, '만들어진 형태로는 존재하지 않는 여성'에게 구혼할 수밖에 없다.

부질없는 허황한 욕망에 젖어 세월을 허비하는 사람에 대해 경각심을 일깨우는 내용이다. 성공한 실업가로 주목받기 시작한 그는 학문은 "덕을 추구하고 악덕을 추방한다"는 생각으로 문상양도文商兩道의 가치를 중시하고, "근면이야말로 부와 명성을 획득하는 수단"[5]임을 확신했다. 이에 프랭클린은 도덕적으로 완전한 인간이 되기 위해 "대담하고 매우 곤란한 계획"을 세우기 시작했다. 그것은 "어떠한 상황 속에서도 과오를 범하지 않고, 타고난 성질이나, 습관, 친구로 인해 빠지기 쉬운 과오는 모두 극복"[6]한다는, 이른바 '실천도덕'의 중시였다. 그는 다음과 같이 언급했다.[7]

높은 덕을 갖는다는 것은 우리들의 이익으로 이어지는 것으로, 단순하게 머리로 생각하는 신념만으로는 어리석은 실수를 충분히 막을 수 없다. 어떠한 상황 속에서도 바른 행위를 관철한다는 자신감을 조금이라도 얻기 위해서는 우선 그에 반反하는 습관을 타파하고 좋은 습관을 만들어 몸으로 익히지 않으면 안 된다.

타고난 강한 성질이 이성을 억압하고 실수를 반복하는 것을 막기 위해서는 평소 좋은 습관으로 게으름이나 쾌락과 같은 불필요한 유혹을 뿌리쳐야 한다는 논리이다. 일상 속에서 스스로 지켜야 할 바른 습관을 통해 도덕적 완성을 추구하는 것, 바꾸어 말하면 습관에 의한 자기 관리의 중요성을 인식하는 것이 "자신의 이익"과 불가분의 관계에 있음을 역설한 것이다.

'습관'의 사전적 의미는 "몸에 익힌 채로 굳어진 개인적 행동"으로, 거의 무의식적으로 행해지는 후천적 행동이다. 자신의 삶 속에서 일어날 수 있는 다양한 어려움이나 역경을 사후약방문이 아닌 사전에 대비하는 행동양식은 어찌 보면 너무나 당연함에도 사람들은 그 당연함을 외면하고 있다는 것이다. 습관에 의한 미덕의 철학을 프랭클린은 "당신 자신만큼 쉽게 당신을 배신해온 자가 있겠는가"라는 말로 대신하며 습관으로서 체득해야 할 '13개의 덕'을 설정했다.

습관으로 체득해야 할 '13개의 덕'

13개의 덕은 절제, 침묵, 규율, 결단, 절약, 근면, 성실 등이었다.각 덕목의 정의는 <표 1> 참조 '절제'를 첫 번째로 언급한 이유는 두뇌의 냉철함과 명석함을 획득하는 데 도움이 되기 때문이고, 이어 '침묵'과 '규율'을 둔 것은 불필요한 교제나 농담으로 시간을 허비하는 폐습을 없애는 대신 자신의 계획이나 공부에 좀 더 할애할 수 있는 시간을 확보하기 위함이었다. '결단'의 덕은 이상의 제 덕이 습관이 되면 다음에 이어지는 제 덕목을 단호하게 실천할 수 있기 때문이라고 했다. 그 연장선상에서 '절약'과 '근면'을 실천하면 빚에서 벗어나 부와 독립을 이룩할 수 있고, 그렇게 되면 '성실'과 '정의'를 비롯해 다른 덕은 한층 쉬워진다는 논리이다.[8]

　'절제'는 냉정함을 유지하는 것이고, '침묵'과 '규율'은 인간관계의 중요성을, '근면'은 효율성과 생산성을, '성실'은 성공과 신뢰의 기반이라는 의미로 해석했다. 마음을 근본적으로 개혁해야 하는 유토피아적인 세계관을 요구한 것이 아니라 보통 사람들이 할 수 있는 자기 성찰의 실천 계획이었다. 요컨대 자신의 결점을 스스로 극복하고자 하는 수행 과정이 바로 13개의 덕목이었다.

〈표1〉 프랭클린이 설정한 '13개의 덕'

절제(Temperance)	머리가 둔할 만큼 먹지 말고, 취해 들뜰 만큼 마시지 말 것
침묵(Silence)	타인 또는 자기 자신의 이익이 되지 않는 것은 말하지 말 것
규율(Order)	자신의 물건은 둘 장소를 정하고 자기 일은 시간을 정해 할 것
결단(Resolution)	해야 할 것을 실행할 결심을 하고, 결심한 것은 반드시 실행할 것
절약(Frugality)	타인 또는 자신을 위한 것이 아닌 것에 돈을 쓰지 말 것
근면(Industry)	시간을 허비하지 말 것. 유익한 일에 항상 종사할 것. 불필요한 행위는 모두 버릴 것
성실(Sincerity)	책략을 이용하여 사람을 아프게 하지 말 것. 악의를 갖지 않고 공정한 판단을 할 것
정의(Justice)	타인의 이익을 훼손하거나 주어야 할 것을 주지 않거나 타인에게 손해를 입히지 않을 것
중용(Moderation)	양극단을 피하고 격노할 만큼 굴욕감을 느꼈을 때는 한발 물러나 격노를 억누를 것
청결(Cleanliness)	신체, 의복, 주거의 불결함을 묵인하지 말 것
평정(Tranquillity)	소소한 일이나 피하기 어려운 일에 마음의 동요를 일으키지 말 것
순결(Chastity)	성은 건강과 자손을 위해 행하고, 성에 빠져 신체를 쇠약 시키거나 자신 또는 타인의 평화로운 생활이나 신용을 해치지 말 것
겸손(Humility)	예수나 소크라테스를 배울 것

프랭클린은 절차탁마切磋琢磨의 사상을 연상시키듯 바른 인생을 살아가기 위한 도덕적 교훈으로서 13개의 덕을 모두 체득하기 위해 일주일에 하나씩 집중적으로 실천하는 형태로 익히기 시작했다(일주일에 하나씩 13주를 실천하면 일 년에 총 4회를 반복하게 된다). 부의 획득과 사회적 성공을 위해 그것을 지키고 습관화하는 것이 필요하다는 판단하에, 실제 삶의 현장에서 "상인의 신용과 평판을 확보하기 위해 근면하게 일하며 절약하고, 그 반대로 보이는 것은 최대한 피하려 노력"[9]했다.

〈표 2〉 '13개의 덕' 실천 프로그램

	일	월	화	수	목	금	토
절제			●		●		
침묵	●	●		●		●	
규율	●	●	●		●	●	
결단		●				●	
절약		●				●	
근면				●			
성실							
정의			●				
중용	●					●	
청결				●			
평정		●					
순결							●
겸손					●		

매주 한 개의 덕목을 정해 실천하는 프로그램. ●은 실천하지 못했다는 의미.

결과적으로 프랭클린은 자신이 원했던 생애 완전한 형태의 도덕성을 확보하지 못했지만 "나는 노력함으로써 노력하지 않았던 경우보다 훨씬 선량하고 행복한 인간이 되었다"[10]고 자위할 수 있었다. 애덤 스미스가 "최하최빈最貧의 계급인 상인이라도 만약 그가 검약하고 근면하다면 어떠한 야만인이 획득할 수 있는 것보다 더 많은 것"[11]을 누릴 수 있다고 강조했던 것처럼, 그는 근검역행勤儉力行의 삶으로 서민들에게 친근감을 느끼게 하고 누구라도 열심히 노력하면 번영을 구가할 수 있다는 것을 실증해 보였다. 끊임없는 자기 단련의 마음가짐으로 세상의 호평을 얻기에 부족함이 없었던 그는 자신의 인생을 회고하며 다음과 같이 언급했다.[12]

오랜 시간 건강한 체질을 유지할 수 있었던 것은 오로지 '절제'의 덕을 지킨 덕분이다. 나는 젊은 시절에 생활도 안정되고 재산을 일구고 다양한 지식을 익혀 유용한 시민이 되고 학식 있는 사람들 사이에서 다소 명성을 얻을 수 있었던 것은 '근면'과 '절약'의 덕을 지켰기 때문이고 국민의 신뢰를 얻어 명예로운 일을 부여받은 것은 '성실'과 '정의'의 덕을 지켰기 때문이다. (…중략…) 젊은 지인들로부터 호감을 느끼고 존경받고 있는 것은 불완전하나마 13개의 덕목 전체가 가진 종합적인 힘에 의한 것이다.

건강한 삶의 유지와 부의 축적을 비롯해 주위의 신뢰와 존경받는 인물로 성장할 수 있었던 것은 불완전하나마 13개의 덕을 충실히 실천한 결과이고, 양식과 중용의 미덕을 중시함으로써 '근면'이나 '성실'이라는 무형의 자산이, '돈'이나 '재산'이라는 유형적 자산이나 명예의 원천이 되었다는 것이다. 그는 "성실한 농민은 악인惡人인 왕자보다 가치가 있다"고 하면서 "가난한 자가 출세를 원한다면 정직과 성실함이 가장 중요한 덕이라는 사실을 젊은 사람들이 납득"[13]해야 하고, 인간 교제에서 가장 중요한 '진실眞實', '성의誠意', '염직廉直, 청렴결백'을 지키는 것이야말로 "인생의 행복을 얻을 수 있는 가장 중요한 수단"임을 인식해야 한다고 했다.[14]

13개의 덕목 실천이 전하는 메시지는 인간에게 가장 중요한 것은 덕이고 덕성을 지니기 위해서는 수련이 필요하며, 어려운 도전은 분해하여 조금씩 행하고, 목적지에 도달하는 것보다 접근하는 데 중점을 두어야 한다는 것이다. 이익의 정당성이나 인생 행복의 근원은 다름 아닌 '덕德'의 실천이고, 자신에 강한 사람이 진정 강한 자라는 것을 증명해 보인 그는 자신의 철학을 『젊은 상인에게 보내는 조언Advice to a Young tradesman』이라는 저서를 통해 세상에 전파하기 시작했다.

여기서 그는 자신의 실천적 도덕관에 의한 성공 법칙을 바탕으로 "게으름은 만사를 곤란하게 하지만 근면은 만사를 쉽게 한다"는 말로 인간들의 "게으름"을 "가장 무거운 세금"으로 비유했고, 시간 낭비를 "최고의 사치"로 치부했다. "자는 여우에게 닭은 잡히지 않는다"는 비유를 들고, 게으름은 병을 초래하고 수명을 단축한다고까지 주장하며 태만함을 배격했다. '시간'과 '신용'은 '돈'이고, "돈은 자식을 낳듯 증식한다", 만약 부자가 되고자 한다면 '근면'과 '절약'이라는 덕이 중요하니, 시간과 돈을 낭비하지 않고 이 두 개의 덕을 최대한 활용하라는 것이다.

"인생은 시간으로 만들어진다"는 원칙하에 정직, 근면, 성실, 신용, 절약의 가치를 중시하는 것이 비즈니스와 성공, 그리고 행복의 원천이라는 철학이 그가 실천해 보인 합리적·경제적인 삶의 방식이었고, 그 도덕적인 경제론이 "젊은 상인"과 미국 사회에 전한 핵심적인 사상이었다.[15] 이름도 없는 가난한 집안에서 태어나 학교는 8세부터 2년밖에 다니지 못했지만 끊임없는 인격 수양과 근면한 근로관, 절제와 절약 정신을 바탕으로 주체적인 삶을 영위하여 위대한 실업가로 명성을 획득한 이후에는 자신의 평판을 활용하여 공공사업과 학문 연구에 진력하기 시작했다.

미국 최초의 공공도서관 설립을 비롯해 유니온 소방 조합 창설, 필라델피아대학의 전신인 필라델피아 아카데미 설립, 'American Society of Philosophy'라는 학술 단체의 설립, 안전 확보를 위한 의용군 창설, 각종 병원의 건립과 과학자로서의 명성 등, 다방면에 걸쳐 사회 공헌에 주력했다. 42세에 필라델피아 시의원이 된 것을 계기로 실업계를 은퇴하고 정치인으로서 새로운 삶을 영위하지만, "죽음 앞에서는 아무것도 할 수 없다"는 말을 남기고 84세의 일기로 생을 마감하게 된다.

그는 인생의 성공 법칙을 인류에 각인시킨 전형적인 삶을 영위했다. 삶의 의미와 성공의 원리 원칙을 생각하여 스스로 실천하고 그 경험 법칙을 세상에 알리는 데 누구보다 앞장선 인물이었다. "신은 스스로 돕는 자를 돕는다"고 하듯이 정직하게 노력하는 모든 사람에게 축복을 내리는 신이 존재한다는 신념하에, 스스로 인격을 연마하고 근면한 자세로 부를 획득하고, 그것을 기반으로 사회와 국가, 세상을 위해 매진한 "인류의 친구"가 바로 프랭클린이었다.

실업가이자 대부호로 성장한 후 국가의 독립에까지 기여한 그의 생애와 가르침이 녹아 있는 자서전은 인류 공통의 재산으로 간주되고 있다. 특히 구미에서는 18세기 말부터 오늘날까지 성서와 더불어 사람들의 피와 살이 되었다고 할 정도로 많은 사랑을 받았다. 성서가 다소 추상적인 표현으로 이해하기 어려운 점이 있다면 그의 자서전은 종교와 현실 속에서 개인의 성공이나 행복의 실현은 모순되는 것이 아니라 어떻게 하면 풍요로운 인생을 보내고 마음의 평안을 얻고 사회의 평화도 실현할 수 있는지를 인도해주는 길잡이의 역할을 했다고 할 수 있다.

일본도 메이지 유신 이후 그의 가르침과 삶이 일본의 지도층과 일본인의 근대적 가치관 형성에 커다란 영향을 미쳤고, 그가 강조한 13개의 덕은 일본 사회가 전통적으로 중시해온 도덕성과 일치한다는 측면에서 애독되었다.[16] 프랭클린이 제창한 상인의 인격성이나 윤리성, 근면성 등은 근세 중·후기부터 개화하기 시작한 일본인의 상인 철학商人道과 상통하는 점이 있었기 때문이다 — 이 책이 중시하는 대상이고 제2장에서 구체적으로 분석했다. 아시아에서 일본이 가장 적극적으로 그의 사상을 받아들였다는 것은 일본 사회가 쉽게 수용할 수 있는 정신사적 토양을 갖고 있었다는 의미이기도 하다. 그러나 지역이나 국가를 떠나 자본주의의 정신문화라는 측면에서 그의 사상을 중시한 사람이 있다면 저자는 막스 베버Max Weber, 1864~1920라고 생각한다.

막스 베버가 주목한 '에토스'

베버는 근대 자본주의를 성립시킨 원동력은 '정신'이라고 하면서 그것을 실천한 프랭클린의 사상을 주목했다. 베버는 근면, 절제, 정직, 신용, 시간을 중시하는 합리적인 덕의 추구와 향락의 단념에 의해 자신의 자본을 확충하는 것을 의무로 생각하고 자신이 획득한 부를 그 인간의 사회적 유능함의 증표로 생각하는 프랭클린의 근대 시민으로서의 이념을 매우 높이 평가했다.

베버는 프랭클린이 실천한 제 덕목들은 단순히 "처세의 기술"이나 "사업의 지혜"가 아니라 "윤리적인 색채를 가진 생활의 원칙"이고, 그것은 근대 자본주의를 지탱한 정신이며, 거기에는 하나의 "에토스가 표명되어 있다"는 것이다. 따라서 우리가 관심을 기울여야 하는 것은 "독자적인 윤리"로서 "에토스라는 성격"이고, 그것은 다름 아닌 "자본주의의 정신"이라고 했다.[17]

베버에 의하면 프랭클린은 자본주의를 지탱하는 '정신'을 전형적으로 드러낸 인물이자 특징적인 화법으로 젊은 상공인들에게 그런 정신으로 일하고 살아가게 조언했고, 그의 고향에서는 베버가 상정하고 있는 의미에서의 자본주의 정신이 의심할 여지 없이 존재[18]하고 있었다. 자본주는 중국이나 인도 바빌론에도 고대나 중세에도 존재했지만, 프랭클린이 언급한 "특유의 에토스"는 없었고, 따라서 베버는 "근대 자본주의"를 구현한 "서유럽 및 미국의 자본주의"를 주목한 것이다.

이에 베버는 프랭클린이 언급한 윤리를 "자본주의의 정신"이라는 개념으로 사용한다고 하면서 "프랭클린의 예에서 보듯이 정당한 이윤을 사명^{직업}으로서 조직적이고 합리적으로 추구하는 정신적 태도를 일단 '(근대) 자본주의의 정신'으로 명명"하는 것은 다음과 같은 역사적 이유, 소위 "근대 자본주의적 기업이 이 정신적 태도의 가장 적합한 형태로 나타나고 또 역으로 이 정신적 태도가 자본주의적 기업의 가장 적합한 정신적 추진력이 되었기 때문"[19]이라고 했다. 자본주의 정신은 근대 자본주의를 의미하는 것이며 그것은 바로 합리성을 특징으로 한다는 것이다.

그가 말하는 합리성은 미신迷信이나 주술呪術로부터의 해방, 자기 단련이나 자기 규제에 의한 생활 태도의 확립, 현세의 직시에 근거한 개혁이나 변화를 지향하는 가치이다. 따라서 합리성을 추구하는 근대 자본주의는 이익 추구에 전념하는 나쁜 상인 근성이 만연한 곳에서는 형성될 수 없고, 오히려 상인들의 이익 추구는 엄격히 규제되어야 한다는 의식이 지배하는 곳에서 탄생하게 된다. 그러나 여기서 중요한 것은 베버가 "자본주의의 정신"이라는 용어를 고집한 연유이다.

그것은 임금에 대한 노동자층의 영리욕^{단순히 영리욕이 아니라 역사적으로 독자적인 성격을 보유하는 윤리와 불가분의 관계로 얽혀있다고 판단했다}이 하나의 윤리적 의무로 변해, 소위 "윤리적인 색채를 띤 생활 태도의 원칙"이라는 성격을 가진 특유의 에토스라는 것을 규명하려 했기 때문이다. 베버가 주목한 에토스는 "윤리를 규범이나 교양과 관련시킨 것이 아니라 윤리가 사람들의 육신에 스며들고 혈육화血肉化하여, 사람들을 일정한 행동으로 나아가게 하는 그런 현실의 기동력으로 파악했다"는 점이다.

요컨대 에토스를 자신의 사상적 특질로 체현한 사람들은 "자신을 둘러싼 환경의 자극에 대해 혈육화한 윤리의 특질에 따라 생활 태도에서 어떤 특정한 반응 내지는 행동양식을 보이며 역사를 능동적으로 구성해가는 힘을 보이게 된다"[20]는 것이다. "자본주의의 정신"은 '영리욕'이 아니라 '특유의 에토스ethos'이고, 그것은 끊임없는 근로와 검약, 정직, 신용과 같은 덕성이며, 그것을 관통하는 금욕적인 생활 태도를 보유하고 있을 때 비로소 근대 자본주의는 순조롭게 발전할 수 있다는 주장이다.

베버의 논리는 정당한 이윤을 직업으로 추구하는 합리적 '신념'을 관통하는 '생활 태도'를 무엇보다 중시한 것이다. 이에 따르면 인간의 직업 생활은 "부단한 금욕적인 덕성의 단련으로, 바꾸어 말하면 직업에 종사하고 있을 때 나타나는 양심적 태도에 의해 자신의 구제를 증명"하는 것이고, 직업을 갖지 않은 자는 그러한 "방법적 성격"이 결여될 수밖에 없는, 결국 부의 추구는 "직업 의무의 수행"이고, 그것은 "도덕적으로 허락된 것이 아니라 명령되어져"[21] 있다는 것이다.

세속적인 금욕주의와 윤리적 의무로서의 합리적 직무 노동이 부를 축적할 수 있다는 것은 근대 자본주의를 이해하는 데 중요한 사실이고, 근대 사회에서 그런 에토스를 정신문화로 보유하고 있는 나라는 대체로 선진국이었다. 실제 16, 17세기의 네덜란드, 영국, 프랑스 등은 자본주의가 가장 발달한 나라로서 그러한 정신문화를 보유하고 있었다는 것이 베버의 주장이다. 그러나 "자본주의의 특성에 적합한 생활 태도와 직업관이 승리" 하기 위해서는 "그런 생활 태도와 직업관이 새롭게 성립"되어야 하고, 동시에 그것이 "개개인에게 고립적인 것이 아니라 인간의 집단에 의해 품고 있는 사물에 대한 인식으로서 성립되어야 한다"[22]는 것을 강조했다.

따라서 실체적으로 규명해야 할 과제는 자본주의 문화의 특징적인 요소 가운데 하나인 "직업 관념"의 성립이고, 그것을 생성하는 정신으로서의 종교적 의의를 이해하는 것이었다. 여기서 베버는 천직, 직업을 의미하는 독일어로서의 베르프Beruf, 영어의 같은 의미로는 Calling이라고 함를 거론하며, 이 개념에는 일상적인 세계에서의 직업이라고 하는 의미 외에 "신으로부터 부여받은 사명"이라는 관념이 함께 포함된 "종교적 의미"가 있으며, 이것을 역사·문화적으로 조사해보면 "프로테스탄트가 우세한 제 민족"에서 이러한 의미의 말이 반드시 존재하고 있었다[23]고 한다.

종교개혁이 직업 관념과 관련하여 초래한 성과는 가톨릭과 달리 세속적 직업으로서 수행되는 노동의 도덕적 가치를 극히 중시하고 종교적인 보수를 강화했다는 점이다. 이것이 천직Beruf이라는 사상으로 표현되는 것이지만 그것이 어떻게 발전해 갈 것인가는 신앙심의 전개 과정에 따라 규정된다는 것이 그의 생각이었다. 결국 신으로부터 부여받은 직업을 천직으로 실행하는 것이 교의에 충실한 삶이고 그 결과로서 근대 자본주의의 정신이 탄생했다는 것이다.

이를 통해 베버는 "프로테스탄티즘의 세속내적世俗內的 금욕은 분별없는 소유의 향락에 전력으로 반대하고 소비, 특히 사치적인 소비를 압살했다. 그 반면 금욕은 심리적 효과로서 재화의 획득을 전통주의적 윤리의 장애로부터 해방하여 이윤의 추구를 합법화했을 뿐만 아니라 이것을 직접 신의 의지에 따른 것으로 생각하게 함으로써 윤리의 질곡桎梏을 타파해 버렸다"[24]는 결론에 도달했다. 금욕적 프로테스탄티즘에 근거한 노동이야말로 부의 축적을 가능하게 하는 근본이라는 것을 강조하면서 그 의무 수행을 신으로부터 부여받은 소명Beruf으로 인식한 것이다.

합리적 금욕과 생활 태도를 바탕으로 자신의 직업에 충실한 사람을 "종교적 사명 = 신의 명령을 따르는 사람"으로 간주하며 정당한 노동에 의한 이윤 추구를 합리화한 베버의 논점은 자본주의를 "문화"의 관점에서 이해했기에 가능했다. 그의 주장은 "기독교의 개념이 다양한 '종파의 정신' 속에 다원적인 의미 관련을 포함하듯 자본주의도 역시 다원적인 구조 내용을 갖고 있다는 판단하에, 이 두 개의 복잡한 문화 현상을 상호 관련지음으로써 16세기 이래의 프로테스탄티즘과 자본주의 '정신'과의 변용 과정을 묘사하여 '근대 문화'의 의미에 접근"[25]하는 전기를 만들었다.

근대 자본주의가 번성한 지역에 특유의 에토스인 프로테스탄티즘의 윤리가 존재한다는 베버의 문제의식은 기존의 역사학파의 방법론이나 이론적 한계를 넘어 독자적인 연구 방법과 연구 영역의 개척으로 이어졌다. 이 학문적 태도의 발전은 베버가 "국민 국가의 권력 관심"에서 "문화 관심"으로 이동하게 했고, 이론과 역사와의 혼동, 인식과 가치 판단과의 혼합을 엄격히 경계하면서 "가치 자유"의 입장을 확립하게 했다.[26] 마키아벨리적인 권력 리얼리즘에 의한 환상에서 벗어나 문화적 관심 속에 "가치 자유"를 중시한 것이다 — 그 무렵 베버는 마르크스를 인정하지 않았고, 사회주의나 코뮤니즘이 '자본주의 문화'를 대신하여 새로운 문화를 형성할 것으로도 생각하지 않았다.

마르크스 사상이 지배적인 영향력을 행사하고 있던 당시 독일학계의 풍토에서 마르크스 사상과 일선을 그은 학문적 '자유' 노선은 평가받아 마땅하다고 생각한다. 하지만 베버의 문제의식에서 한 가지 주목할 것은 아시아에 대한 인식이다. 베버는 남유럽이나 아시아제국의 직인職人들의 탐욕스러운 금전욕이 같은 영국인에 비해 후안무치할 정도이고, 영리를 위한 이기적 행동의 극단성이 곳곳에 지배하고 있어 시민적 자본주의 발달이 늦어질 수밖에 없다고 지적했다.

이탈리아만 하더라도 독일과 비교해보면 노동자의 양심 부족이 두드러지듯이 자본주의는 훈련되지 않은 "자유 의지"의 실행자들을 노동자로서 사용할 수 없고, 프랭클린이 이미 지적한 것처럼 후안무치한 태도로 일관하는 실업가를 사용할 수 없다는 것이다.[27] 자본주의 정신을 저해하는 금전욕은 인류의 역사와 함께 시작되었기에 금전욕의 충동에 매몰되어 모든 것을 던지는 사람들에게서 근대 자본주의의 '정신'이 형성될 가능성이 없다는 것은 역사적 관점에서 보더라도 이론의 여지가 없는 지적이다. 아시아의 자본주의 역사가 이를 반증하고 있기 때문이다.

그러나 베버의 인식에서 보면 예외적인 나라도 존재한다. 비서구 사회에서 유일하게 근대화에 성공한 일본이다. 구미의 선진 문화를 흡수하여 근대 국가로 탈바꿈하는 과정에서 드러난 일본인의 사유양식, 소위 근면, 검약, 정직, 화합, 인내, 저축 등의 덕성은 근대 일본의 자본주의를 지탱하는 정신으로 손색이 없었다. 국제 사회가 일본의 근대화·산업화의 성공 요인으로 간주하고 있는 덕성들은, 실제 근세 중후기 이후 일본적 자본주의 정신의 형성과 경제 발전을 담보한 사유양식이기도 하다.

일본 사회는 그런 일본인의 전통적인 덕목을 존중하고 오랜 기간 미덕으로 간주하며 자긍심으로 인식하고 있다. 이유는 그 미덕이 "하나의 독립된 가치, 소위 종교적이라고 할 수 있는 가치를 갖고 있기" 때문이고, 그것이 가치를 갖게 된 것은 "하나의 사상"으로 귀결[28]되어 오늘에까지 이르렀다고 판단하기 때문이다. 바로 일본인의 사유양식으로서 '통속도덕'의 실천이다.

2. 일본인의 사유양식으로서의 통속도덕

근세 말기가 되면 서구인들이 다양한 이유로 일본을 방문하여 많은 기록을 남기게 된다. 그중에 저자가 주목하고 싶은 것은 영국의 초대 주일 공사 올콕Rutherford Alcook, 1809~1897이 남긴 『대군의 수도大君の都』라는 일본체류기이다. 1859년에 일본에 부임한 이래 일본인의 생활 태도·산업·경제·종교·문화 등에 대해 자신의 견해를 기록한 내용으로, 근세 말기 일본의 사회상을 총망라한 문명 비평서이고 오늘날의 관점에서도 많은 것을 시사하고 있을 만큼 학술 가치를 띠고 있다. 여기서 그는 '일본인의 언동'에 대해 다음과 같이 언급한 바 있다.

우선 일본의 상류 계급의 행동거지에 대해서는 냉정하고 자제심이 강하며 태도는 온화하고 아랫사람에게는 항상 부드러운 어조로 말하며 게다가 생활상의 예의를 완전히 이해하고 있는 이른바 '신사' 같고, 보통의 일본인에 대해서는 상스러운 행동을 하지 않고, 고관이나 상사에 대해서는 존경심을 표하며, 공손하지만 노예근성 같은 것은 전혀 없고, 청결한 생활을 하고 있다고 했다. 전체적으로 중국인처럼 과장됨이나 까다로움 같은 것도 없다고 했다.[29] 계층의 차이를 불문하고 겉으로 드러난 일본인의 행동양식을 보면 예의 바르고 절제력이 있으며 청결하다는 견해이다.

일본인들의 사유양식은 근대 국가로 탈바꿈한 메이지明治 시대에도 변하지 않았다. 근대 사회 형성기에 일본을 방문한 외국인들의 기록물을 보면 일본인들의 정직, 성실, 예의 바름 등과 같은 덕목이 노동자 레벨까지 파급되어 있다는 사실에 놀라움을 표하곤 한다. 동경대학 교수로 재직한 바 있는 미국인 에드워드 모스Edward Sylvester Morse, 1838~1925는 당시의 일본 사회를 접하면서 하류에 속하는 노동자들의 정직, 절검, 예의 바름, 청결, 그 외 미국의 기독교도적이라고 할 만한 도덕에 관해서는 한 권의 책을 쓰고도 남을 정도라고 했다.[30] 서양인들에 비친 일본인들의 생활윤리의 실체를 보여준 사례이다.

현대 일본 사회도 예외가 아니다. 패전 직후 점령군의 일원으로 일본에 주둔하게 된 미국의 피터 카타니스라는 병사가 당시 일본 사회의 상황을 다양한 각도에서 관찰하여 남긴 기록 가운데 "일본인은 마른 남녀가 많고 식료가 풍부하지 않은 것은 분명하다. 복장도 매우 초라하다. 그렇지만 여기저기 작은 가게를 내어 모든 것을 매매하고 있다. 모두가 필사적으로 패전의 아픔에서 벗어나려 하고 있다. 그러한 모습에는 열기를 느끼게 한다"[31]는 내용이 있다.

먹을 것이 없어 고통스러운 나날을 보내야 했던 패전 직후의 모습이었지만, 패전의 아픔을 극복하려는 일본인들의 노력은 한 미군 병사로 하여금 스스로 감동을 하게 만들 정도로 필사적이었다. 전후 부흥의 의지가 이렇게 각 분야에서 활발히 전개됨으로써 전후 10여 년 만에 세계사에서 유례를 찾기 어려울 정도로 고도성장과 경제 대국의 토대를 구축하는 데 성공했다.

1980년대 초반 일본과 구미 제국과의 국제 비교 여론 조사를 한 내용이 있다. 이 가운데 가정에서 자녀들에게 교육해야 할 '전통적인 도덕'은 무엇인가에 대한 질문에서, 일본의 경우는 예의범절, 정직함, 인내력·끈기, 절약심, 공손한 언행, 근면함, 순종, 신앙심 등의 순이었고, 유럽은 정직함, 공손한 언행, 예의범절, 순종, 근면함, 절약심, 신앙심, 인내력·끈기 등의 순으로 나타났다.[32] 표면적으로는 일본인이나 서구인 모두 추구하는 가치에는 그다지 차이가 없지만, 예의범절, 정직함, 인내력, 절약심, 근면함에 대한 지지는 일본인의 경우 여전히 높다는 것을 확인할 수 있다.

2005년 2월, 일본 내각부에서 조사한 여론 조사사회의식에 관한를 보면 "일본의 나라나 국민에 대해 긍지로 생각하는 것은 무엇인가"라는 항목이 있다. 이에 대해 일본인들의 생각복수 대답은 1위가 '긴 역사와 전통' 39.9%, 2위가 '아름다운 자연' 39.1%, 3위가 '뛰어난 문화와 예술'로 38.4%였다. 1, 2, 3위가 박빙의 차를 보이나 그 뒤를 이어 4위로 등장한 것이 '국민의 근면함, 재능'이었다. 비율은 25.1%로서 다소 낮은 듯하나 1, 2, 3위가 '나라'에 대한 인식인 데 반해, 4위는 '일본인'에 대한 인식으로 대도시와 중소도시에서 골고루 지지를 받았고, 연령도 남성의 경우 40대에서 60대까지, 여성의 경우는 50대에서 각각 높은 지지를 받았다는 점이 인상적이다.

이렇게 100여 년이 넘는 시간의 흐름 속에 나타난 일본인의 사유양식을 보면 지금 이 순간에도 일본인이 가장 명예롭게 생각하고 있는 전통적인 가치는 다름 아닌 근면성이라는 것을 한눈에 알 수 있다. 근면성과 관련된 국제 사회의 조크가 있다. 동물원의 코끼리가 사망했을 때 각국의 사육사들이 보인 대응법을 보면, 프랑스인은 코끼리의 추억을 한 편의 시로 읊어 슬픔을 표하고, 중국인은 세밀하게 요리하여 먹어버리고, 일본인은 슬픔을 감추지 못하면서 모두가 열심히 코끼리의 무덤을 판다고 한다.[33] 국제 사회가 일본인의 성실함에 대해 높은 평가를 하고 있다는 방증이다.

사육인의 조크가 아니라 실제 일본의 노동 현장에서 활동하고 있는 관계자들의 이야기를 종합해보면 일본인 근로자 모두에게 기대되고 또 사회적 규범으로 매우 중시하고 있는 실천윤리는 '근면성'과 '정직함'이고, 기초과학 분야에 일본인 노벨상 수상자가 다수 배출된 것도 오로지 한 분야에 집중하는 '근면성'에 기인한다고 언론이 보도하고 있을 정도이다.

이것은 모든 직업의 근저에 있는 사회적 기대이자 기반이고 이를 바탕으로 각 직업군은 그 조직 사회가 필요로 하는 행동 기준을 설정하여 각자의 조직 문화를 확립하고 있다. 그래서 일본인들은 "나는 일본인이고 일본인이 짊어지고 있는 역사 문화에서 벗어나기 어렵다"고 생각하고 있다.

통속도덕의 개념

그런데 일본 사회가 일본인에게 가장 기대하고 있는 생활·직업윤리, 그리고 이를 바탕으로 형성된 조직 문화는 어느 날 하루아침에 이루어진 것이 아니라 일본 사회가 역사를 통해 축적해온 고유의 행동양식, 이른바 서민들의 생활 규범으로 뿌리를 내린 실천윤리로서 '통속도덕通俗道德'이라는 사실을 확인하게 된다. 국제 사회에서 일본인·일본 사회의 사유양식을 언급할 때 근면, 검약, 정직, 예의, 인내, 친절, 배려, 일본적 시스템, 관민일체 등과 같은 단어를 떠올리는 것은 그것이 일본인이 빚어낸 사유양식·행동양식이기 때문이다. 요컨대 서민 심성이라고 할 수 있는 통속도덕은 생활 문화 속에 존재하는 일본인의 전통적인 사유양식이라는 것이다.

일반적인 풍습이나 습속으로서 통속과 규범을 상징하는 도덕의 결합은 낯선 측면이 없지 않지만 일본어 대사전広辞苑에 의하면 '통속通俗'의 개념은 "일반적이고 누구에게나 알기 쉬운 것", "고상하지 않다는 것", "세상 일반의 관습" 등으로 정의되어 있고, '도덕道德'은 "사람이 실천해야 할 행동 규범"이라고 하면서, 구체적으로는 "어느 사회에서 그 성원의 사회에 대한 혹은 성원 상호 간의 행위를 규제하는 것이 아니라 일반적으로 승인된 규범의 총체"이고, 그것은 "법률과 같은 외면적 규제력을 동반하는 것이 아니라 개인의 내면적인 것"으로 정의하고 있다. 일반화된 관습이 통속이라면 도덕은 내면적 원리이자 규범이고, 인격의 도야陶冶를 촉진하는 바른 행위라는 의미이다.

이에 근거하여 '통속도덕'의 개념을 정의하면 '누구나 일반적으로 실천하고 사회적으로 승인되고 있는 내면화된 보편적인 생활 규범의 총체'라고 할 수 있다. 도덕은 윤리라는 의미와 일맥상통하는 점이 있고 그것을 자각하여 실천에 옮겨야 한다는 점에서 스스로 정신적 단련을 해야 하나 동시에 법이나 경제, 종교 등과 밀접한 관련성을 갖고 있어, 양심이나 규범에 따라 인간 행위의 선악善惡이나 옳고 그름이 판명되기도 하고, 타자와의 관계를 규정하는 개인의 가치 판단 토양이 되기도 한다.

따라서 도덕의 본질로서 '도덕성'을 상실하게 되면 정신문화의 피폐와 함께 모든 관계성의 문화가 붕괴할 가능성이 증대된다. 개인과 개인, 개인과 집단, 집단과 집단, 국민과 정부 등 사회 질서를 유지해야 하는 시스템 자체가 상호 불신의 가중으로 흔들릴 수 있다는 의미이다. 전통적인 일본 문화의 특징으로 가족주의 정서나 강한 공동체주의가 자주 언급되는 것은 다른 각도에서 보면 통속도덕을 근간으로 하는 상호 신뢰의 정신문화가 뒷받침되어 있다는 방증이다.

벤자민 프랭클린의 생애를 통해서도 확인한 바 있듯이 인간으로서 의무와 도덕의 강조는 '설교'로서는 가능한 일이고 당연할지 모르나 '실천'이라는 관점에서는 극히 어려운 일이다. 의식이 변해야 행동이 변하지만, 의식의 단계에서 행동이라는 실천적 단계로 이행하려면 엄격한 자기 규율의 확립이 필요하다. 올콕을 비롯해 근세 말기 일본을 방문한 많은 외국인이 일본인의 통속도덕성, 이른바 정직하고 예의 바름, 근면하고 성실함, 친절하고 청결함 등과 같은 생활 규범을 높이 평가한 것은 우연이나 허상이 아닌 현실의 실체임을 체감했기 때문이다.

욕망에 순응하기 쉬운 인간이 법과 같은 외면적 규제가 아닌 내면화된 관습이나 사상에 의해 통속화通俗化, 어떤 체계화된 사상이 민중의 일상적인 생활 태도로서 일반화되어간다는 의미된 도덕성을 확보하고, 그것이 한 민족의 국민성을 규정할 수 있는 행동양식으로 전승되고 있다는 사실은 결코 가벼이 볼 일은 아니다. 일본인 스스로가 '근면한 일본인'에 긍지를 느끼고, 일부 지식인들이 일본인의 도덕성을 세계 최고 수준으로 간주하며 '세계의 일본화'를 외치고 있는 형국'cool japan'의 세계화는 현실성을 높여가고 있다이 다소 의아스럽게 여겨질 수도 있으나, 이異문화의 바른 이해라는 관점에서 우리는 좀 더 주의 깊게 들여다볼 필요가 있다.

학계의 주목

통속도덕적 사유양식이 일본의 학계나 사회에서 일본인의 전통적인 생활 규범으로 주목받기 시작한 것은 전후 일본 사상계를 풍미한 야스마루 요시오安丸良夫, 1934~2016의 연구 성과이다. 그는 마루야마丸山眞男, 1914~1996 사상사로 대표되는 전후 일본 사상사의 연구 영역이 지나치게 지배 사상이나 엘리트 사상의 분석에 경도되어 민중 사상이나 민중 종교, 농민 운동百姓一揆이나 자유 민권 운동과 같은 '민중의 제사상'이 평가 절하되어 있을 뿐만 아니라, 지배 이데올로기나 일본 사회의 전통적인 의식 형태가 구체적으로 분석되어 있지 않다는 사실 등을 지적했다.

지식인의 전유물처럼 인식되고 있던 '사상思想'을 '민중'과 일체화시키는 획기적인 문제의식을 제기한 야스마루는 전후 일본 사상사 연구의 역작으로 평가받고 있는『일본의 근대화와 민중 사상日本の近代化と民衆思想』을 필두로, 전후 사상을 비판적으로 총괄하면서 역사학의 과제와 가능성을 전망한『현대 일본사상론現代日本思想論』에 이르기까지 끊임없는 연구 성과를 제시했다.

그중에서도 "망치로 뒤통수를 얻어맞은 듯한 충격을 받았다"[34]는 평가와 함께 전후 역사학계에 신풍을 불어넣었던 『일본의 근대화와 민중 사상』이라는 저서를 주목할 필요가 있다. 여기서 그는 근세 중·후기부터 메이지에 걸쳐 광범한 민중들이 수미일관한 자기 규율을 수립하려 한 구체적인 움직임, 소위 근면·검약·정직·효행·겸양·인종忍從이라고 하는 유교적인 덕목을 당위적인 규범으로 실천하는 생활 태도를 '통속도덕folk morality'이란 개념으로 정의하여 집중적으로 조명했다.

근세 중기 이후 가장 일상적인 생활 규범이었다고 하는 통속도덕은 근대주의 이념과는 전혀 다른, 역사의 특정 발전 단계에서 광범한 민중의 자기 형성·자기 해방의 노력이 담긴 자립적·자율적으로 형성된 구체적 의식 형태이고, 나아가 지배 계급의 이데올로기인 유교도덕을 통속화하면서 촌락지배자층을 통해 일반 서민에까지 하강下降시켰다고 하는 규정성을 가지고 있다.

그로 인해 통속도덕은 사회적 규제나 습관, 혹은 무언가의 자발성에 의해 대부분 일본인에게는 당연한 규범으로 인식되었고, 그런 사유양식은 상품 경제의 발전과 함께 일본 사회가 내포하고 있는 갖가지 곤란이나 모순을 주체적이고 능동적으로 처리하는 중요한 메커니즘으로 작용하였으며, 그 과정에서 분출된 비대한 사회적·인간적 에너지는 사회 질서를 아래에서부터 재건하는 역할을 다하면서, 소위 일본 근대화의 원동력이 되었다는 것이 통속도덕론의 요지이다.

야스마루의 문제 제기는 전후 일본 사상사 연구의 주요 관심이 주로 '근대주의'의 영향을 받아 저변에 있는 잠재적 제 사상의 가능성과 그 담당자인 민중의 세계상을 구체적으로 분석하려는 문제의식이 부족했던 점에 대한 비판적 출발이라는 전제가 있었다. 하지만 세부적으로 보면 과거 천황제 이데올로기의 기반으로 간주된 공동체가 역으로 천황제 이데올로기의 반역 기반^{민중 사상에 의해}으로 작용할 수 있다는 것(역사적 전환기에 잦은 민중 운동이나 자유 민권 운동, 민중 종교의 창성 등의 움직임이 여기에 해당된다)과, 공동체 속에서 형성된 민중의 토착적인 전통 사상의 본질을 정체停滯적인 것으로 매도하기보다는 오히려 역사 발전에 긍정적으로 작용할 수 있는 창조적인 민중 사상으로 재조명하는 전기를 만들었다는 점은 평가할 필요가 있다.

특히 그는 후자의 문제의식하에 사상사의 영역에서 인간을 행동에 옮기는 갖가지 동기를 '가능 의식'으로 파악하는 연구 방법론을 제시함과 동시에, 역사의 발전 단계에서 주체적인 삶을 살아가는 민중들의 자기 단련·사상 형성의 역사를 실증 구체적으로 분석함으로써 역사 속에 매몰되어 있던 민중 사상^{통속도덕}을 '근대화'의 관점에서 재발견했다는 점은 무엇보다 주목하지 않을 수 없다.

그 과정에서 이시다 바이간石田梅岩, 1685~1744과 심학心學 사상, 니노미야 손토쿠二宮尊德, 1787~1856의 보덕 사상報德思想, 오하라 유가쿠大原幽学, 1797~1858의 성학 사상性學思想, 나카무라 나오조中村直三, 1819~1882의 품종 개량 운동과 같은 민중 지도자들의 사상이 중시되었고, 이시다 바이간 등이 전개한 사상적 특징과 의미는 통속도덕의 실천이 일상생활 속의 인간상을 새롭게 창조하고 사회 변혁과 일본의 근대화를 지탱하는 근간이 되었다는 사실을 확인했다.

그들은 하나같이 스스로 면학에 전념하여 실천적 민중 사상을 전개하며 의식과 사회 변화를 선도해갔고 민중들은 그들의 사상 전개에 화답하며 자기 혁신의 기반을 마련해갔다. 일본인의 사유양식의 역사성과 일본 경제의 저력을 분석할 때 배제할 수 없는 인물들이다. 저자는 그들을 역사에 위대한 사상가로 이름을 남긴 정점頂点적 지식인들과 대비하는 '민중 사상가'로 간주하고, 그 실천 철학을 일본적 자본주의 정신을 만들어 간 일본적 가치라는 관점에서 재평가하고자 한다.

3. 통속도덕의 이론적 기반 心의 철학

막스 베버가 자본주의를 정의하면서 자본가의 행동 배후에 존재하는 '의식'에 주목했듯이 인간의 행동은 그 배후에 의식이라는 것이 존재한다. 의식은 지성知性의 능력을 가늠하게 되고 지성의 능력은 개인의 합리성 추구를 넘어 합리적 사회 문화 구축의 토대가 될 수 있기 때문이다. 따라서 의식이 집단화된 도덕적 형태로 나타난 문화가 존재했는지, 그것이 역사성을 띠고 인간들의 행동양식을 규정했는지 등의 문제는 정신문화적 관점에서 중요한 의미를 갖게 된다.

저자가 이 부분을 중시하는 것은 '근대화'의 기반과 직결되는 사안이기 때문이다. 요컨대 일본은 왜 비서구 사회에서 유일하게 근대화에 성공한 국가였는가에 대한 문제의식이다. 실제 일본사를 되돌아보면 통속도덕을 실천하는 생활 문화가 존재했음을 확인할 수 있다. 고대사회는 귀족과 관료를 대상으로, 중세 시대1185~1573는 지배층을 대상으로 사치스러운 복장을 금지하는 법령이 있었고, 근세 시대1573~1868는 바쿠후幕府가 사·농·공·상의 사치를 금지하는 '검약령倹約令'이 작동했다.

근세 시대만 하더라도 법령에 따라 백성들의 의복은 천布이나 목면木綿으로 한정되었고, 하급 무사들은 명주紬나 견絹을 제한하는 조치에 순응했다. 지배 계급도 예외를 두지 않는 형태로 사회 전체가 사치를 배격하는 제도적 장치를 보유하고 있었다. 신분을 초월하여 분수를 지켜야 한다는 생활 태도의 강조가 당시 철저하게 지켜진 것은 아니었지만, 생활 영역에까지 그러한 관습을 만들어가는 풍조가 일본 사회에서 전통으로 존재했다는 것은 주목할 필요가 있다.

그러나 근세 중기를 지나게 되면 검약 사상이 실제 서민들의 자기 혁신의 실천적 덕목으로 중시되며 사회 발전의 토대가 되는 가치로 떠오르고, 그런 흐름을 학문적으로 주도하고 실천해가는 일군의 사상가들이 등장한다. 근세 시대 서민들의 교양과 윤리 의식에 커다란 영향을 미친 심학 사상과 그 사상의 전파에 진력한 사설 교육 기관으로서의 신가쿠샤心学舍의 출현이다 — 신가쿠샤는 이시다 바이간의 제자 데지마 토안手島堵庵, 1718~1786이 1765년 교토에 '고라쿠샤五楽舍'라는 간판을 걸고 '본심本心 : 사심없는 마음'을 축으로 한 강연 활동을 시작한 것이 최초이다.

이시다 바이간을 시조始祖로 그 문하생들에 의해 한 시대를 풍미했던 심학에 대해 일본 사회는 자신들이 스스로 만들어 낸 사상이자 자랑스러운 일본인의 정신문화 역사로 기억하고 있다. 그로 인해 일본 사회의 심학 사상에 대한 평가는 매우 높은 편이다. 대표적인 일례를 보면,[35]

심학은 그것이 발생한 시대의 사상으로서 무언가의 현실적 기능을 그 사회가 다 하지 못했을 때부터 많은 학자나 교육자들에 의해 새롭게 역사적 관심의 대상이 되고 빈번하게 논저가 언급되었다. 그 대부분은 그것이 에도 시대의 서민에 널리 행해져 커다란 감화를 미쳤다는 점에 착목하여 평가하고 있고, 사상의 내용보다도 오히려 평이하고 일반에 알기 쉽게 일용日用에 도움이 되는 실천적인 성격을 가장 높이 평가하고 있다. 심학은 사상 그 자체로는 우리나라에 오랜 역사를 갖고 있는 유교나 불교, 노장老莊이나 신도神道이고, 그 가운데 어떤 사상을 계승하여 민중을 위해 평이하게 설파한 것을 주된 임무로 생각하고 있고 또 거기에 본질이 있다.

심학은 시대적으로 어떤 역할을 요청받은 학문이고, 그 학문을 평가하고 추종한 세력들이 상당수 존재했으며, 심학은 하나의 사상을 특정하여 그 사상적 특질을 논하기보다 다양한 사상을 흡수하고 절충하여 그 사상을 일상의 생활 속에 반영하는 논리로 전개했고, 그로 인해 심학은 실천 사상으로 서민들에게 커다란 감화感化를 미쳤다는 것이 주된 요지이다. 일본의 사상이나 역사의 관점에서 심학의 특질과 사적 의미를 가장 명쾌하게 정의했다고 볼 수 있다.

그러나 '심학'이라고 하는 말은 일본 사회가 창출한 개념은 아니다. 원래는 한어漢語로서 중국이 기원이며 의미는 글자 그대로 "마음을 다스리는 학"이라는 뜻이다. 당唐대의 사상가 한유韓愈, 768~824에 의해 사용되기 시작해 송학宋學이 발전해가는 과정에서 확립되었다는 것이 통설이다. 그것이 근세 초기 일본 사회에 유입되면서 민중적 사상가들에 의해 일반화되었고, 그들은 심학의 의미를 "성誠을 중심으로 천리天理를 중시하고 사욕을 버려야 한다"는 뜻으로 해석하고 실천했다.

마음心의 이해

전국을 통일한 도쿠가와 이에야스가 논어를 중시하여 체제의 이론적 근거를 만들어갔듯이 근세 시대 일본 사회에 일본인의 삶을 강조하며 사상적 영향력을 미친 학문은 유학이다. 공맹의 사상이 식자층을 비롯해 일반 서민에게까지 침투하면서 근세 일본인의 윤리 의식 형성의 기반이 조성되고, 그 흐름 속에서 교토京都의 죠닌町人: 근세 시대 도시에 거주하는 상공인 계급 이시다 바이간이 신·유儒·불仏에 근거한 사상[36]을 서민들에게 설파하면서 주목받기 시작한다.

상인이었던 바이간이 학문에 관심을 두고 알기 쉬운 '생활 속의 실천도덕'이라는 독자적인 사상을 전파하게 된 것은 자신의 체험이 적지 않은 영향을 미쳤다고 할 수 있지만, 거시적 관점에서 보면 시대적 상황과도 무관하지 않았다. 당시 교토와 오사카의 상가商家들은 학문과 문화를 함께 추구하는 경향이 강했고 그런 시대적 영향이 많은 독서를 하게 만든 배경으로 작용했다. 바이간 역시 상가의 점원으로 근무하며 남다른 노력으로 피고용인으로서 가장 높은 반토番頭의 지위를 획득하면서도 끊임없는 학구열로 서민의 생활철학을 스스로 확립한 인물이다.

바이간이 독학으로 유학에 심취하며 탐구하고자 했던 것은 다름 아닌 '마음'의 이해였다. 그는 사회 문제를 정치나 경제가 아니라 한 사람 한 사람의 마음에 문제가 있다고 하면서 자기 자신은 누구일까, 인간이란 무엇일까에 대해 깊은 관심을 두기 시작했다. 그러나 내면적이고 추상적이며 다의적인 개념이고, 인간을 인간답게 행동하게 하는 근원이기도 한 '마음'을 이해하는 것은 결코 쉬운 일이 아니었다. 바이간 자신도 탐구열을 불태우며 주야로 노력했지만 자신의 학문적 미숙함도 있어 어떤 학자를 만나 토론을 해도 쉽게 납득하기 어려웠다고 한다.

그러던 어느 날 재야의 불교 사상가 오구리 료운小栗了雲의 가르침을 접하면서 자신만의 사상 체계를 구축하기 시작했다. 바이간에게 있어 료운은 "내가 한마디만 하더라도 그 사람은 바로 이해"하는 사람이었고, 료운은 바이간에게 "마음을 이해하지 않고 성인의 서적을 탐독하는 것은 예기禮記에 나오는 '극히 작은 차이가 커다란 오류로 이어진다'는 것과 같은 것"이라는 사실을 인식하게 만든 스승이었다. 그의 가르침은 바이간이

20여 년간 품고 있던 의문을 해소할 수 있는 전기가 되었고, 그 깨달음에 이르는 과정을 바이간은 "서적의 문자가 가르쳐준 것이 아니라 수행의 성과"[37]라고 하며, 성을 중심으로 천리를 중시하고 사욕을 배제하는 사상을 강조했다.

"하늘이 부여하고 있는 즐거움을 얻어 성의 길"에 들어갈 수 있다는 바이간의 생각은 천지天地를 관통하는 리道理·性理·原則, 불변의 진리에 인간의 본성本性을 합치시키는 삶의 양식을 탐구하면 안심입명安心立命, 모든 노력을 다해 결과는 천명에 맡기고 어떠한 일이 있어도 마음을 동요하지 않는 것에 이를 수 있다는 사상으로 확립되었다. 성性은 천지가 겸비하고 있는 우주의 섭리이기에 그에 따라 충실하게 살아가면 만물은 발전하지만 그것을 거스르면 쇠퇴하고 소멸하게 되니, 인간은 이 성을 알고 실천하면 바른길을 추구할 수 있다는 것을 깨달아야 한다는 주장이다. 리理·성·심을 주목하여 리의 관점에서 천인일치天人一致 사상을 강조한 것이다.

천지자연의 이치를 토대로 인간이 인간답게 살아갈 수 있는 윤리인간성을 단련하는 수양를 전파하려 했다는 점에서 바이간은 훌륭한 구도자求道者이자 실천자이고 교육자였다고 할 수 있다. 그는 자신이 학문하는 이유는 선현先賢들의 가르침을 받아 사람들의 모범이 되는 것이라고 하면서, 학문의 지극至極은 "마음을 다해 이치性를 아는 것이고 이치를 알면 하늘天의 뜻을 알게 된다. 하늘의 뜻을 알게 되면 그것이 바로 공맹孔孟의 마음이다. (…중략…) 마음을 알게 되면 천리가 그 안에 있다"[38]고 하면서, 스스로 마음을 다해 이치를 깨우치면 그것이 바로 자연의 이치와 통하게 되고 나아가 공자나 맹자의 마음과도 하나가 된다고 했다.

이것을 깨우치는 이치를 바이간은 '수행修行'이라고 하면서, 그것은 속세를 등진 수도승 같은 생활이 아니라 일상성에서 부단한 자기 단련과 실천으로 이루어지는 것이라 했다. 프랭클린이 13개의 덕을 설정하여 직업 활동이나 실천윤리 속에서 도덕적 완성을 추구했듯이 바이간의 삶도 그러했다.

학문의 길

'학문의 길'에 대한 바이간의 정의가 이를 대변하고 있다. 그는 "우선 자기 자신의 행동을 근신하고, 의로운 마음으로 주군을 섬기고, 인애仁愛의 마음으로 부모님을 모시고, 신심真心으로 친구와 교류하고, 사람을 구별하지 않고, 빈궁한 사람은 동정하고, 공덕이 있어도 결코 자랑하지 않으며, 가계는 수입을 맞추어 지출을 세우고, 법을 반드시 지켜 가정을 잘 다스리는"[39] 것이다. 인간들의 실천도덕이 바로 학문의 길이고 그것은 마음이나 심성心性의 철학에 의해서만 비로소 독자적인 의미를 띠게 된다는 논리로서, 사농공상을 초월한 인도人道를 설파했다.

마치 공식에 맞추어 수학 문제를 풀어가듯 논리의 정형화가 지나치다는 느낌도 들지만, 바이간이 주창한 학문수행의 도달점은 바로 "마음을 다해 성을 아는 것"尽心知性, 知性의 性은 사람이 태어나면서 가진 본성을 의미한다이었다. 바이간은 이것을 "발명"이라고 했다. 다른 관점에서 해석하면 '깨달음'이고, 그것은 "서적으로부터 배우는 것이 아니라 수행의 결과"라고 했다. 역사교육학자 이시카와 캔石川謙, 1891~1969은 이와 관련하여 다음과 같이 언급했다.[40]

매일 마음 편히 생활하면서, 그것이 그대로 사회의 복지, 세상의 평화에 도움이 되는 길을 찾아 사색을 더해가는 일생이었다. 그런 경지에 도달하기 위해 신도를 배우고 유교, 불교의 경전을 배워, 궁극적으로는 서적을 넘어 문자를 넘어 신의 마음, 성인이나 부처님의 마음이 될 때까지 수행에 정진했다. 정진을 거듭한 결과 그러한 경지에 도달해도 깨달음만으로 만족할 바이간은 아니었다. 그러한 심경을 힘과 척도로 하여 매일의 생활을 바르게 하고 스스로 사회의 복지, 세상의 평화를 가져올 수 있는 인생에 도달하는 것이 학문이고 수행이고 염원이었다.

일상생활 속에서 바른 행동을 실천함으로써 사회의 안정과 평화에 기여할 수 있는 인생에 도달하는 것이 학문의 목적이고, 그것은 구전口傳이아닌 수행을 통해 체득하는 것이었다. 마음을 단련함으로써 천리와 일체인 자신의 성을 알고, 그 본성에 따라 실천하는 것을 기본으로 한다는 논리가 형성되었다. 바이간이 주창하는 '심학'의 핵심이기도 하다. 그의 마음의 철학은 결코 어려운 것이 아니었다. 그저 마음을 알고 스스로 노력하면 매일 안심을 얻을 수 있고, 마음을 알고 실행하면 스스로 예의 바르게 생활할 수 있다는 것이었다.

이십 수년간 인고의 수행 끝에 확립한 이 같은 사상을 바이간은 45세부터 서민들을 대상으로 설파하기 시작했다. 일상의 수양실천을 통해 체득한 세속적 금욕주의를 세상 사람들과 공유하기 위함이었다. 남녀노소를 가리지 않았고 수강료도 받지 않았다. 마음을 체득體得하여 실행하면인간이 원래 겸비하고 있는 오륜오상五倫五常의 성에 따를 수 있고, 그것이다름 아닌 선善이라는 것을 전파하고자 했다. 60세에 타계할 때까지 그는한 사람의 수강자만 있어도 심학 강의를 지속하는 열정을 불태웠다. 가난과 고통스러운 삶의 연속이었지만 그의 의지는 일상적 수행을 통해 선을실행하고자 하는 심학 사상의 원점을 실현하는 것이었다.

심성의 철학에 의한 실천도덕의 강조는 바이간의 뒤를 이어 심학 사상전파를 주도한 데지마 토안과 그의 제자 나카자와 도우니中沢道二, 1725~1803,

나카무라 슈스케中村智輔, 1732~1816, 시바타 큐오柴田鳩翁, 1783~1839 등에 이르러 전국적으로 확대되었다. 심학 사상에 대한 관심이 고조되었을 때는 연일 1,000여 명이 넘는 청중이 운집하였을 정도로 세인의 주목을 받았다. 그 시기가 근세 시대 중기 사회 체제 내부의 모순이 심화되고 바쿠한幕藩, 근세 시대의 지배 체제 권력이 이를 극복하기 위한 각종 개혁 작업을 진행할 무렵이었기에 심학은 일종의 사회 교화 운동과 같은 성격을 겸비하며 전국적으로 지지 기반을 넓혀 갔다.

호상豪商의 아들로 태어나 바이간의 제자로 명성을 날린 데지마는 인간의 마음속에는 "사안私案하는 마음"사심이라는 "괴물怪物"이 있고, 그 괴물은 "순수함과 선한 본심을 뒤덮으며 인간의 마음을 사악하고 위험한 곳으로 이끈다"고 하면서, 인간이 추구해야 할 것은 "사안 없는 본심"이라고 했다 — 데지마는 성을 본심이라는 단어로 바꾸어 표현함으로써 서민들에게 보다 쉽게 설명했다. 깨달음의 진정한 의미는 사심을 버리고 "본심을 아는 것"이라는 그의 논리는 당시 상품 경제의 발전에 힘입어 탐욕에 찬 일부 상인들의 행위가 사회적 지탄을 받고 있던 터라 서민들의 마음을 사로잡기에 충분했다. 데지마는 '학문'이란 문자를 해독하는 것이 아니라 오로지 가업에 전념하는 것이라고 하면서 다음과 같이 정의하며 설파에 진력했다.[41]

도道를 배운다는 것은 알려진 바를 행하는 것을 말한다. 특별히 기괴한 것은 아니다. 백성이라면 전답을 일구고, 직인이라면 그 직분에 최선을 다하고, 상인이라면 장사에 최선을 다하는 것이다. 무엇이든 모두가 각자의 직분을 다하는 것이지 다른 특별한 것은 없다. 이것을 학문이라고 한다.

학문이란 서적을 탐독하고 문자를 배워 기교를 부리는 것이 아니라 각자가 자기의 본업을 충실하게 완수하고, 삶을 통해 그것을 실천하고 지켜가는 사람의 도리라는 논리로 해석했다. 마음이 변해야 행동과 결과가 변하는 것이지만 마음으로 이해했다 하더라도 실천하지 않으면 의미가 없다는 것이다. 학문을 인간이 실천해야 할 도라는 관점에서 정의한 것은 바이간의 학문관에 비하면 좀 더 세속적이라는 느낌이 들기도 하지만 핵심은 직분에 충실할 것을 자각해야 한다는 의미였다.

시장 경제 발전기에 심학자들이 주목한 사상은 마음과 실천의 일치였으나, 그것을 가능하게 하는 핵심적 도덕관은 바로 정직·근면·검약의 정신이었다. 정직하고 근면한 태도로 자신의 직분에 최선을 다하고, 청빈의 사상으로 사욕에 휩쓸리지 않으면서 주체적이고 능동적인 삶을 살아가야 한다는 논리였다. "하면 이루어지고 하지 않으면 이루어지지 않는다. 이루어질 수 있는 것을 이루지 않는 것은 하지 않기 때문"이라는 데지마의 주장은 주체적인 삶을 강조하는 심학자들의 지론을 대변하는 말이었다. 그런 삶을 규정하는 사상이 한 시대 서민들의 생활윤리로 정착되어 후대에도 전승되어갔다는 것, 그래서 역사는 그들의 사상을 주목하고 있다.

삼덕三德의 성격

"사람에게 사람의 길을 가르치고 싶다"는 심학자들의 언설이 사회적 주목을 받고 있는 가운데 심학이 중시했던 삼덕근면·정직·검약의 성격을 보면 일상생활 속에서의 사유양식을 토대로 논리의 정당성을 확보했다는 점을 주목할 필요가 있다. 바이간은 우선 '검약'의 필요성에 대해 "신분의 위에서 아래까지 직분은 다르지만, 리는 하나다. 검약을 이해하고 실행하면 가계가 정비되고 나라가 안정되고 천하가 태평하게 된다. 이것이 대도大道가 아니겠는가. 검약이란 요컨대 자신을 가다듬고 가계를 정비하기 위함"이라고 했다. 그리고 "자신을 가다듬는 데 사·농·공·상의 차이가 있겠는가"라고 하며, 신분과 관계없이 검약은 필요하다고 했다.

'검약'의 정의에 대해서는 "재물을 적절히 사용하여 나의 분수에 따라 과부족 없이, 때에 따라 법도에 따르는 행위"라고 했다. 검약을 실행하면 '수신修身'에서 부터 '제가齊家'와 치국治國이 가능하고 천하가 태평해진다는 것이다. 검약을 세상의 화평을 위한 것으로 해석하여 나름의 '수신제가 치국평천하'의 논리를 설정한 그는, 그것을 실현할 수 있는 구체적인 사례로 "검약이란 나 자신을 위해 일체의 사물을 인색하게 하는 것이 아니라 세상을 위해 필요한 것들을 줄이는 것"이다. 만약 "기근이 발생하여 5석石을 수확할 수 있는 농지에 3석밖에 수확하지 못했다면 2석만 연공으로 내고 나머지 1석을 기아의 해소에 활용한다면 위에도 족할 것이고 아랫사람들도 생명을 유지할 수 있으니 이런 것이야말로 검약이 아니냐"고 설파했다.

개인의 일방적인 절제만을 의미하는 것이 아니라 사회 질서를 유지하면서 함께 공존과 공생을 모색하는 방향으로 검약의 의미를 설명한 것이다. 평소 검약을 실천하면 어려운 환경에 처한 사람도 되돌아볼 수 있고 그렇게 되면 주변의 인간관계뿐만 아니라 사회적으로도 함께 행복할 수 있다는 논리이다. 자신의 이익뿐만 아니라 모두의 이익을 가져오는 창조적인 노력이라고 할 수 있다. 나아가 그는 "세상이 궁핍하여 가계의 수입이 적다 하지만 적으면 적은 대로 따르는 것이 마음을 편하게 할 것"이라고 하면서, 이것이 바로 사람들이 실천해야 할 '덕'이라고 주장했다.

또 "세상 사람들은 집을 갖고 돈을 모아야 한다고 하나 이는 실로 좁은 소견이다. 마음이 좁으면 재화를 모으고 그 재화로 세상의 재화를 사 모으게 되니 세상이 곤궁해지는 것이다. 검약이라고 하는 것은 세상의 재화를 탐하겠다는 것을 멈추게 하는 것이다. 우리가 이를 실천하면 가난하여 세상을 위해 할 수 있는 일이 없을지 모르지만 탐욕을 부리지 않으니 그 것이 바로 세상에 적선하는 일이다. 그렇게 되면 세상에는 우리가 사용할 재화가 흘러넘치게 된다"[42]고 주장했다.

철저하게 사리사욕을 억제하고 공익성을 우선하는 형태로 불필요함을 줄이고 지출을 최소화해야 한다는 논리로 사전적 정의를 뛰어넘는 '검약'의 의미를 강조했다. 그뿐만 아니다. 효행도 검약 정신의 실천으로 가능하다고 했다. '효'에 대해 그는 "검약의 기본을 지키면 사치를 없애고 가계도 안정된다. 가계가 안정되면 스스로 부모의 마음을 섬기는 효행을 할 수 있고, 모두가 안심할 수 있다. 그러나 검약을 실천하지 않으면 가계도 어려워지고 모든 일이 나빠지고 빚을 지게 된다"는 것이다.

가계의 흥망은 검약에 달려있으니 검약으로 가계가 안정되지 않으면 효행도 어렵다는 논리이다. 가계가 검약으로 안정되면 손님에 대해서도 1즙 3채「汁三菜, 국 하나에 채소 반찬 3개라는 의미로서 일본인들이 생각하는 전통적인 영양 식단이다나 2즙 5채의 요리를 1즙 1채나 1즙 2채의 요리로 대신해도 섭섭함을 느끼지 않을 것이라 했다. 가계의 평안을 검약 정신에 두고 그 근본을 지키면 효를 포함해 모두의 마음을 편하게 할 수 있고, 그 검약은 다름 아닌 '정직'으로부터 시작된다는 것이 바이간의 생각이었다. 그는[43] 이와 관련하여,

정직하게 사물이 이루어지면 세상 모두 화합하고 세상 사람들은 모두 형제처럼 된다. 내가 원하는 것은 사람들을 여기에 이르게 하는 것이다. 무사는 정치를 도와 농·공·상을 이끌어 가는 자이기에 청결하고 정직해야 한다. 만약 사욕이 앞서면 목표하는 지점은 암흑이다. 농·공·상도 가정에서는 가족의 우두머리이다. 만약 사욕을 앞세우면 가정은 항상 암흑이 된다. 모든 분야에서

우두머리가 되려는 자는 스스로 마음을 가다듬어야 한다.

정직을 추구하는 것은 세상의 화합을 위해서라고 했다. 여기서 그는 검약이나 정직을 항상 사욕의 대극에 두었다. 이것을 실행하면 "공동체는 평화로운 세상을 구현"하게 되지만 "사욕은 인간 세계를 황폐화한다"고 하면서, "사욕만큼 세상에 해를 끼치는 것은 없다"는 것을 강조했다. 사욕을 버리지 않고 행하는 검약은 모두가 인색함에 이르게 되고, 사회에 커다란 해를 끼치게 되니, 정직한 마음으로 검약을 실천해야 하고, 부정직하게 살아가는 자는 살아있어도 죽은 자와 마찬가지라고 했다. 검약은 세상을 위한 것이지만 인색함은 자신을 위한 것이다. 따라서 인색함은 절약이기는 하지만 결국은 사욕에 의한 것이라는 논리로 정직과 검약을 연계했다.

데지마 토안은 정직을 보다 본성적으로 해석했다. 그는 "인간의 본성은 정직함을 갖고 태어났다"고 하면서, 그런 까닭에 사람들이 조금이라도 거짓말을 하거나 거짓된 짓을 하게 되면 바로 우리 마음은 기분이 나빠진다는 것을 느끼게 되며, 그러기에 그것은 "부끄럽고 무서운 것"이라고 주장했다. 특히 그는 나쁜 짓을 하고도 다른 사람들이 모를 것으로 생각할지 모르지만 내 마음속의 나는 잘 알고 있다고 하면서 "이것을 아는 마음이 바로 하느님이나 부처님과 일체가 되는 것이고, 그렇게 되면 해서는 안 될 일이나 말해서는 안 될 일을 하거나 말하는 것을 부처님이나 하느님도 싫어한다는 것"⁴⁴을 깨우치게 된다는 것이다.

인간의 본성은 정직함이고 그것은 무엇보다 자신의 심신을 건강하게 지탱하는 것이기에 행복을 얻기 위해서라도 항상 마음가짐을 바르게 해야 한다는 주장이 지속해서 강조되고 있다. 효행에 대해서도 실천적인 예를 주창했다. 그에 의하면 '효행'은 특별한 것이 아니고 그저 두 분 부모님이 말씀하시면 재빨리 대답하고, 아침부터 저녁까지 하루 세끼 밥을 먹거나 머리를 만지거나 옷을 입거나 무엇을 하든 기분 좋게 섬기고 따르면 된다는 것이다.[45] 어릴 때부터 이러한 행동 습관을 몸에 붙이면 성인이 되어서도 행복하게 되고 일상에서 효를 실천하는 것이 된다는 주장이다.

동양에서 효는 인간 사회를 포함해 우주의 근원이라는 철학이 존재하지만, 그는 애경愛敬의 마음을 행동으로 옮겨야 한다는 논리로 효의 사전적 의미를 실천이라는 관점에서 해설했다. 이 같은 실천적 해석은 근세 시대 서민들에게 요구된 일반적인 효행의 의미였다. 근세 초기의 양명학자 나카에 토쥬中江藤樹, 1608~1648는 이와 관련하여 다음과 같이 언급한 바 있다.[46]

농·공·상은 모두 자신의 역할을 게으름 없이 충실하게 함으로써 재산을 축적해간다면 함부로 소비하지 않고, 몸과 마음가짐을 바르게 하여, 권력을 두려워하고, 법을 어기지 않고, 자신이나 처자보다는 우선 부모의 의복이나 식사에 신경을 쓰고, 진심으로 할 수 있는 일을 하고, 부모가 그것을 기뻐하고 받아들일 수 있도록 노력하고 봉양하는 것, 그것이 바로 '서민의 효행'이다.

실천의 관점에서 '서민의 효행'을 특별히 강조하고 있다. 이유는 신분이 높은 자는 가계의 여유가 있어 부모를 봉양하기 쉽지만, 서민은 가계가 어렵기에 노력해도 미치지 못하고 의복이나 음식도 부족하기 때문이라는 것이다. 따라서 서민들은 효행을 머리로 이해하는 데 그쳐서는 안 되고 스스로 실천하여 체득해야 하는, 소위 머리로 이해하고 마음으로 지키면서 몸으로 실천하는 것이 서민의 효 의식이었다.

'효'에 관해서는 당대의 학자나 민중적 지식인들의 논리가 일치하지만,

한 가지 분명한 것은 효의 논리는 의심의 여지가 없는 서민들의 보편적 수신 사상으로 근세 시대를 관통했고, 그렇게 고착화된 서민들의 생활 규범은 충효 사상을 근간으로 하는 근대 일본의 천황제 국가 이데올로기의 기반_{가족 국가관의 형성}이 되었다는 점이다(이 부분에 대해서는 저자가 『일본·일본인론의 재발견』이라는 저서에서 분석한 바 있지만, 일본인의 정신문화 이해라는 점에서 주목할 필요가 있다).

심학오칙

마음을 다스려 덕을 실천하고 이를 바탕으로 사회 질서를 유지하며 공생과 번영을 도모하는 사상이 일관되게 강조되고 있으나 심의 논리는 여기서 끝나지 않는다. 바이간의 학문을 계승한 가마타 류오鎌田柳泓, 1754~1821는 오로지 실천적 입장을 강조한 '심학 5칙心學五則'을 통해, 심학이 추구해야 할 핵심적 실천 덕목으로 '지경持敬', '적인積仁', '지명知命', '치지致知', '장양長養'등의 5칙을 언급하며, 이를 날마다 실천하는 마음가짐을 가져야만 서로 신뢰하며 안락한 덕을 얻을 수 있다고 했다. 이러한 실천적 수양의 지침을 '학술의 정로正路"라고 하며 이해하기 쉽게 설명했다.

그가 제1칙으로 언급한 '지경'은 "만사를 집중하여 게으름을 피우지 않고, 방심은 금물油斷大敵이라는 사실을 잘 알고, 아침저녁으로 몸가짐을 삼가는 것"이라고 하면서, 이러한 마음가짐을 굳건히 실천할 수 있는 자는 가업家業을 융성하게 할 수 있지만 그렇지 못한 자는 가업을 망하게 한다는 것이다. 마치 삼강오륜三綱五倫의 실천을 이념적으로 강요하듯 철저한 심신의 단련을 요구하고 있다.

제2칙인 '적인'은 "인仁을 쌓는다는 것으로서 항상 자선하는 마음으로 사람을 이롭게 한다"는 의미로, 주로 대인관계에서 지켜야 할 다양한 덕

목분노, 비방, 교만, 낭비하는 언행을 삼가는 대신 타인을 배려하고, 여유가 있으면 어려운 자를 돌봄들을
열거하면서 인을 쌓아야 할 필요성을 중시했다. 인은 유교의 최고의 덕목
이기에 타인과의 관계 속에서 실천해야만 의미가 있다는 주장이었다.

제3칙인 '지명'은 "자신의 천명을 안다"는 것으로, 인간으로 태어난 이
상 길흉화복을 피할 수 없으니 '지경'과 '적인'을 성실히 실천하면 화禍를
끊고 복을 부를 수 있다는 것이다. 만약 '지경'과 '적인'을 철저하게 실천했
음에도 재난이 따른다면 그 역시 천명으로 받아들여야 하나, 그것을 실천
하지 않으면 더 큰 재난이 자신을 덮칠 수 있음을 깨달아야 한다고 했다.

제4칙인 '치지'에 대해서는 "아는 것을 행한다"는 것으로, 이것이야말
로 천하의 이치를 깨닫는 것이니 끊임없이 심신을 가다듬어, 마음의 관찰
과 마음의 정화淨化에 노력하라는 것이다. 마음의 이치를 깨닫는 것이 하
늘의 이치를 깨닫는 것이고 결국은 세상을 이해하게 된다는 의미이다.

제5칙인 '장양'은 "소아小兒를 양육하여 성장시키는 의무"로서, 자녀를
낳아 올바르게 양육함으로써 비로소 도를 깨우치게 된다는 것이다.[47] 무
심無心의 상태를 제대로 지키고 키워가는 존양存養과 자신의 마음을 관찰
하여 반성하고 과오를 바로잡는 성찰의 의미를 내포하고 있다. 언급된 대
부분 내용은 성인들의 가르침에 따른 것이지만 실천적인 해석을 통해 철
저하리만큼 정신적 수양과 깨달음을 체득하고 실천하는 데 초점을 맞추
고 있다는 점이 특징이다.

그는 심학 5칙을 통해 마음을 하나에 집중하여 지금의 생활에 최선을
다하고, 힘들고 어려운 현실 세계에서 쾌락을 추구하는 다른 세계를 꿈
꾸지 말고, 불행을 초래하는 요인이 무엇인가를 깨닫고, 자선의 마음으로
공공의 이익에 부합하는 행동을 하고, 항상 자신의 마음을 냉정히 관찰해
야 한다고 했다. 사회 질서는 금욕과 절제, 인류에 대한 배려, 천명의 수

용, 정신의 수양 등에 의해 이루어진다는 것을 역설함으로써 이시다 바이간의 사상을 생활철학으로 보다 공고하게 확립했다고 할 수 있다.

결국 인·의義·예禮·지智·신信의 양심은 다름 아닌 오륜을 실행하는 마음이었다. 사상사학자 모리타 켄시森田健司, 1974~는 가마타 류오와 그의 사상에 대해 "에도江戶의 사상가로서는 가장 선진적인 학문적 성과를 올린 인물"로 평가하면서, 그 배경에는 "끊임없는 극기주의 생활이 있었고 거기서 함양된 강인한 탐구심이 존재"[48]했다고 지적한 바 있다. 자기 이성에 대한 끝없는 신뢰가 금욕주의를 낳았지만, 그것을 이상화하는 논리로 서민들을 계몽한 것이다.

이상이 심학 사상의 주된 내용이다. 일본사에서는 바이간으로 시작되는 심학을 중국의 심학과 구분하여, 이시다 바이간과 그 문하생들의 학문이라는 개념으로 '세키몬 심학石門心學'으로 부르고 있다. 근세 중후기 일본 사회에 커다란 영향을 미친 세키몬 심학은 근대 시대로의 이행기에 서서히 영향력을 상실해가기에 사상사적 평가의 어려움이 있지만, 한편으로는 지나치게 정신주의적이고 금욕적인 측면만이 부각되어 인간의 욕망을 근본적으로 억압하는 사상처럼 보이기도 한다.

질서를 깨트릴 수 있는 사악한 욕망을 부정하는 대신(실제 일본 사회는 역사의 흐름을 전환할 정도의 강력한 저항 운동이 저변에서부터 발생하지 않고, 공공성을 파괴하는 부정 부패 사건이 그다지 발생하지 않는 특성이 있다), 당해의 체제 아래 천리를 중시하는 자기 단련과 공익성을 끊임없이 강조하면서 인간으로서 추구해야 할 참된 구도求道의 생활이 무엇인가를 설파하고 있다는 점에서는 그러하다. 이 점이 때로는 위정자들에게 백성 교화의 수단으로 전이되기도 했지만, 전체적으로 보면 자기 단련이라는 정신주의 문화가 내포하고 있는 부정적 측면도 간과할 수 없다.

4. 정신주의 문화의 명암 통속도덕의 양면성

근세 중기 이후의 일본 사회는 상업과 유통경제가 발달하면서 새로운 경제 질서가 형성되기 시작했다. 상품·경제의 발달은 지배층인 무사 계급의 지배력 약화와 상인층의 부상이라는 변화에 이어, 체제안정의 근간이던 농촌 사회의 몰락과 농민층의 분해라는 또 다른 부작용을 낳았다. 특히 농촌 사회는 상업이 발달하면서 상품작물의 재배와 판매를 기반으로 각종 도매업을 영위하여 부를 축적해가는 계층이 늘어난 반면, 그로부터 탈락한 농민들은 약간의 전답이나 부업으로 근근이 생활을 영위하거나, 일용직이나 부유한 집에서 잡일을 하며 생계를 꾸려가는 몰락 농민들도 속출하게 했다. 상품 경제의 발달이 근세 시대의 핵심 계층인 농촌의 피폐화를 초래한 것이다.

수양학修養學으로 등장한 세키몬 심학은 바로 바쿠한 체제의 내부 동요로 사회적 질서 유지에 어려움이 가중될 전환기적 시점에 확산되어 무사 계급에도 적지 않은 영향을 미쳤지만, 기본적으로 심학 사상의 설파 대상자들은 "식자층이 아니라 가업에 매몰되어 틈이 없는 백성이나 상인들"[49]이었다. 이시다 바이간과 그의 사상을 계승한 심학자들이 평소 학문과는 거리가 있는 서민들을 대상으로 동양 고래의 성현聖賢들의 사상이나 학문을 보다 일반적인 개념으로 설명하고 일상적인 문제에 관심을 두면서, 서민들이 자신의 삶을 적극적으로 개척해 갈 수 있도록 계몽하는 것이 그들이 생각하는 시대적 의미였다.

이른바 상인들에게는 '상인의 도'를 강조하며 정당하고 도덕적인 상행위의 윤리적 기반을 제공했고(예를 들면 "남을 속여 이윤을 추구하는 것이 아니라 정직하게 이윤을 추구하는 것", "신용은 황금보다 값진 보석이다" 등의 논리가 당시의 상인 계급이 지켜야 할 중요한 덕목으로 강조되었다), 농민들에게는 농촌 사회의 재건과 가계의 재건에 결정적 역할을 다하는 정신적 기반이 되기도 했다(예를 들면 빈곤이나 이에家의 몰락은 사치·유흥·불효·불화·다툼 등의 생활 태도에 의한 것이라고 하면서 이를 막는 방법은 제 악덕을 극복하고 통속도덕의 실천윤리를 체득하는 것이라는 주장이 일관되게 제창되었다. 이와 관련한 실증적 연구는 관동關東 지방의 사이타마현埼玉県의 양잠 농가의 사례를 통해 제2장에서 분석하고, 본 장에서는 일단 통속도덕의 원리나 사상적 특징을 이해하는 데 주력했다).

하지만 원리성에 대한 이해와 연구성과를 통해 확인할 수 있는 것은, 우선 근세 중기 이후 심의 무한성·절대성이 시대적 정신으로 간주되고 그 과정에서 형성된 수미일관한 유심론이 호농豪農·상商층을 주요 기반으로 도농都農의 지도자층에 이르기까지, 각 계층에서 신념에 찬 실천윤리를 자발적으로 전개하게 만들었다는 점(자신에게 부여된 신분을 하늘로부터 부여받은 역할 분담職分으로 간주하여 사회의 양식에 적합한 행동이나 인물상을 추구했다)과, 심의 철학이 서민들의 일상적인 관념이나 통속도덕을 재편하여 인간들의 정신세계에 새로운 신념과 적극적인 개척 정신을 잉태해갔다는 점이다.

그런데도 그것이 극도의 정신주의적 형태를 취함으로써 객관적 세계를 리얼하게 인식할 능력을 상실하게 했다는 사실도 확인할 필요가 있다. 사리사욕을 억압하는 공公의 논리와 실천윤리로 무장한 강렬한 정신주의("만사가 마음으로부터 이루어진다", "생사도 부도 빈곤과 고통도 모두 마음먹기에 달려있다" 등의 논리)가 서민들에게 자신과 사회 변화의 동기 부여를 제공하고 각종 사회적 어려움을 극복하는 밑거름이 되었다는 점은 평가하지 않을 수 없으나, 그로 인해 모든 곤란이 자기 변혁에 의해 해결될 수 있는 듯한 환상을 낳고 그 환상이 객관적 세계의 탐구를 어렵게 하여 국가나 지배 계급의 술책을 간파하지 못하게 하는 원인이 되기도 했다.

근세 후기 상품 경제의 발전으로 농촌 사회가 몰락할 때 그런 현상이 봉건 권력의 가혹한 수탈이나 상업 고리대자본의 횡포에 의한 것임을 간과하기 쉬웠다는 것이 대표적인 사례이다. 이 점은 내면적 자기 단련을 전제로 하는 심학의 본질적인 한계로서 그것을 민중들이 스스로 자각하기는 결코 쉬운 일이 아니었다.[50] 다시 말해 통속도덕은 극도로 유심론적이기에 대상적 세계의 객관적 인식이나 사회 변혁에는 미력할 수밖에 없고, 외적 환경에 의한 어려움조차도 자기 변혁·자기 단련으로 극복할 수 있을 듯한 환상에 젖게 하는 모순도 내포하고 있다는 것이다.

오류를 자각하지 못하는 허위의식의 침투는 통속도덕을 자명의 전제로 받아들여 필사의 노력을 기울였음에도 근대 사회의 원축原蓄, 마르크스의 자본론에서 전개된 개념으로 자본의 원시적 축적이라는 의미로서, 자본축적이 개시되면 자본과 노동자의 관계가 왜곡되기 쉽다 과정에서 몰락해가지 않을 수 없는 서민들에게는 사상적 도덕적으로 패배감을 안겨다 주는 결과를 초래했을 뿐만 아니라, 서민들의 자기 형성·자기 규율의 노력이 체관諦觀이나 니힐리즘nihilism으로 전락해가는 계기로도 작용하게 된다.

통속도덕의 위선

유심론적인 통속도덕은 실제 '공동체적 심정心情'으로 매몰될 수 있고 그렇게 매몰된 심정적 세계는 지배 계급의 이데올로기를 떠받쳐 가는 측면이 존재한다. 일본·일본인·일본 사회의 사유양식의 양면성을 연속·순환적인 방법론에 따라 분석해보면 그 실체를 파악할 수 있다.[51] 그래서 민중들은 생활자로서 때로는 모순에 빠지기도 하고 전통과 습속의 혼돈 속에 갇혀 스스로 비판적 기능을 상실하기도 한다. 통속도덕적 가치관 역시 이와 무관하지 않다는 속성이 있다. 그럼에도 통속도덕은 역사적으로 일본인들의 의식 세계를 규제해 왔다. 어떻게 그런 의식 세계가 일본인의 사유양식으로 고착화될 수 있었을까, 그 메커니즘의 일례를 살펴보면,

- 항상 부모에게 효를 다하고, 위아래上下의 예를 다하며, 가내 화목을 이루는 것은 매우 중요하며, 이를 서로 실천하면서 영구히 상속해야 한다.
- 부모와 주인이 말씀하시는 대로 움직이면 마음이 편하다.
- 지금 일본에서 행해져야 할 진실한 도는 (…중략…) 마땅히 해야만 할 일을 하고 지금의 생업을 바탕으로 하여 마음을 바로잡고 몸가짐을 바로 하고 부모가 살아계신 자는 부모를 잘 모시고, 주인이 있는 자는 주인을 잘 모시며 (…중략…) 지금의 법을 잘 지키고, 여러 가지 나쁜 일을 하지 않으며, 좋은 일을 행하는 것을 진실한 도라 한다.

이 3개의 예문과 같은 내용은 근세 지식인들의 문장을 통해 흔히 볼 수 있는 일반적인 사례이다. 이른바 효행, 화합, 근면, 복종 등의 덕목을 체득하고 실천하는 인간이 일본 사회에서는 가장 통속적인 이상형이라는 것이다. 이 예문에서 주목할 것은 통속도덕의 '덕'을 주장하는 데 그치지 않고, 동시에 그 덕의 실천으로 '영구 상속'이나 '마음이 편하다'는 것, 즉 '부'와 '행복'을 얻게 된다는 것이다.

이 논리라면 다양한 덕은 부나 행복이라고 하는 공리적 목적을 위한 수단이어야 하는데 과연 그런 것일까 하는 점이고, 또 효행, 화합, 근면의 형태만 취하면 공리적 목적을 달성한 것으로 간주해도 되고, 만약 제 덕목이 부나 행복을 가져다주지 않는다고 판단되면 자유롭게 제 덕목을 포기해도 된다는 것일까 등의 의문이 생기기도 한다. 인간 생활의 도덕적

측면과 공리적 측면을 이질적인 분열이나 모순을 잉태한 인간적인 것의 제 측면으로 파악하는 관점은 통속도덕의 사유양식의 범위 밖이다.

통속도덕에서의 도덕은 부나 행복과 극히 본질적인 연계성을 갖고 있기는 하나 그것은 전자가 후자의 수단을 의미하는 것은 아니다. 도덕은 수단이 아니라 그 자체가 지고의 목적이자 가치이고 결과로서 부와 행복을 얻을 수 있다. 다만 그 사상이 왜곡된 지배 구조하에서 일방적으로 강조되면 부나 행복을 얻은 인간은 언제나 도덕적으로 변호되고, 가난하고 불행한 인간은 부나 행복으로부터 소외됨과 동시에 도덕으로부터도 소외된 것이라는 판정을 받을 수 있다는 위험성이다.

그렇게 되면 성공한 자는 도덕과 경제 그리고 인간적 영역에서까지 항상 우월한 자가 되고, 실패한 자는 반대로 부와 행복에서 패배했을 뿐만 아니라 도덕에서도 패배했다는 논리가 힘을 얻게 된다 ─ 게다가 성공한 자는 통속도덕의 함정에 빠져 지배 질서를 안정화하는 데 공헌하는 주체가 되기도 한다. 이렇게 형성된 획일적이고 폐쇄적인 '일본적 정서'는 시공을 초월하여 전승되고 있다. 통속도덕의 위선에 대해서는 근대 이후 일부 지식인들에 의해 제기되기도 했지만, 그 위선적 메커니즘으로부터 서민들이 쉽게 벗어나지 못하는 것은 통속도덕이 끊임없이 교육·선전되는 과정에서 국민 대다수가 그러한 이데올로기적 환상[52] 속에 길들여지고 이상화한 채 살아왔기 때문이다.

'관리사회'의 토양

사상가 마루야마 마사오가 이데올로기의 합리화의 하강과 공동체적 심정의 상승이 근대 일본의 국가상이라고 언급하면서, 일본의 촌락 공동체는 "그 내부에서 개인의 석출析出을 허락하지 않고 결단 주체의 명확화나 이해의 노골적인 대결을 회피하는 정서적 직접적 = 통합태"[53]라는 특징을 갖고 있다고 주장한 바 있다. 통속도덕의 실천에 의한 인간관계가 '공동체적 심정'이라는 정실적 인간관계의 형성에 적극적인 기여를 했다는 의미이다. 서민들의 자발적인 자기 혁신의 노력이 근대 일본의 대외 침략기에 국가가 주창하는 국민 정신 총동원령에 쉽게 매몰되어 국가 사상을 저변에서 떠받치는 역할을 한 것이 대표적인 사례이다.

전후의 관리 문화 속에서 형성된 '기대되는 인간상'이라는 것도 바로 그런 사례이다. 이 정서의 특징은, 일본의 교육 목표의 첫 번째가 '일본인으로서의 자각을 가진 국민'을 지칭하고 있는 것처럼, '일본', '일본인'을 전면에 내세우고 있다는 점이다. 지각知覺 있는 일본인의 대극에 '정신적 이상이 결여된' 이기주의나 향락주의, 그리고 '일본을 잊은', '추상적 관념적인 세계인'을 설정하여 비판한다.

이를 이자야 벤다산Isaiah ben-dasan은 "일본교의 교의일본 사회에서 인간 됨됨이를 강조하고 있다는 의미에 충실하라"는 의미[54]로 해석하기도 했다. 일본인으로서의 정체성 확립은 과거의 천황제 국가와 같은 '가족 국가관'으로의 회귀를 의미하는 것이 아니라, "문화적으로도 정치적으로도 일종의 위기 상태에 있는" 복잡한 국제 정세 하에서 일본의 정치, 경제 전략의 첨병이 될 만한 "세계에 통용하는 일본인"의 역할[55]을 강조하는 것이다. 요컨대 '독립된 인간'으로서의 자각심을 갖고 '일본의 사명'을 자기의 사명으로 '자발적으로 봉사할 수 있는 정신'만이 필요하다는 논리이다.

일본인의 정서를 바탕으로 일본 사회와 조직이 규정하는 '인간 = 일본인'이 되어야만 무리 없이 살아갈 수 있다는 가치관이 강조되고, 이 논리는 일본인의 행동 규범으로 요구되고 있는 일련의 정서, 이른바 '성실히 하라まじめにやれ', '확실히 하라しっかりやれ', '최선을 다하라がんばれ', '열심히―

生懸命' 등의 정신주의 가치에 의해 실천적으로 떠받혀지고 있다. 일본인의 정서를 지배하고 있는 정신주의는 단순히 교육이나 선전으로 실현되는 것은 아니나, 근·현대 서민 의식의 전개 과정을 분석해보면 새로운 사상 형성이 통속도덕적인 사유양식에 의해 뒷받침되고 있다는 점은 부정하기 어렵다.

이렇게 일본인들은 자발적으로 노력하는 '기대되는 인간상'이라는 굴레에서 벗어나지 못한 채 자신을 희생하며 조직의 안정과 발전을 최우선시하는 집단 지향적 가치관을 이상화시켰고(전전에는 신민의 길을 강조한 군국주의 교육에 의해, 전후에는 애국심 교육에 의한 사상의 국가 통제에 의해), 사회적 정서라는 미명하에 암묵적 합의가 쉽게 작동하는 메커니즘을 보유하게 되었다. 정부나 기업은 저변으로부터의 멸사봉공滅私奉公의 충성심을 사회 국가적 차원으로 승화시키는 관리 시스템의 구축을 정당화하면서, 소위 일본인에 의한, 일본인을 위한, 일본 사회의 '일본적 가치'가 완성된 것이다 — 지배 계급이 주도하는 사상적 일체화의 구축 기반이 형성되었다는 의미이다.

그런 행동양식을 정당화시키는 지배 이데올로기의 하강으로부터 개개인이 자신의 사상적 독립을 이룩한다는 것은 결코 쉬운 일이 아니다. 역사학자 이로카와 다이키치色川大吉, 1925~2021가 "통속도덕으로는 사회 체제 전체를 고찰하고 비판하는 논리가 형성되지 않는다"[56]고 한 것은 이를 대변하는 지적이다. 이 구조가 궁극적으로 국가의 통합과 사상의 일체화를 가능하게 하는 기반으로 작용하고 있다. 그로 인해 일본 사회는 전통적으로 체제나 사회에 대한 집단적 비판 행위가 과도하게 표출되거나 지속화하지 않는 행동양식을 보이고 있으며, 그런 의식 세계는 일본인·일본 사회가 역사를 통해 스스로 만들어간 고유한 산물이라는 것을 인지할 필요가 있다.

그럼에도 일본 사회는 강력한 자기 형성과 자기 해방이라는 내적 단련_{금욕주의적 생활규율 확립}에 의한 의식 변화를 통해 광범한 민중 의식의 근대성을 형성했다. 이를 토대로 현실 세계에서 서민들의 주체적인 활동력을 끄집어내면서 일본 근대화의 기반을 구축하고(상인 정신의 확립과 농업생산력의 발전을 주도하며 지역 사회의 자기 근대화를 주도), 개인의 주체적 신앙을 강조하는 민중 종교를 창성[57]하며 새로운 가능성과 시대성을 확립해가기도 했다. 인간의 마음 변화_{자기 변혁}를 통해 세상을 바꾸어 나가는_{사회 변혁} 동력을 자생적으로 창출했다는 점이다.

이점을 전술한 야스마루 요시오가 주목했고,[58] 저자 역시 일본 사상사의 관점에서 저변으로부터의 일본 근대화와 전후의 경제 대국을 가능하게 한 사유양식으로 간주하여 연구를 축적해 왔다. 일본인의 사유양식으로서 통속도덕의 중층重層적 의식 체계를 이해하는 것은 쉬운 일이 아니지만, 이문화는 우리가 생각하는 관점이 아닌, 그 자체의 차이를 인정하고 이해하고 존중하는 문제의식이 중요하고, 그것은 심층적 분석을 통해서만 가능하다는 사실을 직시해야 한다.

중국 문명을 원류로 하는 한국과 일본은 역사를 거치며 전혀 다른 문화를 형성했다. 중국 문명의 정신적 '속국' 상태에 대한 반성이 없었던 한국과 달리 일본은 어떻게 우리와 다른 문화를 형성할 수 있었는지, '문화 전수국'을 자처하는 우리에게 일본은 항상 그런 역사적 과제를 던져 주었다. 그러나 우리는 그 과제를 제대로 인식하지 못한 채 오늘에 이르렀다. 경쟁에서 이길 수 없는 원인과 환경을 우리 스스로 제공하고 만들었을지도 모른다는 사실을 간과한 채, 편의적이고 자의적인 일본 이해와 비판에 자만하고 있었던 자화상을 한번쯤은 되돌아보는 자성의 시간을 가졌으면 한다.

주석

1　ゴードン・S・ウッド,『ベンジャミン・フランクリン, アメリカ人になる』, 慶應義塾大学
　　出版会, 2010, p.4.

2　斎藤正二 訳,『フランクリン自伝』, 講談社文庫, 1973, pp.20~21.

3　佐藤義隆,『ベンジャミン・フランクリンーアメリカを発明した男』(『岐阜女子大学紀
　　要』第35号), 2006.3, p.20.

4　板倉聖宣,『フランクリン』, 仮説社, 1996, p.55.

5　斎藤正二 訳,『フランクリン自伝』, 講談社文庫, 1973, p.153.

6　위의 책, pp.156~157.

7　ベンジャミン・フランクリン, ハイブロー武蔵 訳,『人生を幸せと導く13の習慣』, 総合
　　法令出版株式会社, 2003, p.10.

8　斎藤正二 訳, 앞의 책, pp.158~160.

9　위의 책, pp.127~128.

10　위의 책, p.169.

11　Adam Smith, 大内兵衛・松川七郎 訳,『諸国民の富』, 岩波書店, 1959, p.91.

12　斎藤正二 訳, 앞의 책, pp.169~170.

13　위의 책, p.171.

14　위의 책, p.111.

15　ベンジャミン・フランクリン, ハイブロー武蔵 訳,『若き商人への手紙』, 総合法令出版
　　株式会社, 2004, pp.9~23.

16　ベンジャミン・フランクリン,『人生を幸せと導く13の習慣』, pp.34~35.

17　Max Weber, 梶山力・大塚久雄 訳,『プロテスタンティズムと資本主義の精神』上巻, 岩
　　波文庫, 1955, pp.42~44.

18　岡澤憲一郎,「ウェーバーの宗教観－'近代の経済エートス'の形成」,『名古屋学院大学論
　　集』第51 巻3号, 2015, p.20.

19　Max Weber, 앞의 책, p.72.

20　住谷一彦,『マックス・ヴェーバー』, NHKブックス, 1970, pp.76~77.

21　Max Weber, 梶山力・大塚久雄 訳,『プロテスタンティズムと資本主義の精神』下巻, 岩
　　波文庫, 1962, pp.186~188.

22　Max Weber,『プロテスタンティズムと資本主義の精神』上巻, p.51.

23　위의 책, p.95.

24　Max Weber,『プロテスタンティズムと資本主義の精神』下巻, p.222.

25　中野泰雄,『マックス・ウェーバー研究』, 新光閣書店, 1977, p.117.

26　위의 책, pp.17~18.

27　Max Weber,『プロテスタンティズムと資本主義の精神』上巻, pp.52~53.

28 山本七平,『勤勉の哲学』, 祥伝社, 2008, pp.3~4.

29 オールコック, 山口光朔 譯,『大君の都』, 岩波文庫, 1962, pp.298~299.

30 エドワード・シルヴェスター・モース, 石川欣一 翻訳,『日本その日その日』, 講談社, 2013 참조.

31 産経新聞社,『戦後史開封』, 1995, p.306.

32 西平重喜,「第1章 人生観」,『世論調査による同時代史』, ブレーン出版, 1987 참조.

33 早坂隆,『世界の日本人ジョーク集』, 中公新書ラクレ, 2006, pp.91~92.

34 鹿野正直,「近代'批判'の成立」,『歴史学研究』341号, 1968, p.48.

35 柴田實,「石門心学について」,『石門心学』日本思想大系 42, 岩波書店, 1971, p.449.

36 일본의 사상은 신도, 불교, 유교의 영향이 절대적이다. 6세기 무렵부터 일본에 전래된 불교와 유교는 천황제하에서 전파되었다는 특징이 있다. 소위 신도의 신관인 천황과 종교로서의 불교, 제도로서의 유교적 성격이 서로 상충하지 않고 일본인의 정서를 지배함으로써 신·유·불은 일본의 대표적인 사상으로 역사성을 확보했다.

37 城島明彦,『石田梅岩 "都鄙問答"』, 致知出版社, 2016, pp.32·33·35.

38 石田梅岩,「石田先生語録」,『石門心学』日本思想大系 42, p.76.

39 城島明彦, 앞의 책, p.68.

40 石川謙,『石田梅岩と "都鄙問答"』, 岩波新書, 1968, p.9.

41 위의 책, p.9.

42 石田梅岩,「石田先生語録」,『石門心学』(柴田実, 日本思想大系 42), pp.24·34·51.

43 石田梅岩, 앞의 책, pp.13·27~28.

44 手島堵庵,「前訓」,『石門心学』, p.164.

45 위의 책, p.163.

46 城島明彦,『中江藤樹 '翁門答'』, 致知出版社, 2017, p.41.

47 鎌田柳泓,「心學五則」,『石門心学』日本思想大系 42, pp.360·362·365~366·372.

48 森田健司,「鎌田柳泓の思想における心学的基盤」,『大阪学院大学経済論集』第27巻 第1·2号, 2013, p.74.

49 柴田嶋翁,「鳩翁道話·壱之上」,『石門心学』, p.235.

50 한 가지 짚고 넘어가고 싶은 것은 공의 논리가 강조되기 시작했다는 것은 역설적으로 생각하면 사리사욕을 주장하는 주체가 성장하기 시작했다는 의미이기도 하나, 그것이 금욕적 공의 논리를 주장하는 사상에 밀려 사욕에 근거하지 않는 공의 논리가 일본의 근세 시대에 자리를 잡았다고 하는 점은 우리가 일본의 근세 사회를 이해하는 데 간과해서는 안 될 부분이기도 하다.

51 졸저,『일본·일본인론의 재발견』, J&C, 2007. 이 책에서 저자는 연속 순환적인 문제의 식과 방법론으로 그 실체를 분석했다.

52 야스마루는 근면, 검약, 정직, 효행이라고 하는 통속도덕은 일본 근대 사회 성립 과정의 격동 속에서 민중이 이에(家)를 단위로 한 그 생활을 유지하고 발전시켜갈 때 자기 규율의 원리이고, 그 본질은 이에(家) 에고이즘이었다고 하면서, 그러나 그 에고이즘은

국가의 권위에 의해 승인되고, 학교 교육이나 청년단, 재향군인회, 군대 등에서 보편적인 이념으로 반복적으로 선전, 교화되어 정착해갔다고 한다. 『日本ナショナリズムの前夜』, 朝日新聞社, 1977, pp.212~213.

53　丸山真男, 『日本の思想』, 岩波新書, 1961, p.46.

54　イザヤ・ベンダサン, 山本七平 訳, 『日本教について』, 文春文庫, 1975, p.65. 참고로 이자야 벤다산은 야마모토 시치헤이(山本七平)의 필명이라는 설이 있다.

55　田畑稔 外, 『現代日本の教育イデオロギー』, 青弓社, 1983, pp.88~89.

56　色川大吉, 『明治の文化』, 岩波書店, 1970, p.184.

57　민중 종교 창성의 일례를 들면, 근세 말기에 민중 종교로 위세를 떨친 곤코쿄(金光敎·黑住敎·天理敎와 함께 막말기 3대 신흥 종교)의 창시자 가와테 분지로(川手文治郎, 1814~1883)는 인간의 길흉사는 절제력을 상실한 인간들의 행동양식이 빚어낸 결과이고 그런 행동은 신에 대한 무례함이기 때문에 신에게 의존하는 바른 생활을 한다면 행복할 수 있다는 논리로 포교 활동을 전개했다. 마음을 개조하면 미신을 극복할 수 있고 마음을 개조하면 신은 인간을 지켜준다는 신앙으로 막말 유신기 광범한 지역에서 상공민이나 농민들의 의식 세계를 사로잡았다. 메이지 유신을 통해 일본의 근대화를 주도한 세력은 지배 계급과 지도적 사상가들이었지만, 일본의 근대화를 저변에서 떠받친 것은 이 책에서 분석할 민중들의 자기 변혁 사상이었다. 일본의 근대화를 생각할 때 이 점을 간과해서는 제대로 일본의 근대화를 이해하기 어렵다.

58　야스마루는 "심의 철학은 봉건적인 신분제의 구체적 인식이나 비판에는 무력하였지만, 일상 생활 활동의 장에 있어서는 끝없는 신념이나 적극성을 발휘하게 하면서 사람들에게 정신적인 열등의식과 그에 동반하는 수동성이나 적극성을 극복하는 역할을 다했다"고 지적했다. 통속도덕의 양면성을 정확하게 지적했다고 생각한다. 『日本の近代化と民衆思想』, 青木書店, 1974, p.32.

일본인의 사유양식과
근세 일본의 생활 · 직업윤리

1. 근세 일본인의 생활윤리 의식

일본인들의 정신문화 가운데 무사도武士道가 있다. 무인이라는 직분과 일상생활에서 지켜야 할 도덕적 의무義 같은 것이지만, 그것은 성문법이 아니라 구전이나 많은 유명한 무사들, 혹은 학자의 붓으로 전해진 약간의 격언에 불과하다. 요컨대 말하지 않고 쓰여지지 않은 규칙, 마음속에 기록된 법률로서 불언불문不言不文임에도 실행에 의해 강력한 효력을 인정받았다. 한 사람의 두뇌에서 창조되거나 한 사람의 생애에 기초한 것이 아닌, 수백 년에 걸친 무사 생활의 유기적 발달이 바로 무사도라는 것이다.

서구에서는 일본의 '무사도'를 "The Soul of Japan"으로 인식하고 있듯이, 일본인들은 "도덕 사상道德史上에 있어서 무사도의 지위는 정치 사상에 있어서 영국 헌법의 지위와 같다"[1]는 생각을 하고 있다. 마음의 법률로서 실천에 의해 지켜져 온 덕성이 어쩌면 일본인들에게 있어서는 무사도인 것이다. 이는 무사도가 무인 계급에만 국한된 것이 아니라는 것을 의미한다. 실제 근세 시대가 되면 무사도는 널리 서민에까지 전파되어 '국민도덕'으로서의 성격을 띠게 된다.

무사도에서 주목할 수 있는 "거짓말을 하지 말라", "비겁하게 행동하지 말라", "성실하게 행동하라" 등의 윤리 의식이 서민들의 정신 세계에 영향을 미치면서 '의義', '인仁', '예禮', '성誠'과 같은 덕목이 일본인의 도덕관으로 자리 잡게 되고, 그러한 도덕관이 일본인들의 생활·직업윤리 의식에 실질적으로 스며들기 시작한 것이다. 이를 증명한 역사학자가 다카오 카즈히코高尾一彦, 1924~이다.

그는 근세 시대 서민의 '근세적 역사 형태'의 문제를 인간적 주체성생활 의식의 발전의 확립에 초점을 맞춘 후, 상품 경제가 발전해가는 와중에 형성되는 서민들의 생활 의식의 발달을 당시의 대표적 작가 이하라 사이카쿠井原西鶴, 1642~1693와 지카마츠 몬자에몬近松門左衛門, 1653~1725의 작품을 통해 분석했다. 그들 작품 속에 등장하는 서민들의 주요 덕목을 보면 '견고堅固', '재각才覺', '시말始末', '분별分別', '감인堪忍', '정직' 등이었다. 그런데 이를 현대적인 단어로 해석하면 '근면', '창의 노력', '검약', '적절한 판단', '인내', '성의' 등으로 대치할 수 있다고 한다.[2]

근세 시대가 되면 출판문화의 성립과 문학의 대중화 현상에 힘입어 서민庶民 문학이 꽃을 피우게 된다. 근세의 상징이라고 할 수 있는 서민 문학은 하위 신분이었던 죠닌町人, 상공인의 부상에 의한 것이지만(이 무렵 죠닌 문학작품의 특징은 서민성과 유교 사상을 중심으로 권선징악勸善懲惡적 성격이 강한 편이었다), 다카오는 이런 시대적 배경 속에서 서민들에게 폭넓게 읽혀지고 있던 작품을 중심으로 사·농·공·상의 신분제라는 제약 속에서 자유롭고 주체적으로 형성되는 서민들의 삶을 분석했고, 그렇게 형성되어 가는 서민들의 인생관을 "구체적 실천적 자기 인식이자 서민적 인간상"으로 정의했다.[3] 문학작품을 통해 서민들의 근면·검약·창의적인 생활윤리의 실태를 파악하여 문명의 발전 과정에서 합리적, 주체적으로 성장해가는 인간상을 분석한 다카오의 문제의식은 평가할 만하다.

그러나 역사 문화적으로 보면 근세 서민들의 생활윤리 기반은 이미 그 이전부터 존재했다. 전통적인 수전水田 농업의 역사와 촌락 사회의 생활 문화가 대표적이지만 일본인의 기층 신앙基層信仰, 지역민의 일상생활 속에서 전통적으로 형성된 종교 현상을 말함이라고 할 수 있는 '복신福神 신앙'의 사례도 그러하다. 복신 신앙을 가늠하는 대표적 작품군으로는 『우메즈노쵸샤 모노가타리梅津長者物語』와 『다이코쿠마이大黑舞』가 있다. 두 작품 모두 무로마치室町, 1336~1573 시대 말기에서 에도江戸, 일본의 근세 시대 초기에 만들어져 서민들에게 널리 애독된 것으로 추정되고 있다.

전자는 야마시로山城의 우메즈梅津라는 곳에 살고 있는 한 부부가 열심히 살아가려고 노력함에도 가난함을 벗어나지 못하자, 그 부부의 정직한 마음과 깊은 신앙심에 감동한 복신이 부부의 삶을 힘들게 하는 가난의 신貧乏神을 몰아내고 부부의 입신출세를 도와 고향 사람들로 하여금 우메즈의 부자로 존경받으며 살아가게 만들었다는 내용이다. 후자는 야마토大和의 요시노吉野라는 마을에 효심이 매우 깊은 자가 살고 있었지만 가난함을 쉽게 벗어나지 못하자 그 효심에 감동한 복신이 그에게 한 가닥의 볏짚藁しべ을 선사했고, 그는 볏짚을 바탕으로 잇따라 물물교환을 하며 열심히 노력한 끝에 마침내 부자가 되었다는 스토리이다.[4]

두 작품이 전하는 핵심적인 내용은 신앙심을 바탕으로 정직하고 성실한 자세로 열심히 살아가면 복부자가 된다는 의미이 주어진다는 것이다. 두 작품은 근면, 정직, 인내, 신앙, 효심, 배려와 같은 가치를 중시하고 있고 그런 가치로 성실한 삶을 영위하면 부를 축적할 수 있으며, 그렇게 축적된 부는 정당하고 존경받아 마땅하다는 논리이다. 특히 복을 초래하기 위해서는 정직한 마음과 행동, 그리고 효심의 강조와 깊은 신앙심을 요구하고 있다는 점이 특징이다.

또 복신이 던져주는 복이라는 것이 한 가닥의 볏짚이라는 사실은 일확천금을 선사하는 것이 아니라 자신의 노력으로 부를 축적해가는 최소한의 기반만 제공한다는 것이다. 여기서 느낄 수 있는 것은 일본인의 신앙이나 종교관을 보면 현세 이익적인 사고가 존재하지만 그것은 자신의 욕망을 억제할 때 비로소 현세의 행복으로 이어질 수 있다는 생각이다. 신앙에 근거한 실천적 도덕을 중시한다는 의미이다.

그런 의식은 실제 일본인의 사유양식으로 전승된다. 근세 시대가 되면 농업 기술의 집약화로 인한 농업 생산력의 발전과 수공업자를 중심으로 상업 문화가 본격적으로 형성되면서 직업군의 구축과 그에 따른 자율적인 생활 의식이 발전하기 시작하고 — 이하라 사이카쿠의 『닛폰에이타이구라日本永代蔵』는 그런 흐름을 상징적으로 묘사한 작품이기도 하다. 그 과정에서 불교나 유교가 서민들의 실천적인 윤리 의식을 촉진하며 근대적인 사유양식이 싹트게 된다. 불교만 하더라도 이 무렵에는 불법佛法, 부처님의 가르침이 서민의 세속적인 생활을 긍정하는 흐름이 조성되고 그 연장선상에서 서민에 대한 교화敎化가 폭넓게 이루어진다.

이와 관련하여 미국의 종교사회학자로서 에도의 문화적 전통 사상을 주목한 R.N. 벨라Robert Neelly Bellah, 1927~2013는 근세 중기까지는 구제救濟 사상과 윤리적 행위는 불가분의 관계에 있었고, 윤리적 행위 그 자체가 바로 구제의 증표였다고 하면서 "현세에 있어서 윤리적 행위는 아미타불에 대해 입은 은혜를 보은하는 것이고 동시에 자기의 내부 신앙의 표시였다. 자기의 직업을 근면한 자세로 일하는 것은 요구되는 윤리적 의무 안에서는 중심을 차지하고 있었다"[5]라고 분석했다. 불교 신앙이 생활·직업윤리와 결합하는 관계를 중시한 것이다.

사민四民의 생활윤리

현세의 윤리적 행위가 불법에 의해 정당화되고 실천적 도덕을 강조하는 흐름이 서민들의 지지를 받았다는 것은 의미 있는 일이지만, 민간 신앙의 차원이나 유명한 오우미쇼닌近江商人, 중세에서 근대에 걸쳐 활약한 近江(지금의 滋賀県) 출신의 상인을 가리키는 말로써 오사카 상인(大坂商人)·이세 상인(伊勢商人)과 더불어 일본 3대 상인의 하나이다을 통해서도 확인할 수 있듯이 보은의 사상을 직업 정신이나 윤리의 기반으로 인식하는 사고는 흔히 발견할 수 있는 근세 일본인의 의식 형태이다.

대표적인 예가 근세 시대의 유학자 가이바라 에키켄貝原益軒, 1630~1714이 유교 사상에 의거하여 쓴 『요조쿤養生訓』이다. 50세가 되지 않으면 인생의 이치나 즐거움을 모르고, 장수하지 않으면 학문의 장진長進이나 지식의 명달明達, 총명하고 도리를 분별하는 것도 없다는 그의 주장은 300여 년이 지난 지금까지도 다양한 형태로 일본인들의 지지를 받고 있다. 그는 근세 시대 일본인의 평균 수명의 두 배에 이르는 84세로 유명을 달리했을 만큼 스스로의 노력과 실천으로 건강과 장수의 비결을 체득했고, 그것이 인생에서 가장 중요한 것이라고 강조했다.

『요조쿤』의 핵심은 '기氣'를 중시하는 사상이다. 이 책에는 "원기를 보존한다", "원기를 양성한다", "원기를 해친다" 등과 같은 기 사상이 관통하고 있다. '기'라고 하는 것은 생명의 원동력이고 활력원이 되는 에너지와 같은 것이다. 그는 "마음은 신체의 주인"이기에 안락하게 해야 하고, "신체는 마음의 신하"이기에 움직이면 움직일수록 좋다고 했다. 마음을 평안하게 하면 즐거움이 따르고, 몸을 움직이면 기의 순환이 좋아져 병에 걸리지 않는다는 논리이다. 인간은 심신 일체의 동물이기에 스스로 마음의 평안을 통해 자신의 몸을 양생하여 병을 예방하는 것이 중요하고, 그것은 바로 자기 자신의 책임이라는 것이 그가 주장하는 요지이다.

가이바라는 '사람의 신체'에 대해, "사람의 몸은 천지와 부모의 은혜를 입어 태어나고 양육되었으니 내 몸은 나의 것이 아니고 천지의 선물"이다. 따라서 자신의 몸을 제대로 관리하여 천년을 보지保持하는 것이 최대의 감사 표현이라고 했다. 부모의 은혜를 중시하는 유교의 실천 사상에 근거한 것으로, 바꿔 말하면 양생한다는 것은 도덕적 인간이 된다는 의미이다. 봄에 씨앗을 뿌리고 여름에 잘 거두면 가을에 수확이 있듯이, 인간도 몸과 마음을 수양하여 건강을 증진하는 생활 태도養生를 확립해야 하며, 그러기 위해서는 다음과 같은 마음가짐과 실천이 필요하다고 했다.[6]

> 양생의 방법은 우선 내 몸을 해치지 않는 것을 말한다. 몸을 해치는 것은 내욕内慾과 외사外邪이다. 내욕은 음식욕, 호색好色욕, 수면욕, 말을 함부로 하지 않는 욕과 희喜·노怒·우憂·사思·비悲·공恐·경驚의 7정七情의 욕을 말한다. 외사는 천天의 4기四氣이다. 풍風·한寒·서暑·습濕을 말한다. 내욕을 억제하고, 외사를 두려워하고 방지하여, 이로써 원기를 해하지 않으면 병 없이 천년을 살아갈 수 있다.

인간이 병 없이 건강하게 천수를 누리기 위해서는 식욕, 수면욕, 색욕, 언욕, 그리고 7정이라는 내욕을 억제하고, 4기를 잘 다스릴 때 건강한 삶을 유지할 수 있다고 했다. 마음을 부드럽게 하고 기를 평온하게 하고, 분노와 욕망을 억누르고, 우울한 마음을 최소화하고, 마음을 괴롭히지 않는 것이 중요하다는 것이다. 먹고 마시고 호색을 좋아하는 것을 기욕嗜慾이라고 하면서, 음식 색욕을 억누르지 않으면 몸을 해하며 예의를 저버리게 된다고 했다.

모든 악은 바로 욕망 때문에 생긴다는 것으로, 정원에 나무를 심어 초목의 성장을 보면 즐거운 마음이 들 듯, 어릴 때부터 건강을 유지하는 방법을 실천하는 것이 무엇보다 중요하고, 그러기 위해서는 내적인 욕망과 외적인 나쁜 기운邪気을 물리쳐야 한다는 주장이다. 인간의 몸은 이 세상 그 무엇과도 바꿀 수 없는 것인데 양생도 하지 않고 욕망에 따라 생활하면 그보다 어리석은 일이 없다는 것이다. 여기서 그가 강조한 것이 있다면 바로 생활 속의 근면함이다.

마음의 평정은 신체에 이롭고 신체는 움직여야 혈액 순환에도 도움이 되듯이 사람은 항상 조금씩 운동하는 습관을 길러야 하며, 적당한 운동을 하는 것은 일하는 것을 의미하고, 근면하게 일하는 것 자체가 다름 아닌 건강법勤勉即養生이라고 했다. 일해야 할 때 일을 하지 않고, 할 일 없이 오래 앉아 있거나 누워있으면 원기가 순환하지 않고, 식욕이 떨어지면서 양생에 해가 될 뿐만 아니라 병이 많아져 단명할 수도 있으니, 마음은 즐겁게 하되 몸은 노동을 해야 한다는 것이다身は労すべし ― 근세 시대 일본인들의 대부분은 농업에 종사하고 있었기에 일상의 노동을 운동으로 간주했다. 열심히 성실하게 농업에 종사하는 생활 태도가 건강을 지키는 길임을 강조한 것이다.

그러나 신체는 인간의 욕망 때문에 손상되기 쉬우니 하고 싶은 것을 항상 경계하고 분노와 욕망을 억제하기 위해서는 "인忍의 한 글자一字"를 지키는 인내와 절제의 정신이 필요하고, 덕을 배양하기 위해서는 마음을 평온하게 하고 말수를 줄여 조용히 말하는 근신의 미덕이 필요하다. 욕망의 최소화와 적절한 신체 활동을 양생의 기본으로 생각하면서도, 한편으로는 좋은 일을 행하여 자존심을 높이고, 건강을 염려하지 않고 장수하여 인생을 즐기는 것이 "인생 3락三楽"이자 양생의 가르침을 실천하는 것이고, 항상 가업에 열중하는 것이 양생이라고 했다.

그뿐만 아니다. 인간의 특성에 대해 "사람으로서 이 세상을 살아간다는 것은 오로지 부모 천지에 효를 다하고, 인륜의 도를 다해 의리에 따르고, 되도록 장수하여 기쁨과 즐거움을 느끼는 것이 사람들이 진심으로 바라는 것"[7]이라고 하며 효와 인륜의 중요함을 강조했다. 또 식물은 농민이 만들어내는 만큼 은혜의 마음을 잊어서는 안 되며, 자신의 식사보다 훨씬 못한 식사를 하는 사람이 있다는 것을 기억해야 하고, 분수를 알고 소비를 줄여 재財를 일구는 검약 정신을 중시하고, 자신을 믿을 수 있는 기준을 갖는 것이 무엇보다 중요하다고 역설했다.

신분적인 한계를 극복하는 논리도 전개했다. 가난하고 미천한 신분이어도 "홀로 집에서 한가히 보내며 고서를 읽고 고인의 시가를 음미하고 (…중략…) 초목을 사랑하고 (…중략…) 음주를 최소화하고 (…중략…) 집에서 기른 채소를 요리" 하면 마음을 즐겁게 하고 기를 돋우는 것이니, 그런 생활을 실천하면 "부귀한 신분이라도 즐거움을 모르는 사람보다 낫다"는 것이다. 당시 서민들의 경제적 상황을 고려하여 돈을 쓰지 않고도 누구나 할 수 있는 일임을 강조하면서, 마음가짐과 실천 여하에 따라 인생이 달라질 수 있음을 설파했다.

특히 근로나 노동과 관련해서는 게으름을 멀리하고 사민 모두 가업家業에 충실할 것을 요구하며 "무사는 어릴 때부터 책을 읽고 몸을 단련하고 예악礼楽을 배우고 활을 쏘고 말을 타고 무예를 배워 몸을 움직여야 한다. 농·공·상은 각자 가업을 게을리하지 않고 조석朝夕으로 열심히 일해야 한다"[8]고 했다. 사농공상의 신분이나 남녀의 구별과 관계없이, 설사 가난하더라도 모두 근면한 자세로 직분에 충실하게 노력하는 것이 양생이고 인간의 기본적인 삶이라는 것이다.

전체적으로 보면 생활 속에서 마음을 다스리는 엄격한 자기 절제단련가

장수의 비결이고, 그것을 실천하는 것이 인생에서 가장 중요하며, 이는 곧 "만복의 근본"이라는 논리이다. 여기에는 "인명은 나에게 있고 하늘에 있지 않다"는 노자의 사상을 가이바라가 일생을 통해 스스로 실천한 결과라는 사실이 뒷받침되어 있다. 자신의 신체를 훼손하는 내욕과 외사를 제거하고, 어릴 때부터 양생의 중요함을 인식하고, 무엇이든 근면한 자세로 노력하면 반드시 효과가 있다는 것이다.

이를 위해 그는 양생을 위한 핵심적인 가치로서 소少라는 한 글자를 중시했다. 그것은 "만사를 모두 적게 하는 것"으로, "모든 것을 약간 적을 정도로, 소위 욕欲을 줄인다는 것을 의미한다. 욕이라는 것은 이耳·목目·구口·체體가 탐욕을 즐기는 것을 말한다. 주식酒食을 즐기고 호색을 즐기는 류類"[9]이다. 자신에게 정직하고, 적당한 노동과 운동이 필요하며, 소식과 절도 있는 일과를 보내고, 과신은 금물이며, 평안한 마음과 근신의 마음으로 덕을 배양하고, 심신을 수양하여 욕망을 억제하는 노력을 하면 인간은 장수한다는 사상을 정립한 것이다.

가이바라는 인간의 육신은 천지의 은혜이기에 자신의 건강을 자신의 노력으로 지켜가는 것은 자신의 윤리적인 책임이자 동시에 효라는 것을 구체적으로 실천하고 증명하기 위해 노력했다. 이를 근세 시대 일본인의 생활윤리라는 관점에서 재해석하면 정직, 근면, 검약, 인내, 중용, 금욕, 인륜, 자족, 분수, 직분 등과 같은 통속도덕이고, 그런 도덕적 기반이 이 책을 애독하게 만든 배경이라고 할 수 있다.

의사이자 역사 평론가로 활약했던 마츠다 미치오松田道雄, 1908~1998는 『요조쿤』을 관통하는 세계관에 대해 "우주를 구성하는 존재의 원리가 자신을 구성하고 있지만 그것은 부모를 매개로 자신을 실현하고 있다. 자신의 존재는 우주와 부모의 은혜이다. 늙어서 건강하고 행복한 것은 오로지 우주와 부모의 덕분이다. 자신의 몸을 중시하는 것은 천지와 부모에 대한 감사의 표현이다. 여기서 건강을 지키는 양생이 자식으로서의 부모에 대한 도덕적인 의무이자 효와 완전히 일치한다.『요조쿤』을 지탱하고 있는 안정감은 바로 이러한 세계관이다"[10]라고 언급한 바 있다.

　유교 사상이라는 학문적 배경과 실천적 경험이 절묘하게 합치된『요조쿤』은 삶의 지침서이자 건강서이고 철학서라고 할 수 있다. 그러나 중요한 것은 이 책을 관통하고 있는 제 가치들, 이른바 인륜의 도道를 실천하고 4욕四欲과 7정을 삼가며, 심기를 다스리고 근면한 자세로 노력하는 것이 양생의 방법이고, 그것은 '신체적 양생'이 아니라 '마음의 양생'이라는 사실을, 당시 서민들을 포함해 근·현대를 거친 오늘에 이르기까지 일본인의 정신문화 속에 계승되고 있다는 점이다. 근세 시대 민간 신앙이나 종교적 사상에 바탕을 둔 생활윤리의 실천과 확립이 일본인의 사유양식으로 굳어져 있다는 의미이다. 근세 사회의 직업윤리도 예외가 아니다.

2. 스즈키 쇼산鈴木正三, 1579~1665의 직업윤리

　벤자민 프랭클린의 삶을 통해서도 확인한 바 있듯이 자본주의 정신을 언급하면 우리는 당연히 서구의 사상으로 받아들이는 데 익숙해져 있다. 하지만 근세 일본의 스즈키 쇼산의 사상을 분석해보면 굳이 무리하게 연계 지을 필요는 없어도 합리적 금욕의 관념이 절제의 강제에 의한 자본주의의 발전을 가능하게 했다는 베버의 문제의식을 떠올리게 된다.

　베버는 직업Beruf을 "생활상의 지위, 일정한 노동의 영역"으로 인식하면서, 그 속에 포함된 "세속적 일상 노동을 존중"해야 한다고 했다. 그렇게 되면 수도승修道僧적 금욕을 세속내적世俗內的 도덕보다 높이 평가할 필요는 없어지고, 신神이 즐거워할 수 있는 생生은 단 하나 "각자의 생활상의 지위에서 발하는 세속내적 의무의 수행"이 된다. 세속적 업무의 내부에서의 의무 수행신으로부터 부여받은 사명이야말로 "도덕적 실천이 가질 수 있는 최고의 내용"으로 중시해야 한다는 것이다.[11]

베버의 논리보다 2세기 이상 앞선 스즈키 쇼산 역시 세속적 일상 노동에 종교적 의의를 부여하는 직업 관념을 설파했다. 승려이자 일본 사회에서 최초로 직업윤리를 설명한 쇼산은 현재의 아이치현 도요타시愛知県豊田市에서 태어났다. 처음에는 부모의 대를 이어 무사로서 도쿠가와 이에야스德川家康, 1543~1616의 휘하에서 활약했고, 세키가하라 전투関ヶ原ノ戦い, 도요토미(豊臣) 정권의 붕괴와 도쿠가와에 의한 전국 통일의 전기가 된 전투에서도 전공戦功을 세워 하타모토旗本, 도쿠가와 직속의 가신 그룹의 지위를 획득하기도 했다. 그러나 불교 경전에 심취한 이후에는 안락한 엘리트 무사로서의 삶을 접고 42세에 출가하여 선승禪僧이 된 인물이다.

이유는 "금후 주군의 은혜에 보답하기 위해 실천적인 불법 융성과 불교 윤리에 의해 민중을 교화하는 것을 치국治國의 기본으로 한다는 장대한 사업에 참여하여 추진하는 것을 생애에 걸쳐 자신의 '천직'으로 실천"[12]하겠다는 결의 때문이었다. 출가를 허락한 주군에 대한 보답과 비교적 언론의 자유가 보장되었던 선승의 지위를 이용하여 신질서 확립에 기여한다는 목적이었다. 그는 자신의 가르침을 '아법我法'이라 하면서 다른 '불법'과 구별하여 자신의 사상적 태도를 유지한 특이한 인물이자 명확한 사상적인 '개個'의 의식을 가진 일본인이었다.[13]

그로 인해 쇼산은 일본의 역사에서 "일본적인 주체화主體化의 사상가"[14]였을 뿐만 아니라, 불교 사상가로서 공동체의 윤리를 설파한 이상주의자이자, 시대 감각에 예민한 사회 평론가, 서민 대중에 설파한 언론인, 세계 무대에 우뚝 선 사상가[15]라는 다면적 평가를 받고 있다. 쇼산에 대한 일본 사회의 높은 평가에서 확인할 수 있듯이 실제 승려로서 그는 계몽사상의 전도사처럼 불교의 대중화를 통해 서민들에게 직업생활과 종교생활, 물질생활과 정신생활의 일체화를 강조했다.

쇼산은 "세법世法, 세속의 논리과 불법은 일치한다"고 하면서 "불법이란 인간의 나쁜 마음을 제거하는 가르침"이라고 했다. 불법은 "입으로 전하는 승려"보다 "세법에 따르는 재가자在家者의 편"이 훨씬 부처님의 가르침에 가깝다고 하면서 "최근 불의佛意에 이르러야 할 수행을 게을리하고 명예나 이익 추구에 열중함으로써 사도邪道에 빠지는 자가 있다. 불제지佛弟子가 진실한 불도佛道에 들어가 방황하는 중생을 인도"[16]하는 것이 수행의 염원이라고 했다.

불법과 세법의 도리를 바르게 하여이치를 바르게 하고, 의를 행하며, 정직한 길을 가는 것 세상의 정도正道를 구현한다는 생각이고, 그 과정에서 "용맹정진의 깨달음勇猛精進之仏"을 중시했다. 의미는 "부단하고 과감하게 끊임없이 정진하는 것을 특징으로 하는 깨달음"이라는 뜻으로, "수행의 결과 완성된 것으로서, 독립된 것이 아니라 행하고 있는 바로 그 자리에 나타나 있는 형태로서만 생성"[17]된다는 것이다.

부처님에 의해 불성佛性을 부여받은 인간은 불성대로 살아가면 구제될 수 있고, 그것은 하늘로부터 부여받은 각자의 직분에 매진하는 근면함 같은 구조라고 했다. 일상의 직분 속에서 실천하며 깨우치는 것, 소위 일상 생활에서 사심私心 없는 정직한 마음으로 자신의 직업 활동에 충실한 것이 "인간으로서 완성"되어 가는 길이고 그것이 바로 불행佛行 : 승려가 행하는 종교적 행사가 아니라 각자가 자기 일에 충실하면 그 일상생활 속에 수행이 있다는 의미이라는 논리였다.

사·농·공·상의 일상적인 생활에 주목하여 불도 수행佛道修行과 세속적 직업생활을 일체화한 쇼산은 자신의 독창적인 철학을 담은 저서를 "반민도쿠요万民徳用"[18]라는 이름으로 후세에 남겼다. 일본 사회에서 일본인의 '근로 철학'과 '직업윤리'를 확립한 것으로 평가받고 있는 이 책에서 그는 근세 시대 신분 질서에 따른 무사·농민·직인職人, 공업. 사농공상의 신분제하에서 공에 해당한다·상인의 직업윤리를 구체적으로 제시했다. 사민을 위한 수도서修道書라고 할 수 있는 '사민일용四民日用' 사상을 제창함으로써, 노동을 통한 자기 단련의 가치를 중시하고 생과 사를 초월한 인간적 구제를 강조했다.

'사민일용' 사상

'일용日用'이란 '일상적으로 이용할 수 있는 것, 매일 사용할 수 있는 것'이라는 의미이다. 각 직분의 삶의 양식을 의미하는 것으로 쇼산은 '무사일용武士日用', '농민일용農民日用', '직인일용職人日用', '상인일용商人日用'을 중시했다. 세상 일반적인 이치가 불법에서 설명하는 이치와 다르지 않다는 '세법즉불법世法卽佛法'의 논리를 사·농·공·상의 사민에 적용하여 설명한 그의 사상은(사민에 대한 마음가짐을 강조한 것으로서 오늘날의 관점에서 보면 직업윤리였다고 할 수 있다), 신분제가 고착화된 당시로서는 사회적 통념을 타파하는 혁신적인 사상이었다.

평론가 야마모토 시치헤이山本七平, 1921~1991에 의하면 가마쿠리鎌倉 시대부터 선종禪宗은 무사의 종교, 일연종日蓮宗은 상인의 종교, 신종眞宗은 농민의 종교라는 통념이 있었으나 쇼산은 그것을 사민의 '일용'으로 통일했다.[19] 실제 쇼산은 "부처님은 모든 덕을 원만히 겸비하고 있기에 불제자들이 부처님의 본의에 따라 해탈의 길을 추구한다면 (…중략…) 국토가 밝아지고 중생은 안심할 수 있다"고 하면서, 종파가 아닌 자신의 직무에 충실하면 그것이 바로 불행이라는 논리를 제시했다.

세속적 행위가 종교적 행위임을 강조하는 한편, 그 과정에서 스스로 깨달음의 경지에 도달하면 이상적인 사회를 추구하는 기본이 될 수 있다는 논리이다. 종교나 염불에 구애받지 않고 세속적인 직업 활동에 충실히 하는 삶이 바로 수행修行이라는 그의 논리는 흔히 '직분불행설職分仏行説'로 인식되고 있다. 그 내용을 구체적으로 보면, 우선 지배층인 무사에 대해서는,[20]

불도 수행을 하는 자는 용맹한 마음이 없으면 수행을 성취할 수 없다. 겁약怯弱한 마음으로는 불도에 입문할 수도 없다. 굳건한 마음으로 수행하지 않으면 번뇌에 휘둘리며 고통을 받게 될 것이다. (…중략…) 따라서 번뇌의 마음으로 혈기를 앞세운 사람은 철벽을 깨트릴 위엄이 있어도 혈기가 사라지면 변하게 된다. 이에 비해 장부丈夫의 마음은 쉽게 변하지 않는다. 무사인 자는 이를 수행하여 장부의 마음에 이르러야 한다. (…중략…) 도리와 도의를 겸비한 자라면 용맹견고勇猛堅固한 마음이라고 하는 검剣을 갖고 생사의 적을 처단하여 태평하게 살아야 한다.

무사는 자신의 모든 것을 던져 "용맹정진勇猛精進"의 신념으로 신체와 생명을 바쳐 절실하게 열심히 깨우침의 길로 나아가야 하고, 이러한 마음은 "밤낮없이 몸을 통해 꿈속에서라도 지켜야" 하며, 번뇌의 마음으로 혈기를 앞세워서는 안 되고 항상 번뇌와 싸워 이기는 "용맹견고한 마음"이 무사의 미덕이라고 했다. 세상을 통치하는 지위를 보유하고 있는 무사로서의 정신 자세를 강조함과 동시에 사심을 버리고 심신을 가다듬어 수행에 전념함으로써 문무양도文武両道의 단련을 통해 평화로운 세상을 구현해야 할 책무를 짊어져야 한다는 생각이었다.

쇼산은 승려이면서도 "생사의 적을 처단" 하는 것을 정당화했다. 무사에게 살생은 신분상 이루어지는 것이기에 결코 살생이 아니라는 명분으로 무사의 직분을 강조한 것이다. 무사에게 생사를 초월한 평상심으로 불도 수행의 길을 설파했다면, 농민에 대해서는 농업이 불도의 실천農業卽佛行임을 강조했다. 가이바라가 농민들의 일상 노동을 운동으로 간주한 것과 같은 이치이다. 그는 농민은 계절마다 해야 할 일이 있어 수행할 여력이 없다고 하자 "농민이 해야 할 일이 바로 불도 수행"이라고 하며 농민의 마음가짐에 대해 다음과 같이 언급했다.[21]

마음가짐이 나쁠 때는 천한 업이고, 신심이 깊을 때는 보살의 수행이다. 일이 없을 때 성불을 바라는 것은 잘못된 것이다. 성불을 이루고 싶은 사람은 심신을 단련해야 한다. 욕을 즐기는 마음으로 후생을 바란다면 오랜 시간이 흘러도 성불할 수 없다. 농인農人은 추울 때나 더울 때나 힘든 일을 해야 하고 농기구를 사용하여 번뇌의 마음을 물리치면서 마음을 모아 오로지 경작에 임해야 한다. 마음에 틈이 있으면 번뇌하게 되나 심신을 다스려 힘든 일을 하게 되면 잡념이 사라지게 된다. 이렇게 사계절 항상 불도 수행을 하고 있는데 농민이 어찌하여 별도의 수행을 할 필요가 있겠는가.

농업을 천직으로 자각하여 직분을 다하면 성불成佛하는 것이기에 특별히 수행해야 할 필요가 없다는 것이다. 쇼산은 성불과 지옥은 '행위'의 문제가 아닌 '마음'의 문제이기에 농민에게 가장 중요한 것은 정직한 마음으로 인간의 도리를 지키는 것, 이른바 농민이 해야 할 일을 충실히 하는 자는 의도하지 않아도 공덕功德이 따라오고,[22] 그 농부의 덕이 국토만민國土萬民의 근간이 된다는 주장이다.

또 "한 알의 쌀에도 백수百手의 공이 배어" 있어 농민의 근로가 결코 무사의 직분에 못지않으니, 농인의 삶은 "하늘로부터 부여받은 세상을 양육養育하는 임무"라고 했다. 사심이나 번뇌를 물리치고 만민을 위해 농업에 전념하는 신성한 직업이 바로 농인이라는 것이다. 지위는 낮았지만 근세시대에 급격하게 성장한 직인과 상인에 대해서도 같은 논리를 적용했다.

직인이 이르기를 "후세의 깨달음도 중요하지만 가업을 영위함에 시간이 없는데 어떻게 성불할 수 있겠는가"라고 하자, 쇼산은 "모든 인간의 행위는 모두 세상을 위한 것"이다, 따라서 "대장장이나 목수를 비롯해 많은 직인이 없으면 세상의 중요한 부분이 채워지지 않는다"[23]고 했다. 천지를 가리키는 사람이나 문자를 만드는 사람, 오장을 구분하여 의술을 베푸는 사람, 그 모든 직업은 세상을 이롭게 하기에 어떤 직업도 존중받아 마땅하고, 진정 성불하기를 바란다면 자기 자신을 믿어야 한다는 것이다. 주야로 돈벌이에 매달려 수행할 틈이 없다는 상인에 대해서는,[24]

매매하는 자는 이익을 추구하는 마음을 수행해야 한다. (…중략…) 신체와 생명을 천도에 맡겨 오로지 정직을 배워야 한다. 정직한 사람은 하늘의 은혜도 깊고, 부처님이나 신의 가호도 있고, 재난을 피하고, 자연스럽게 복을 증대하여, 많은 사람으로부터 친애親愛와 경의敬意심도 깊어지고, 만사가 생각대로 이루어진다. 사욕에 빠져 자신과 타인을 구별하고 타자를 나락에 빠트려 자신의 이익만을 추구하는 사람은, 하늘의 재앙을 입어 회禍를 증대시켜, 만인의 미움을 받고, 사람들의 친애나 경의도 사라지고, 만사가 뜻대로 이루어지지 않는다.

상인은 일단 이익을 추구해야 한다는 것을 전제로 하면서도, 사욕을 버리고 정직한 마음으로 거래를 해야만 만인을 위하고 자신의 이익도 취할 수 있다는 것이다. 신분적으로 최하위에 놓여있는 상인들에게 이윤 추구를 정당화하면서도 사욕을 철저하게 경계하는 논리를 설파했다. 세속의 업무는 종교적 행위이기에 그것을 일심불란의 마음으로 행하면 성불할 수 있고, 그 결과로서 동반하는 이익은 정당하다는 주장이다. 근대 자본주의 정신을 프로테스탄티즘에서 찾는 논리와 결코 다르지 않다.

직업인으로서의 사명 의식

쇼산은 사·농·공·상의 신분제 타파를 전제로 한 것은 아니었지만 "백억의 신분이 세상의 이익을 가져다준다. 무사가 없으면 세상을 다스릴 수 없고, 농민이 없으면 세상의 음식물이 없고, 상인이 없으면 세상의 자유를 이룰 수 없다. 그 외 모든 직업은 세상을 위해 존재한다"[25]고 하며, 그 어떤 직업도 세상을 위해 일을 하는 것이고 그것이 바로 직업인으로서의 사명이라는 점을 강조했다.

특히 무사, 농민, 상인의 존재 의미를 질서 유지, 식량, 세상의 자유^{상품의} 유통을 ^{의미}로 정의하여, 피지배 계급의 직분職分을 국가와 사회를 지탱하는 핵심적인 역할로 재정립했다는 점은 상기할 필요가 있다. 무사층의 보호 아래 수행과 깨달음을 중시했던 선종의 입장에서 보면 쇼산은 이단자라고 할 수 있으나, 각자의 직분에 충실한 일상성 속에서 불도 실현을 강조한 것은 당시의 사회 구조하에서는 매우 혁신적이었다.

전술한 가이바라 에키켄이 사민에 대한 직분윤리 사상과 생활윤리 의식의 실천적 도덕성을 강조한 것처럼, 쇼산은 봉건적 직분을 불행佛行과 연결함으로써 신분제하에서 불가분의 관계에 있는 각 직분의 의미를 수직적 관계가 아닌 병렬적 관계로 재정립하고, 각 직분의 윤리 의식이 만인의 행복과 국가의 안녕을 가져온다는 논리를 확산시키며 직업윤리의 역사성을 확보했다. 민간 신앙이나 종교적 사상에 바탕을 둔 생활윤리의 실천과 확립이 일본인의 사유양식으로 굳어졌다는 의미이다. 시마다 아키코島田燁子, 1936~는 이렇게 형성된 직업 활동과 윤리는 기본적으로 일본인의 의식 속에 살아있는 "전통적인 사유양식"[26]이라고 했다.

쇼산이 사민에게 설파한 직업인으로서의 사명과 윤리를 주목하는 것은 "스스로 자신을 표현할 수 없는 일본 문화를 표현"[27]했기 때문이다. 그러나 근본적으로는 그의 사상이 그 후 이하라 사이카쿠와 같은 문학자를 비롯해 이시다 바이간石田梅岩, 니노미야 손토쿠二宮尊徳, 1787~1856, 오하라 유가쿠大原幽学, 1797~1858, 나카무라 나오조中村直三와 같은 상인이나 농업 지도자들의 실천적 사상 형성과 근세 일본인의 생활·직업윤리에 계승되었다는 것이고, 그 역사적 기반을 근거로 궁극적으로는 "세속적인 직업 활동을 종교적으로 합리화하여 상인에 의한 이윤 추구를 적극적으로 시인함과 동시에, 이윤을 (…중략…) 자본 축적으로 돌려야 한다는 것을 시사함으로써 일본에 있어서 자본주의 정신의 기저基底를 구축하는 역할"[28]을 다했다는 사실이다.

쇼산의 활동을 보면 서민을 상대로 수행 실천과 깨달음에 이르는 윤리 형성에 진력했던 원효대사의 교화 활동을 연상케 한다. 설파한 내용이나 사상가로서의 존재감이 다르기에 비교사적 시점은 적절하지 않지만, 일본 불교사 연구의 관점에서 보면 쇼산은 "세속적 직업윤리의 불교적 기초 부여와 구도자로서의 실천면에 있어 날카로운 비판적 정신을 발휘"[29]한 인물이다. 그가 주창한 "비판적 정신"에서 근대적 성격을 발견하고 현대의 생활 속에 불교 사상의 실천을 희구하고자 한다면 정직한 마음으로 자기 일에 최선을 다하는 것이 다름 아닌 세상을 위한 길이라는 가르침은 분명 울림이 있을 것이다.

오늘날 사회를 되돌아보면 인간들의 끝없는 물질적 욕망이 사회 전반에 걸쳐 도덕성을 붕괴시키며 사회 경제적 정의나 가치를 무너뜨리는 현상이 날로 심화되고 있다. 쇼산의 사상과 교화 활동을 작금의 자본주의 경제의 병폐와 비교하여 상대적으로 평가할 수는 없다 하더라도, 그가 중시한 '정직한 마음'이나 '직분', '직업윤리' 같은 사상이 일본인의 전통적인 정서로 전승되어 일본 근대화의 동력으로 작용했다는 점은 음미할 필요가 있다. 문명이 발전하고 시대가 변해도 인간의 사유양식의 역사성은 크게 변하지 않기 때문이다. 그러한 가치와 사상이 단절 없이 근·현대를 거쳐 사회 문화적으로 전승되어 오늘날 일본 자본주의 문화의 원형을 형성하는 데 기여했다는 점은 일본인·일본 사회의 정신문화사를 심층적으로 이해한다는 점에서 고찰이 필요하다.

3. 이시다 바이간의 상인도

근세 일본은 지배 계급인 무사 아래 농·공·상이라는 신분과 '사람 아닌 사람'으로서 에타穢多·히닌非人이라는 천민賤民 신분이 존재했다. 서민으로서 농·공·상은 원칙적으로 동열의 신분이지만, 영주 계급은 식량과 연공의 절대적 기반이었던 농민을 '어백성御百姓'으로 부르며 서민 신분 가운데 최상위에 두었고, 다음은 공職人으로 이유는 무사 계급의 전투에 필요한 각종 병기류를 만드는 신분이었기에 상인 위에 두었다.

상인이 최하위에 위치하게 된 이유를 경제사학자 하라다 도모히코原田伴彦, 1917~1983는 중세 이래 지위가 매우 낮았고, 에도 시대에 상인을 천시하는 생각이 현실 속에 강하게 대두되었으며, 무사의 생활 물자를 공급하는 최소한의 역할만 인정하겠다는 생각이 강했다는 것[30] 등으로 요약했다.

신분제하에서 서민의 최하위이자 천민 위에 있었던 상인 계급_{당시의 인구} _{구성을 보면 공·상은 전체 인구의 6% 전후로 약 160~190만 명 정도로 추측하고 있다}은 상품 경제가 발전하기 시작한 근세 중기 이후가 되면 지배층으로부터 억압적 지위에 놓여있던 신분적 한계를 극복하면서 개인적 능력을 발휘하여 존재감을 드러내기 시작한다. 정치·사회적으로 특별한 권력이 없었지만 경제적으로 금권을 장악하기 시작한 것이다. 중농천상重農賤商 정책을 취하고 있던 지배층은 경제력을 장악하기 시작한 상인들의 움직임을 매우 경계하는 흐름이었지만, 도시 문화가 발전하고 상인 계급에 새로운 사상이 등장하기 시작하면서 상황은 급변했다.

교호기享保期, 1716~1736 무렵부터 일본 사회는 "인간을 상하관계의 신분 질서로 규정하여 도덕적 가치를 신분 질서에 의해 달리하는 무사층의 사상에 반항하여 인간의 평등을 적극적으로 자각하고, 인정을 자연적인 움직임으로 가치를 부여하며, 영리 추구와 향락 욕망으로 발생하는 반윤리적인 생활을 반성"[31]하는 움직임이 상인 계급에 형성되기 시작한 것이다. 그 토대 위에 근면, 검약, 신용을 중시하는 상인 정신이 점차 확산되면서, '일본식 경영'의 출발이라고 할 수 있는 상가商家나 점포의 가훈家訓이 잇따라 제정되고, 유·불·신의 삼교합일三教合一설에 근거한 석문 심학石門心学 사상도 주목받기 시작한다.

석문 심학은 도시와 농촌의 서민들은 물론이고 무사 계급에까지 영향력을 행사하며 전국적으로 확산되었다. 실제 바이간의 사상을 흡수한 사람들은 "도덕성을 높이고 감정과 행위에 자신감을 갖고 인간관계를 부드럽게 하는 데 노력"했고,[32] 일의 성과도 향상되어 예상치 못한 재산을 형성하며 경제 발전에 기여할 수 있는 주체가 될 수 있었다. 특히 그는 "상인이 없으면 사회 전체가 과부족하게 되고 국가가 망한다", "상인은 2중의 이익을 취해 스스로를 죽이는 일을 해서는 안된다"고 하면서 상인 활동의 정당성과 사민 평등, 사회 발전과 국가 체제 유지의 주요한 담당자의 역할, 상도덕의 본질 등을 강조했다.

사회를 지탱하는 일원으로 상인의 도덕적 관념을 중시한 바이간의 사상을 일면 '상인 철학商人道'으로 간주하기도 하나, 전체적으로 보면 행동하는 '사람의 도人道'를 강조한 것으로 서민 일반을 위한 생활철학이자 직업윤리 사상이었다. 바이간은 그런 자신의 철학을 정리하여 『도히 몬도 우都鄙問答』, 『겐약쿠 세이카론儉約斎家論』이라는 이름으로 후세에 남겼다. 여기서 언급한 그의 사상을 보면,[33]

사농공상의 직분이 다르지만 이치를 깨우치면 무사의 길은 농·공·상에 통하고 농·공·상의 길은 무사의 길로 통한다. 어찌 사민의 검약을 별개로 설명하겠느냐. 검약이란 다른 뜻에 있지 않고 천성의 정직함에 있다. 하늘이 인민을 내린다면 만민은 모두 하느님의 자식이다. 따라서 사람은 하나의 소우주이고, 소천지이기에 원래 사욕이 없는 것이다. 그런 까닭에 나의 것은 나의 것, 사람의 것은 사람의 것, 빌려준 것은 받고, 빌린 것은 갚고, 털끝만큼의 사심도 없이 있는 그대로의 정직함이다. 이 정직을 실천하면 세상 모두가 화합하게 되고 모두가 형제처럼 된다. 내가 원하는 바는 사람들이 여기에 이르게 하는 것이다.

바이간의 사상을 명쾌하게 요약했다고 할 수 있다. 전술한 가이바라 에키켄이나 스즈키 쇼산의 사상이 그러했듯이 바이간 역시 사민을 직분별 관점에서 접근하여 각자의 역할을 강조했고, 그 속에서 검약의 의미를 "천성의 정직함"으로 귀결시켰다. 달리 보면 정직은 인간의 천성이고, 검약은 타고난 천성으로서의 정직을 근본으로 하기에 사민이 정직하면 세상 모두가 화합하고 하나가 될 수 있다는 논리이다. 인간 본래의 정직한 마음을 회복하는 실천적인 방법이 검약이고, 그것은 마음의 수양心學을 통해 자신의 욕망을 다스릴 때 가능하며, 이를 토대로 타인과의 공생이나 협조를 중시하는 것이 바로 검약 사상의 핵심이었다.

상인의 도

바이간의 검약 개념과 목적을 보면, 개인의 사리사욕과 연계하거나 맹목적인 절제만을 요구하기보다 공존·공생을 모색하는 사회 질서 유지를 전제로 공공성을 강조하는 방향으로 논리를 전개했다. 정직함을 바탕으로 한 검약 정신의 실천은 나는 물론이고 타인을 위해서도 도움이 되고 나아가 사회 평화와 화합의 근본이 된다는 의식이다. 이를 바이간은 일본인의 보편적 가치로 확산시키기 위한, 일종의 '정신적 지침'으로 제시하며 상인이 취해야 할 바른길을 언급했다. 어느 상인이 질문하기를 "나는 항상 물건을 사고파는 생업을 영위하고 있지만 상인으로서 바른길의 의미를 알지 못한다. 주로 어떤 점에 주의하면 되겠는가"라는 질문에 바이간은 다음과 같이 대답했다.[34]

상인은 계산에 밝아야 한다. (…중략…) 일전이라도 가볍게 여기지 말고 중히 여겨 부를 이루는 것이 상인의 길이다. 부의 주인은 천하의 사람들이다. 주인의 마음도 나의 마음과 같은 것이다. 내가 일전을 아깝게 여기는 마음으로 매매에 공을 들이면 (…중략…) 사는 사람도 처음에는 아깝다고 생각하지만 물건을 보면 아깝다는 마음이 사라진다. 아깝다는 마음을 기쁜 마음으로 바꾸는 것, 그런 바탕 위에 천하에 재물을 통용시켜 만민의 마음을 편안하게 한다면 (…중략…) 천하도 검약으로 복을 얻게 되고, 복을 얻어 만민의 마음을 편안하게 하면 천하의 백성도 항상 천하태평을 기원하는 것과 같다.

상인의 경영 철학을 명쾌하게 정의했다고 할 수 있다. 우선 상인은 일 전¹錢이라도 소중하다는 마음으로 매매에 임해야 하고, 고객에 대해서는 항상 성실하고 친절하게 마음을 헤아리고, 고객이 매매할 때 아깝다는 마음이 들지 않게 성심으로 대하고, 그런 정신으로 이익을 취해야 정당하며, 그 정당성은 오로지 "상인의 정직함"에 근거해야 한다는 것이다. 정직은 자기 자신을 위한 행위이기에 정직에 근거한 상도의를 지켜야만 천하가 평안해진다는 생각이다.

특히 무사가 자신에게 녹祿을 부여하는 주군에게 충성을 다하듯 상인역시 "이 사실을 인지하면 상인의 길"³⁵은 명확해진다. 상인들의 주군은 다름 아닌 매수자라는 사실을 상기하여 진실과 검약 정신으로 이윤을 최소화하는 자세를 보이면 매수자의 마음을 살 수 있다는 것이다. 상거래의 중점을 자신이 아니라 고객에 우선하는 원칙을 고수해야 상업이 발전할 수 있다는 논리였다.

고객 최우선의 시점에는 도덕과 상거래의 결합을 중시하는 철학이 담겨 있다. 인의예지仁義礼智의 마음이 신信을 형성한다는 사상이다. 바이간은 사람의 길은 하늘에서 발하는 것이고, 인의예지의 선심善心이 근원이라고 하면서 여기에 신을 더한 5상五常이 인간 사회에 존재한다고 했다. 이것을 상인의 도덕성과 대비시켜, '인'은 고객에 대한 배려심이고, '의'는 사람으로서의 바른 마음정직하고 부정을 하지 않는 것이고, '예'는 고객을 섬기는 마음이며, '지'는 어떻게 하면 상품을 싸게 팔 수 있을까를 생각하는 마음이라고 했다. 이 4개의 마음으로 거래를 하면 '신信用·信頼'을 얻게 되고 장사는 점점 더 번성하게 된다는 것이다.

그가 언급한 "부의 주인은 천하의 사람들"이라는 사상도 이러한 의식을 기반으로 하고 있다. 그러기 위해서는 경비를 3할 줄여 이익을 1할 경감하는 방법을 강구하는 것이 상인의 자세이다. 그런데 만약 상인이 사람으로서 바른길을 외면한 채 불의의 돈벌이에 집착한다면 "이윽고 자손이 끊어지는 결과를 초래할지" 모르고, 따라서 "마음 깊이 자자손손 사랑하는 마음이 있다면 우선 사람으로서의 바른길을 배우고 가업이 번영할 수 있도록 해야 한다"[36]고 했다. 근신勤愼의 자세로 도의를 다함으로써 부도덕한 욕심에 휩쓸리지 않아야 한다는 것이다.

오상 오륜을 실행하여 보다 나은 사회 건설에 기여해야 한다는 가르침은 상인으로서 바른 행동과 마음가짐의 중요함을 역설한 것이지만 여기서 그치지 않았다. 바이간은 스즈키 쇼산이 그랬듯이 사·농·공·상을 상하의 차별이 아닌 직분의 차이로 설명하면서 상인에 대한 사회적 편견당시 상인에 대해서는 이익만 추구하는 존재로 인식하여 천시하고 혐오하는 시선이 존재했다도 상쇄시키려 했다.

그는 사민 가운데 어느 한 신분이라도 결여되면 그 직분을 다른 신분이 매울 수 없다고 하며 "사민을 통치하는 것은 주군의 일이고, 그 주군을 돕는 것은 사민의 일이다. 사무사는 원래 '지위가 높은 신하'이고, 농민은 '민간의 신하'이고, 상인과 직인은 '시정市井의 신하'이다. 어느 신하도 주군을 돕는 길이 있다"[37]는 점을 강조했다. 각각의 신분에는 고유한 역할이 있고, 그 역할은 서로를 대신할 수 없으며, 각 직분이 그 역할을 충실히 수행할 때 비로소 사회의 질서가 성립된다는 주장이다.

근면·정직·검약의 실천은 어찌 보면 금욕적이고 강한 극기심을 강조한 것처럼 보이지만 궁극적으로는 자신에게 이익이 환원된다는 사실을 역설한 것으로, 결과적으로는 노동에 대한 동기 부여와 노동 생산성의 향상을 기약하는, 소위 '우수한 노동자'를 육성하는 사상이었다고 해도 과언이 아니다. 상인으로서 가져야 할 도덕관이나 윤리관도 그러하지만 엄격한 신분제하에서 직분에 의한 사회적 역할의 의미와 중요성을 제창했다는 점은 역시 평가하지 않을 수 없는 부분이다.

실천 사상의 강조

바이간의 사상을 정리해보면 근면과 검약의 실천이 부를 이루는 2대 조건임을 강조한 벤자민 프랭클린의 사상이나, 금욕적이고 근면한 정신이 근대 자본주의 육성의 기반이라는 막스 베버의 사상과 일치한다. 근면·정직·검약의 정신은 사람이 기본적으로 지켜야 할 도리이고, 상도商道는 그 기본 위에 성립되어야 한다는, 소위 상인 정신의 근간이어야 할 정직함과 검약 정신에 의거한 최소한의 이윤 추구의 정당성, 상도덕 확립을 통한 상인의 사회적 역할과 책임 등의 실천 사상을 강조했다.

바이간의 상인도는 스즈키 쇼산의 사상을 계승했다고 볼 수 있지만, 한 가지 주목할 점은 경제와 도덕의 상관관계를 추적하여 상인의 도덕관을 강조하고 그에 의한 부의 축적과 사회적 역할을 존중함으로써, 바쿠한幕藩 체제하의 농민에 비해 이익만을 추구하는 존재로 멸시받고 있던 천상賤商관의 극복에 기여했다는 점이다. 상행위의 마음가짐을 포함해 일본인으로서의 정신문화를 강조한 그들의 업적에 대한 일본학계의 적극적인 평가가 이를 대변하고 있다.

사민평등의 관점에서 최초로 직업윤리를 설파한 스즈키 쇼산에 대해 일본의 학계는 근대적·합리적 사유양식의 소유자이자 근대적 자본주의 정신에 부합하는 '노동관'을 확립시킨 인물[38]로, 그의 사상에 대해서는 일본형 근면 사상의 원류로 세계에 자랑할 만한 사상[39]으로 인식하고 있고, 이시다 바이간은 오늘날 일본인의 미의식, 윤리관, 생활양식뿐만 아니라 일본의 "독특한 근로관을 결정"[40]지은 인물이자, "마음에 영지와 용기, 인내심을 겸비하여 경제적 자립과 구민救民 정신을 가진 상인을 양성하는 도덕교육의 기초를 제공한"[41]인물로 규정하고 있다. 일본적 자본주의 정신의 실체와 고유성을 발견하고자 하는 일본 학계의 의지를 엿볼 수 있는 부분이다.

쇼산이나 바이간처럼 근세 시대 서민들의 생활·직업윤리를 강조한 주체적 실천자들은 전국에 산재해 있었다. 그들은 충심, 친절, 정직한 마음으로 직분에 최선을 다하면서 사리사욕을 억제하여 주체적이고 능동적인 삶을 살아가야 한다는 논리를 한결같이 민중의 생활 의식으로 주창했다. 신분제라는 한계에도 불구하고 인륜과 사람의 바른길人道을 중시하며 지역 사회와 국가의 발전을 도모하는 사상을 전개했고, 사회 속에서 파생하는 다양한 문제들을 보편적 진리에 근거하여 현실 생활 속에서 생각하고 실천하며 해결하는 방안을 제시했다. 근세 후기 각지에서 구체적인 형태로 나타난 농업 생산성의 향상이나 직인들의 장인 정신의 발현, 상인들의 상도덕 형성 등은 이러한 실천적 식자층의 영향력이 크게 작용했다고 볼 수 있다.

사회·문화·사상사적인 관점에서 그들의 사상은 전향적으로 평가받을 만하다. 그들은 인간애를 기본으로 하는 윤리관의 확립과 사회 공헌의 정신을 강조하며 일본 근대화의 정신문화를 구축하는 데 기여했다. 바이간이 주창한 상인 철학상업의 의의와 상인의 사회적 역할, 상업 활동에 요구되는 윤리관, 상인의 마음가짐이나 실용적인 지혜와 노하우 등이나 생활 기풍만 하더라도 근대 사회 형성기 도쿄상인東京商人의 정신[42]으로 계승되었을 뿐만 아니라, 현대의 비즈니스 현장에 그대로 적용되는 가르침이었고, 나아가 근현대의 기업윤리나 경영 철학의 근간이 되기도 했다. 경제 대국 일본의 역사 문화적 기반을 정신 사의 관점에서 이해할 때 간과해서는 안 될 부분이다.

저자는 이점을 주목하고 있다. 민간 신앙이든 불교나 유교 사상이든 모든 종교 사상적 가치가 서민들의 생활 속에 침윤浸潤할 경우 비현실적이고 추상적인 관념론에 머무르지 않고 실천적인 윤리로 전이되고, 그런 실천적 윤리 사상은 일본인의 전통적인 사유양식으로 정착, 계승되어 일본인의 정신문화로 역사성을 확보했다는 사실이다. 일본인·일본 사회가 오랜 덕목으로 간주하는 윤리 의식이나 사상의 형성이 지배 계급에 의한 이입이나 계몽, 혹은 정점頂点적 사상가들의 영향과 지배에 의해서가 아니라 서민과 함께 하는 지역의 유식자들에 의해 저변에서부터 형성되었다는 점은 시사하는 바가 적지 않다. 근세 시대 농촌 사회의 변화와 혁신도 예외가 아니었다.

4. 근세 일본의 농촌 부흥 운동
보덕報德사상과 인심도심설人心道心說

18세기 말부터 일본의 농촌 사회는 피폐하기 시작했다. 경지 확대나 생산량 증대로 주식이었던 쌀 생산은 증가했지만, 전반적으로 상품 작물의 공급이 급증하는 도시의 인구 수요를 충족하지 못했다. 그로 인해 물가는 상승하고 각종 경비 증가로 농민의 경영은 어려워졌다. 논밭을 담보로 빌린 돈을 갚지 못하고 소작농으로 전락하는 농민들이 속출하는 한편에는 그들의 토지를 모아 지주로 등극하는 양극화 현상도 심화되었다.

물가 급등과 상품 경제의 발전으로 인한 농촌 붕괴는 바쿠후幕府와 한藩의 재정을 압박하는 요인이 되어, 바쿠란 체제의 핵심 연공 부담층이었던 농가의 고통을 가중하는 국면으로 나아갔다. 중농층 감소와 빈농층 증가라는 계층 분화가 농촌 사회를 강타하는 가운데, 잇따른 대기근과 연공 부담, 상업도시의 형성과 상인층의 태두는 전국 각지에서 민중 소요百姓一揆를 다발시키는 사회적 요인으로 작용하기 시작했다.

농촌 민심이 흉흉하고, 사회 질서가 동요하면서 사람들의 정직한 노동은 보답 받기 어려웠고 토지는 하늘로부터 부여받은 풍요로운 선물이라는 것을 농민들은 잊기 시작했다. 이 무렵 농촌 사회의 불행은 인간들의 부정직함에 기인하는 바가 크다고 하면서 사회경제문제의 개혁에 인간의 도덕적인 생활양식의 중요성을 주창한, 소위 '신앙'의 경제적 적용을 주창한 농민 도덕가가 등장한다. 니노미야 손토쿠이다.

'농민 성인'의 보덕 사상

근대 일본의 기독교 지도자 우치무라 간조內村鑑三, 1861~1930가 쓴 『대표적 일본인』1941이라는 책이 있다. 여기서 우치무라는 일본을 대표하는 5명을 선별하고, 그중에 한 사람으로 니노미야를 거론하면서 '농민 성인聖人'이라 칭했다. 지성至誠이면 감천感天이라는 사상과 학문의 현실적 활용을 중시하고, 적소위대積小爲大, 작은 것을 쌓아 큰 것을 이룩한다는 의미함을 실천하면서, 사리사욕에 집착하지 않고 사회에 공헌하는 자세를 견지하면 언젠가 덕德이 자신에게 환원된다는 '보덕 사상報德思想'을 주창한 인물로 유명하다.

그는 현재의 가나가와현神奈川県 오다와라시 가야마小田原市栢山마을에서 백성百姓, 농민의 의미의 아들로 태어났다. 시대 상황을 반영하듯 출생 이후의 성장 과정은 불우함의 연속이었다. 유소년 시절에 잇따라 양친을 여읜 후

친척에 맡겨지는 상황에 처하기도 했고, 거우 일구어놓은 전답이 홍수에 휩쓸려 돌이킬 수 없는 좌절감을 맛보기도 했다. 그럼에도 두 명의 동생을 데리고 밤낮으로 일에 매진하며 밤에는 틈틈이 독서에 열중했다. "경험한 것은 이론화한다"고 할 정도로 학문에 대한 열정이 강했고, 주경야독의 생활 태도로 자가自家의 부흥에 진력하는 모습은 남다른 점이 있었다.

자력갱생自力更生의 삶을 중시하는 각고의 노력 끝에 그는 30세를 전후로 생가를 부흥시키고 지주地主로까지 성장하는 데 성공했다. 당시의 사회적 풍토에서 맨손으로 태어나 지주가 된다는 것은 거의 기적에 가까운 일이었지만, "삶의 양식은 사람이 만드는 것"이고, 그것은 "욕을 억누르고 정情을 제압하고 근검 실천하여 이루는 것"이기에 "불철주야 최선을 다해야 한다"[43]는 자신의 철학대로, 극한 환경을 극복하기 위한 노력을 아끼지 않았기 때문이다.

도쿠가와德川 시대의 8대 쇼군将軍 도쿠가와 요시무네德川吉宗, 1684~1751가 시대의 개혁 정신으로 외친 '근검상무勤儉尙武'가 강조되고 있을 때 이긴 했어도, 일가의 생활 환경이 최악인 상황에서 빈곤 탈피를 위해 자신을 희생하는 보덕 농민으로서의 모습은 주위를 놀라게 하기에 충분했다. 근면성과 일심불란一心不亂의 자세로 면학과 농업에 열중한 결과였다 — 원래 그의 이름은 니노미야 킨지로二宮金次郎였지만, "사회를 발전시키는 인재의 발굴"에 노력하고 있던 당시의 번주藩主 오쿠보大久保忠真가 니노미야의 부흥법이 덕에 기초하고 있다고 하면서 '손토쿠尊德, 덕을 존중한다'라는 호號를 부여했다.[44]

니노미야는 주로 유교의 영향을 받았지만 순수학문을 하는 학자들은 오히려 경원시하며 어떤 학파도 추종하지 않고 자유로운 해석으로 실천적 학문을 강조했다. 그는 "신불유神佛儒의 서적 수만 권이 있고, 그것을 연구하는 것도, 심산深山에 들어가 좌선하는 것도, 궁극적인 목표는 세상을 구하는 것이고, 세상에 이로움을 주는 것 이외에는 없다. 만약 있다고 한다면 그것은 사도일 뿐"이라고 하며, 학문이나 사상은 "천하 국가에 유용한 것"이어야 한다는 실학적 사고에 철저했다.

또 "성도誠道는 배우지 않아도 스스로 알고 스스로 기억한다. 서적도 아니고 스승도 아니고 기록도 아니다. 사람들이 스스로 체득하여 잊지 않는 것이야말로 성도의 근본"[45]이라고 하면서 스스로 탐구하고 관찰하는 능력이 얼마나 중요한 것인가를 역설했다. 이를 통해 그는 지역과 사회를 위해 자신의 경험과 철학을 이론화할 수 있는 공부에 주력했다. 그 과정에서 니노미야는 이 세상에는 하늘의 이치天理뿐만 아니라 인간의 이치人道도 존재한다는 것을 강조하며 그것을 '수차水車의 논리'로 설명했다.[46]

수차의 반은 물속에 있고 하늘의 이치는 강물을 높은 곳에서 낮은 곳으로 흘려보낸다. 만약 수차가 전신을 강 속에 묻어두면 수차는 하류로 흘러가게 된다. 이것이 하늘의 이치다. 그러나 수차는 흐르지 않고 회전을 계속한다. 이유는 전신의 반을 물 위에 두고 있기 때문이다. 인간이 그렇게 만들었다. 그렇게 하면 수차는 단순히 강이 높은 곳에서 낮은 곳으로 흐르는 수압에 의해 회전하는 것이 아니라 수차가 몸의 반을 강 밖에 둠으로써 수압을 그대로 이용하여 회전을 계속하는 것이다.

인간은 운명에 따르는 것을 필연으로 생각하지만 운명은 하늘의 이치이고 그것은 인간의 이치에 의해 깨트릴 수 있다는 생각이다. 잡초를 제거해 벼의 영양을 돕는 것이 생존을 위한 농민의 이치이듯 때로는 천리天理를 깨트리는 인간의 지혜로운 근로의 정신이 필요하다는 것이다. 학문이나 사상은 실천함으로써 비로소 가치를 발휘할 수 있다는 그의 철학은 독학에 의한 것이었지만, 실천에서는 누구보다 충실한 사람이자 훌륭한 인간의 구제자였다. 그의 실천 사상은 백성의 고통 구제에 활용되었고, 그 과정에서 보덕·근로勤勞·분도分度·추양推讓의 실천 덕목이 강조되었다.

'보덕'은 인간은 천지인天地人의 3재三才의 은덕에 의해 살아간다는 것을 자각해야만 그 은혜와 열심히 일하는 인생관이 형성되고, '근로'는 천지인으로부터 받은 은덕은 무한하고, 그래서 열심히 일하여 갚을 수 있는 열정이 솟아나니 일을 하지 않고는 그냥 있을 수 없다는 것이고, '분도'는 생활의 분수를 지키는 계획적인 소비이고, '추양'은 많든 적든 남는 것이 있으면 다른 사람에게 물려준다는 것이다. 그의 '보덕 사상'은 이 4개의 덕목을 성실히 실천함으로써 완성된다는 의미이다 — 표현의 차이는 있어도 근면, 정직, 검약에 근거한 생활 태도를 강조한 것이고, 이는 이전의 민중적 지도자들인 스즈키 쇼산이나 이시다 바이간의 주창한 실천윤리 사상과 일치한다.

빈곤이라는 고통 속에 살아가는 사람들에게 필요한 것은 고귀한 사상이 아니라 결국은 근勤·검儉·양讓이라는 도덕적인 경제생활이었다. 역사학자 나라모토 타츠야奈良本辰也, 1913~2001는 이를 간결하게 설명했다. 근은 근면하게 열심히 일하는 것이고, 검은 검약적인 생활로 위기적 상황에 대비하는 생활 자세이고, 양은 소유하고 있는 것을 자손이나 후손에게 물려주는 가치관이다. 근·검이 개인의 생활이라면 양에 이르러 비로소 사회가 형성된다는 것이다.[47]

니노미야는 인간에게 가장 기쁜 것은 마음에서 우러나오는 기쁨이고, 그것은 돈이나 재물이 아니라 구체적인 일로부터 얻는 기쁨이라고 했다. 근·검·양의 실천으로 무에서 유를 창조하자는 것이다. 하늘이 인간에게 부여한 분도를 초월하는 욕망을 추구하면 타인과 다툼이나 협박, 사기 같은 악덕의 수라장에 빠지게 되니, 그보다는 씨앗을 뿌려 한 걸음 한 걸음 노력하여 얻어가는 천부의 기쁨을 받는 것이 얼마나 인생을 풍요롭게 하는 것인지를 느껴야 한다는 것이다. 천리 길도 한 걸음부터라는 자세로서 적소위대의 원리에 부합하는 실천 사상이었다.

"나의 길은 지성에 있다"는 니노미야의 말은 바로 근·검·양을 일관되게 실천하는 정신이고, 그 실천은 "만업萬業의 대본大本"이라는 농업을 통해 인간의 의·식·주를 해결하는 것이었다. 농민으로서 체험한 가난의 굴레를 벗어나 생산물을 집하하는 핵심 시장으로서 농촌 사회의 발전을 도모해야 한다는 생각이었다. 한 그릇의 국과 한가지 반찬一汁一菜, 그리고 목면으로 만든 옷 한 벌만 있으면木綿着物 충분하다는 생활철학을 바탕으로, 하늘은 결코 일하는 자를 저버리지 않는다는 신념을 농민들에게 강조하며 농촌 재건과 지역 사회의 발전에 앞장서는 지도자로 부상했다.

보덕 사상과 농촌 부흥 운동

지역 사회에서 니노미야는 "자력으로 몰락한 자가를 부흥한 위대한 인물"로 인식되면서 근·검·양의 실천 정신으로 농촌 부흥에 전념해야 한다는 그의 주장은 설득력을 더해갔다. 그는 농촌의 '부흥'을 창조적 파괴라는 관점에서 접근했다. '부흥'이란, 예전의 모습을 완전히 부정하는 것은 아니다, 어느 부분에서는 구형으로 되돌리는 것도 있고, 그것에 새로운 형태를 가미하는 창조의 부분도 있다, 창조적 부분을 위해서는 낡은 형태의 부분을 파괴해야 한다, 따라서 '부흥'이란 구형舊形의 파괴·창조·구형의 보존이라는 3개의 요소로 이루어진다고 했다.[48]

여기서 그는 의식 개혁이 선행되지 않으면 황폐한 농촌 부흥을 주도할 수 없다는 확고한 철학을 정립하고 실천했다. 실제로 그는 촌민村民들이 빈곤에 빠져 있는 마을을 부흥할 방법을 가르쳐 달라고 요구하자 결코 쉽지 않은 일이라고 하면서 "그럼 우선 마을의 논밭이 황폐해져 있으니 먼저 개간해야 한다. 그것이 가능하다면 내가 둑을 만들어 용수로를 확보하도록 도와주겠다"고 했다. 니노미야의 말을 전해 들은 촌민들은 힘을 모아 수개월에 걸쳐 황폐해진 전답을 개간했다.

이를 확인한 니노미야는 "이렇게 빨리 개척에 성공한 것은 여러분들이 하고자 하는 의욕이 있었기 때문이다. 어제까지의 게으름도 오늘의 근면함도 여러분들이다. 같은 인간임에도 근면과 게으름이 마치 흑과 백처럼 반대에 있는 것은 노력과 게으름의 차이에서 오는 것"[49]이라고 하면서 약속대로 마을 부흥에 나섰다. 둑을 쌓고 용수로를 확보하기 위해 강의 흐름을 조사하고 필요한 인력을 모으면서 힘든 일은 스스로 실천하는 모범을 보였다. 사람들은 니노미야가 추진하는 공사를 "극락보청極樂普請"이라 칭하며 흥분했다.

자신의 실천적 삶을 철학으로 승화시킨 그는 무사타애無私他愛의 정신으로 지역 농민들을 설득했고 농민들은 그의 사상을 추종하기 시작했다. 시대 상황에 맞지 않는 생각은 과감히 버리고, 시대 상황에 적합한 새로운 사고를 받아들이는, 소위 파괴하고, 창조하고, 보존하는 마음가짐으로 부의 길을 추구하는 행위를 하면 부를 얻게 되고 게으름에 빠지면 가난해질 수밖에 없는 자연의 섭리를 스스로 깨우치도록 유도해갔다. 이를 위해서는 인간의 '마음의 부흥', 이른바 마음의 밭을 개척하는 '심전心田개척'이 필요하다고 하면서 다음과 같이 언급했다.[50]

내가 이상으로 생각하는 것은 사람들의 마음의 밭이 황폐해져 있는 것을 개척하여 하늘에서 부여받은 선한 씨앗이라고 할 수 있는 인의예지를 양육하고 수확하여 또 이것을 뿌리고, 이를 반복하여 나라 전체에 선종善種을 뿌리는 것이다. 마음의 황폐함을 개척할 수 있다면 아무리 넓은 토지가 황폐해 있어도 염려할 필요가 없기 때문이다.

마음가짐에 따라 부의 창조와 삶의 양식이 달라진다는 생각이다. 근면과 게으름이 한 사람의 마음가짐에서 비롯되고, 선악善惡과 빈부貧富, 존망存亡과 성쇠盛衰도 노력과 게으름의 차이에서 오는 것이고, 노력하면 굶는 일은 없으니 분수를 지키며 자기 일에 최선을 다하는 것이 사람의 도리라는 것이다.

정당한 보수와 부채 변제도 장려했다. 경제적 독립이 없으면 정신적 독립도 없다고 하면서, "빈부는 때로는 피하기 어렵지만, 전답田畓은 조상의 것이고, 내가 병의 치료에 전답을 처분한들 어찌 불행의 죄를 면할 수 있겠는가. 그러나 치료의 대가를 지불하지 않으면 안 되는 것"이다. 어떠한 일이 있어도 보수는 지급해야 하고 부채는 반드시 갚아야 한다는 생각이었다. 예를 존중해야 하는 이유에 대해서도,[51]

논밭에 조粟나 피稗가 익을 때는 멧돼지나 사슴, 새까지 나타나 먹어버린다. 예도 법도 의리도 없다. 자신의 배를 채울 뿐이다. 조를 키우기 위해 비료를 주는 멧돼지나 사슴도 없다. 사람에게 예가 없으면 이와 다를 바 없다. 가을의 수확을 조사하러 오는 관리는 연공을 가져가기 위해서고 조사를 받는 지주도 경작의 이익을 얻기 위해서다. 만드는 사람은 말할 것도 없다. 그러나 모두 인이 있고, 의가 있고, 법이 있고, 예가 있기에 마음속에서는 다툼이 있어도 혼란에 빠지지는 않는다. 만약 3자 가운데 한 사람이라도 인의예법을 잊고 사욕에 빠지면 바로 세상은 혼란에 빠지게 된다. 세상은 예법을 존중해야 한다.

인간이 사욕을 앞세워 이익을 다투게 되면 세상이 혼탁해진다는 것을 강조하고 있다. 그래서 양의 이치를 중시했다. "양은 인도人道이다. 오늘의 물건을 내일을 위해 남기고 올해의 물건을 내년을 위해 남기는 것을 실천하지 않는 자는 사람이지만 사람이 아니다. 십전을 벌어 십전을 쓰고 이십전을 벌어 이십전을 쓰는 자는 짐승들의 짓이지 인도는 아니다. 오늘의 물건을 내일을 위해, 내년을 위해, 그리고 자손을 위해 타인을 위해 남기는 길이 있다. 고용인으로 임금을 받아 반을 쓰고, 반은 장래를 위해, 또는 전답을 사 집을 짓고 창고를 세워 자손에 물려주는 것이다."[52] 그는 이것은 자신을 위한 양이기에 가르치지 않아도 누구나 할 수 있지만 남을 위하고 세상을 위한 양은 가르침이 없으면 실행하기 어렵다고 역설했다.

사욕을 억제하고 인간을 위한 노동의 가치를 존중하는 근로 사상그는 이를 인도라고 했다을 확립하고 실천한 그의 사상은 민중들의 지지와 함께 영농營農에 철저히 적용되었다. 사람이 행해야 할 길을 가르치고 농업에 진력할 수 있는 방안을 강구하며 농민들에게 인륜과 근로의 미덕을 강조했고, 쇠퇴한 농촌의 실상을 면밀하게 파악하여 농기구가 필요하면 농기구 제공 방안을, 도로나 교량, 배수로의 건설이 필요하면 그에 맞는 맞춤형 처방을 제시했다.

농지 개발이 진행되면 마을 경제는 풍요로워질 것이니 이를 위해 농민이 휴식할 수 있는 주택을 보수하고, 농기구나 비료를 구입하고, 저리의 금융 정책도 장려했다. 홍수를 막기 위해 제방 축조를 강조하고, 용수로를 만들어 안정적인 전답 관리도 주도했다. 생산성을 높이기 위한 시설·환경 개선의 확대와 금융 정책, 경작 면적의 확대 등 모두 이전에는 생각하지 못했던 개량 사업이었다.

보덕과 근로, 분도와 추양의 실천도덕을 앞세워 민심의 개혁과 황폐한 농촌마을 재건에 앞장선 그의 공적은 각지에 알려지기 시작했고, 그에게 농촌 부흥 운동을 배우려는 움직임은 끊이질 않았다. 특정 지역을 부흥시킨 다음 그 마을을 표본으로 농민들의 생활 태도를 바꾸고, 니노미야의 도움을 받아 자기 혁신에 이른 농민들은 다시 이웃의 농민들을 돕기 시작했다.

노동력을 활용하여 농촌 개혁을 실현해가는 모습을 눈으로 확인한 농민들은 그 흐름에 동참하며 농촌 재건에 앞장서는 주체로 변모해갔다. 가계나 마을을 재건하는 것은 한 사람의 힘이 아닌 함께라는 사실을 확인하면서, 일촌一村 재건의 길은 다름 아닌 전국 재건의 길임을 실천적으로 증명했다 ― 실천적 농민 사상가 니노미야가 이런 방식으로 농촌 부흥에 관여한 마을은 전국에서 약 600여 개에 이르렀다.

니노미야는 "성의 길은 배우지 않아도 스스로 알게 된다"는 자신의 신념을 실천하고 전파한 구도자였다. 극기克己를 위해서는 자신의 마음속에 자라나는 사욕이라는 잡초를 제거하는 것이 중요하다는 철학을 견지하며, 자신을 어려운 농민을 돕고 쇠퇴한 농촌을 재흥하기 위해 노력하는 사람으로 규정했고, 생산성이 향상되어 사회의 총 생산성이 높아지면 인간의 생활이 풍요로워진다는 철학을 농민과 함께 증명해 보인 인물이다. 그 사유양식을 전문 서적이나 학파를 통해서가 아니라 고난을 극복해가는 과정에서 스스로 체득한 경험과 관찰에서 확립했다.

근세초기 오우미성인近江聖人, 오우미(近江)는 지금의 시가현(滋賀県)으로 명성을 날린 양명학자 나카에 토쥬中江藤樹, 1608~1648가 "진정한 교화의 근본은 덕교德敎 : 입으로 가르치는 것이 아니라 실천하여 바르게 행동하면 사람은 자연스럽게 변하게 된다는 의미"[53]라고 했듯이, 니노미야를 포함해 근세 시대에 활약한 민중적 지도자들의 사상 형성 과정이나 논리를 보면, 성인의 가르침을 몸으로 실천하며 인고忍

苦의 세월과 함께 자신의 사상을 확립해갔다는 공통성이 있다. 그래서 그들의 사상은 광범한 서민들의 지지 속에 시공을 초월해 확장성을 담보할 수 있었다.

보덕 사상의 전승

도덕력을 경제 개혁의 중요한 요소로 생각하여 농촌 재건의 계획을 실행한 니노미야의 철학은 사후 제자들에 의해 보덕사報德社, 니노미야의 보덕 사상을 실행하는 결사의 형태로 확산되어갔다. 그중에서도 시즈오카静岡현의 보덕사 운동은 새로운 농업 기술과 경영법으로 특히 유명세를 탔다.

시즈오카현의 일부 보덕사가 추진한 정조식正條植, 동서남북으로 정확히 45cm 간격으로 모종을 함으로써 농업의 편의성과 수확을 극대화하였다. 정조식은 그 후 '보덕 모내기'라는 이름으로 전국으로 퍼져 갔고, 그가 주도한 농업 기반 시설들은 한 세기가 지난 지금까지도 건재하다 기술은 농민들이 앞다투어 실행하였고, 보덕 사상을 계승한 기업들은 오늘날까지 지역 사회의 지지 속에 역사를 쌓아가고 있다 ― 대표적 기업으로는 1871년에 창업한 하마마츠 양조장浜松酒造이 있고,[54] 대표적 기업가로는 도요타 그룹을 창시한 도요타 사키치豊田佐吉, 1867~1930와 '일본 제당업의 아버지'로 불리는 스즈키 토자부로鈴木藤三郎, 1855~1913 등이 있다.

도요타는 니노미야의 '근로', '분도', '추양'을 '노동', '감사', '봉사'라는 말로 대체하여 경영 이념을 설정했고, 스즈키 토사부로는 "기업 경영자는 개인이나 회사와 관계없이 보덕 사상의 취지를 깊이 이해하여 그 정신을 경영에 응용하고 모든 정력精力을 사업에 경주하여 공정한 기업 간 경쟁에 임해야 한다"고 주장했다.[55] 보덕 사상이 기업가들에게 어떠한 형태로 전승되고 있는가를 보여주는 일례이다(실제 경제 합리성이나 독립자존·자력갱생 등의 사상은 기업가들에게 광범위하게 퍼져 있다).

특히 전국 보덕 운동의 중심이 된 '대일본 보덕사'가 1924년에 결성되면서 현대 사회로의 이행기에 도덕과 경제의 조화를 역설하고 곤궁한 농민 구제에 힘쓰는 보덕 사상이 전국적으로 전개되고, 니노미야의 가르침을 800자로 정리한 '보덕훈'(부모의 부귀는 조상의 근공勤功에 있고, 나의 부귀는 부모의 적선積善에 있고, 자손의 부귀는 자기의 근로에 있다 등의 내용이 들어가 있다)이 일본의 정신으로 간주되며 서민들에 주입되기도 했다.

그뿐만 아니다. 근세 시대의 상인 철학과 보덕 사상이 일본 근대 사회 형성기 기업가 정신이나 기업의 경영윤리 양성에 커다란 영향을 미치며 사회 공헌의 기반 사상이 되고,[56] 정부는 『보덕기報德記』를 간행하여 국가적 차원에서 뜻志을 품은 많은 사람에게 사상적 영향을 미치기도 했다. 범사회적으로 그의 사상을 존중하고 계승하는 것은 니노미야가 진리를 위한 진리보다는 체험에 의한 진리를 중시하고 지성을 다해 실천한 결과물을 세상에 보여주었기 때문이다.

실학적 사고와 개혁적 사상으로 무장한 보덕 사상이 러일 전쟁을 거치면서 불행하게도 대외 팽창 정책을 강화하는 정부의 민력民力 함양 운동, 자력갱생更生 운동, 국민 정신 총동원과 같은 국가주의 사상에 휩쓸려가는 아픔을 겪기도 했지만(이런 점이 바로 정신주의 문화의 양면성이다), 이 '농민 성인'의 철학이 19세기의 황폐한 농촌 사회 부흥의 토대가 되었다는 사실은 주목할 필요가 있다 ― 현대 사회에서 대외 전파의 일례를 들면 2003년부터는 북경대학 등에서 도시 농촌의 격차 시정 사상으로 니노미야의 사상이 평가되어 '국제 니노미야 손토쿠 사상 학회'가 격년제로 개최되고 있기도 하다.

"신앙의 경제적 응용"을 바탕으로 최대 다수의 최대 행복을 추구한 "정신정명正愼正銘의 일본인"[57]이었던 니노미야를 역사는 에도 시대의 농정가農政家·사상가로 평하고 있고, 그를 칭송하여 세워진 동상은 전국의 초등학교에 산재해 있다. 동상은 장작 나무를 등에 지고 책을 읽고 있는 모습이다. 성장기의 모습을 형상화한 것으로 근면·근로를 상징하는 니노미야의 삶을 한눈에 보여주는 실체이고, 자라나는 세대는 그의 형상을 통해 일본적 가치의 전통성을 체득한다. 일본인으로서의 아이덴티티를 역사에 남긴 실천적 인물들의 족적을 현창顯彰함으로써 일본인의 정신문화의 우수성을 계승 발전시켜가는 선순환 구조를 일본 사회는 이런 방식으로 다방면에 걸쳐 진행하고 있다. 정신문화의 전통성을 생각할 때 가끔 우리 자신을 되돌아보게 하는 부분이다.

농촌 부흥의 실천 사상 인심도심설

일본 근세사에는 뛰어난 농학자가 상당수 존재했다. 에도 시대 3대 농학자로 거론되고 있는 오쿠라 나가츠네大蔵永常, 1768~1861, 미야자키 야스사다宮崎安貞, 1623~1697, 사토 노부히로佐藤信淵, 1769~1850를 비롯해, 작물의 재배 방법과 비료의 조합 방법에 조예가 깊었던 고노 토쿠베河野徳兵衛, 1763~1838, 다양한 작물 농사법을 알기 쉽게 설명한 미야나가 쇼운宮永正運, 1732~1803, 농정이나 수리 시설에 조예가 깊었던 다나카 큐구田中休愚, 1662~1730, 고구마를 이입하여 쓰시마対馬의 농업 진흥에 진력한 스야마 돈오陶山鈍翁, 1658~1732, 그리고 농업을 바탕으로 평등사상을 주창한 안도 쇼에키安藤昌益, 1703~1762 등 많은 학자들이 있었다 — 일본 근대화의 기반을 근세 시대에서 찾을 경우 그들의 사상과 학문은 특히 주목을 받기도 한다.

그러나 니노미야 손토쿠와 함께 동시대의 실천적 농민 지도자, 교육가로 명성을 날린 인물을 지목한다면 단연 오하라 유가쿠일 것이다. 농림수산성의 홈페이지에도 "교학의 실천에 노력한 농민 지도자"로 소개되어 있지만, 그의 주 활동 무대였던 지바현千葉県 아사히旭시 오하라 기념관에 소개되어 있는 생애를 보면, 어릴 때부터 스스로 학문을 섭렵하여 각지를 전전하며 농민 교화와 농촌 개혁 운동을 주도하고 상가의 경영을 지도했던 인물이다.

40세 후반에는 아사히시 나가베長部 마을에 정착해 농촌 부흥에 앞장섰고, 농업 협동 조합이라고 할 수 있는 센조가부 구미아이先祖株組合를 설립하기도 했으나, 말년에는 지역을 초월한 농민 연대 활동이 체제를 위협한다는 당국의 의심을 사게 되자, 실의에 빠져 62세를 끝으로 스스로 생을 마감한 비운의 인물이기도 하다. 출생 신분과 관련된 기록은 명확하지 않지만 그의 삶은 매우 험난했다. 15세 때 생가와 연을 끊고 신관神官의 도움으로 3년을 지내다가 18세 무렵부터 관서關西 지방을 중심으로 약 15년의 세월을 방랑하면서 면학과 각 지역의 실상을 체험하게 된다.

표류민 생활을 하는 동안 부유한 상인이나 농민을 비롯해 승려나 신관 등과 인연을 맺으며 단기간 기숙하는 형태로 유랑생활을 이어갔다. 30세 중반에 관동關東 지방으로 거처를 옮긴 뒤에는(이 무렵 사회 경제적 상황은 전국적으로 심각한 가뭄으로 인한 기아와 민중 소요로 사회가 매우 혼란한 상태였다. 백성은 연공의 중압에 전답을 포기하는 등 농촌 사회가 와해되는 상황으로 전개되고 있었다), 사회 운동을 결의하여 성리학을 중심으로 자신의 경험을 가미한 독자적인 철학, 이른바 '성학性學'사욕을 버리고 인간의 본성에 따라 살아가는 길을 찾는다는 의미을 설파하기 시작했다.

그는 성리학을 "만물의 생성과 성장, 혹은 소멸의 근원으로서 '천지의 화' 내지 음양의 작용은 보편적이고 인간의 본성도 그에 따르는 것이고 그 도리를 배우는 것"[58]이라 했고, 그 과정에서 "천의 명命을 성性이라 하고, 성에 따르는 것을 도라 한다"는 중용의 가르침을 "천명을 실현하는 것이 성이고 성을 그대로 행위로 옮기는 것이 길"이라고 해석하며 자신의 철학을 정립했다 — 성은 인간의 본성, 본심, 양심 같은 것을 의미하고, 화和와 효를 기본으로 한다. 그래서 그는 "천지天地의 화"를 성이라 하며 일원론一元論의 입장에서 설명했고, 인간의 본성을 정신과 신체와의 통일체로 인식했다. 신체를 지배하는 존재의 법칙이 천도天道이고, 정신을 지배하는 당위의 법칙이 인도지만 양자를 일체화한 것이다. 그는,[59]

> 인간의 본성은 천지의 화와 같고 만인이 소유하는 것이다. 따라서 천지의 화가 만물에 미치듯이 인간의 본성이 만인에 통할 때 거기에 참된 성장과 질서가 성립한다. 그것은 면접面接적인 좁은 인간관계로부터 출발하여 보편적인 관계에 이른다.

천지의 화가 만물에 미치듯 인간의 본성이 만인에게 미칠 때 그곳에 진정한 성장과 질서가 성립한다는 것이다. 마음의 교류를 전제로 하는 인간관계를 중시한 것으로, 욕망을 억제하고 인간의 본성에 따라 삶을 영위하고, 그 삶의 구체화는 인간과의 대면 접촉에 의해 비로소 가능하다는 것이다. 도는 사람과의 관계 속에서 실현된다는 의미이다. 정신과 신체, 이론과 실천을 통일적으로 인식하는 인간관과, 학문을 실천윤리의 학으로 파악하는 그의 철학을 엿볼 수 있는 부분이다.

니노미야가 천도와 대립하는 인간의 작위作爲로서의 인도의 중요함을 설파했다면, 오하라는 천지자연의 이치와 인간의 본성인간이 지켜야 할 도리의 일치를 강조했다. 상품 경제의 발전과 농촌 사회의 붕괴로 인해 도덕과 경제의 조화라는 가치가 중시되고 있던 시기에, 사욕의 배제와 인간의 본성和의 중시에 따른 행위를 정당화하는 그의 교설教說은 많은 제자를 추종하게 만들었다(제자들을 도우道友라고 불렀다).

농민들의 공동 학습을 위한 교도소敎導所 시설로 개심루改心樓가 만들어지고, 그의 실천도덕을 추종하는 사람들이 피폐한 농촌 사회 부흥의 주체가 되면서, 그는 한 시대를 선도하는 농촌 개혁 사상가로 주목받았다. 농민 교화도 바로 그 실천적 학습의 연장선상에서 이루어졌고, 그 과정에서 농민들에 전파한 대표적인 논리가 분수를 지키는 사유양식을 강조한 '인심도심설'이다. 그는 이와 관련하여,[60]

인심이란 덥거나 춥거나 오직 자신만을 생각하는 마음이다. 그 좁은 마음에 추위를 염려하고, 음주의복을 마음대로 해 그 즐거움에 빠지는 것이다. 자신도 모르게 사치에 빠지는 것이다. (…중략…) 도심이란 사람을 인도하기 위해 자신을 생각하지 않고 더울 때는 다른 사람도 더울 것으로 생각하고 추울 때는 다른 사람도 추울 것으로 생각하는, 스스로 근신하며 다른 사람을 가엾게 여기는 마음이다. 자연히 가계도 흥하고 기쁨도 찾아온다.

인간의 부정한 마음을 제거하고 항상 도심에 머무르기 위해서는 인심人心과 도심道心을 구별해야 한다는 것이다. 인심은 자기만을 생각하는 인욕人慾이고, 도심은 타자만을 생각하는 천도이니, 어떠한 현자賢者도 인심이 강한 자와 교제하면 인심에 끌리게 되고 도심이 강한 자와 만나면 자신의 직분에 충실하고 효행을 실천하며 살아갈 수 있다는 것이다 ― 인간관계에서 도심을 중시하고, 도는 '사람을 위하는 것'으로 생각했다.

따라서 인간관계도 "사적인 욕구에 집착하는 사회에서 스스로 진실한 신념으로 사람을 인도하겠다는 뜻을 확고히 한다면 사욕에 젖어 있는 사람을 접촉했을 때 그 사람도 좋은 느낌을 갖게 될 것"이라고 했다. "사욕을 버리고 자연과 본심"에 따라 행동하는 것이 바로 "성의 덕"임을 강조한 것이다[61] — 이러한 도덕을 그는 '성학'이라 했지만, 일상성에서 도덕성을 중시하는 서민들의 생활양식을 주창한 것으로 전술한 민중 사상가들의 생활철학과 조금도 다를 바 없다.

상호 부조의 제도화와 농촌의 근대화

심학이 공개 강의라는 형태로 전파되었듯이 당시 농민들의 생활 문화는 문자를 매개로 하는 것이 아니라 견문과 체험을 통해 습득하는 구두 교육이 중심이었기에, 보편적인 성의 본질을 깨우쳐 그것을 일상생활 속에서 실현하고자 한 그의 사상은 서민들의 마음을 사로잡기에 충분했다.

농민 자신이 실천윤리를 "스스로 내면화"하여 집단적인 형태로 표출하면 곤경에 처한 농촌의 현실을 극복할 수 있다는 그의 논리는 인간 의식의 가능적 세계를 확산시키며 연공이나 흉작, 기근 등으로 실의에 빠져 있던 지역 농가에 새로운 용기를 불어넣었고, 동시에 농민들이 협동 노동과 공동 학습의 필요성을 인식하게 하는 동기가 되었다. 세계 최초의 협동조합으로 알려진 '센조가부 구미아이'도 바로 그의 착상과 지지자들에 의해 이루어진 것이다.

1836년 그는 문인門人들에게 자손 대대로 상속하는 방법을 제시했다. 한 번에 100문百文, 현재의 가치로 약 1,800엔을 내고 서로 계약을 맺어 연 2회 문인들이 대회를 열어, 부득이한 사정으로 곤궁에 빠진 사람에 대해서는 조성금을 지급한다는 것이다. 그가 문인들에 제안한 원칙은 도박이나 음주 가무는 금지였고 이것을 지키지 않으면 파문한다는 규정이었다. 이를 토대로 2년 뒤 '조합' 결성을 제안했다. 문인들이 재산을 함께 만들어가자는 것으로 현재의 지바현내 4개의 마을에서 실시했다. 이를 기반으로 문인들은 마을 전체로 조합 결성을 확대했다.[62]

그가 추진한 조합은 농민을 대상으로 상부상조하면서 조합을 통해 취득한 수익은 농민의 공동 이익을 위해 재투자하고, 농가의 생활 개선을 통해 가계의 영속을 꾀한다는 취지였다. 매우 획기적인 방법이었지만 주목할 것은 여기서는 미래 세대에 대한 저축이 우선이고 몰락한 농민들을 바로 구제하는 것은 아니었다. 일정액의 저축이 없으면 몰락한 농민이 나타나더라도 구제는 없다는 엄격한 원칙이 적용되었다.[63]

이런 엄격함을 바탕으로 농민이나 상인들을 조직화하여 그들의 생활을 개선하고 주변의 곤궁한 자를 호의적으로 받아들이는 방법을 취했다. 그러나 크게 보면 몰락하는 농가 문제를 계기로 마을 전체의 가입 운동을 전개하여 구성원 모두를 포용하여 생산 혁신을 도모한다는 특징을 갖고 있었다. 소위 상호 부조相互扶助의 제도화에 의한 농촌의 근대화라고 할 수 있다.

이를 통해 농가의 경제적 이익 증대와 농업 생산력 향상을 위한 경지耕地정리, 모내기의 시기 조정과 이모작제의 도입, 비료 제조법의 전파, 각 농가의 경지 근처로의 가옥 이전, 일용품과 농기구의 공동 구입, 연중 계획에 의한 농업 지도, 농업용 배수로 확보, 가정에서의 여성과 자녀들의 역할 강조, 도박 금지와 같은 생활 개선 운동 등, 농업 경영 개선뿐만 아니라 성학에 의한 농민 생활 전반의 교화로 농촌 사회의 혁신을 추구했다.

합리적 노동과 금욕적인 생활 태도로 가족주의적인 정서를 앞세운 그의 자세는 보수적인 농민들의 지지를 받으며 황폐해진 농촌을 자력으로 재건하는 사회적 동력이 되었고, 그가 주창한 근면, 검약, 정직, 상호 부조의 정신, 의리 인정의 정서는 농민들의 자기 근대화의 생활철학으로 자리 잡기 시작했다. 평생을 농민의 의식 개혁과 농촌 부흥에 앞장선 그를 역사는 "사상가라기보다는 실천 제일주의의 농촌 지도자이고 일상의 경험적 지식을 토대로 사상의 체계화를 시도하려고 한 인물"로 평가하고 있다.『国史大辞典』2

이론과 실천을 일체화한 그의 철학과 민중적 지도자들에 의해 전파된 실천적인 삶은 근세 중·후기 이후 농촌 사회에서 흔히 발견할 수 있는 통속도덕적 삶의 전형이자, 근대 사회 형성기 지역의 근대화를 떠받친 서민들의 생활 규범이었다. 학계 일각에서는 이러한 일본인들의 생활 규범을 서구의 프로테스탄티즘에 비유하여 '근면혁명industrious revolution'64이라 칭하고 있다.

다소 낯선 표현이지만 제한된 토지 속에서 인구 증가가 현실화하자 생산성 향상을 위한 노력이 필요했고 그런 주체적인 움직임이 민중들에 의해 저변에서 자발적으로 형성되었다는 점을 주목한, 이른바 내발적 변혁 사상을 반영한 평가이다. 일본인들이 스스로 가장 높이 평가하는 정서로 '근면성'을 언급하고 있는 이유도 그런 역사성에 대한 자긍심의 발로라고 할 수 있다. 매사를 자발적이고 성실한 자세로 책임감을 느끼고 지속적으로 행동하는 것을 '근면'이라 하지만, 그것이 바로 일본인의 전통적인 사유양식이다.

이 책에서 분석한 민중 사상가들은 자신들의 사상과 사유양식을 '근면혁명'으로 주도한 인물들이지만 그들에게는 공통점이 존재한다. 학문적 영향을 미친 스승이 존재하지 않고, 독학으로 실천적 학문과 사상을 정립했고, 이를 스스로 실천하고 사회에 확산하며 인심 계몽과 사회 발전에 기여하는 삶을 영위했다는 점이다. 그래서 그들의 사상은 피지배 계급에 해당하는 신분임에도 무사층을 포함해 많은 사람을 감동시켜 자력갱생의 원리를 확산시키는 사회적 동력이 될 수 있었고 실용적인 사상으로 발전, 계승될 수 있었다.

그러나 여기서 우리는 두 가지 보이지 않는 의미를 찾아야 한다. 하나는 당시 일본 사회의 식자율이 매우 높았다는 사실(근세 시대에는 각 신분에 적합한 다양한 교육 기관이 있었지만 서민들을 대상으로 하는 대표적인 교육 기관으로서는 데라코야寺子屋가 존재했다)이고, 두 번째는 신분과 관계없이 면학에 열중하여 실천하면 그것이 사회적으로 인정받을 수 있는 사고의 유연성(예를 들면, 일본은 선진 외래 문물을 수입하여 일본적인 문화로 가공하여 다시 해외에 발신하는 문화사를 보유하고 있다. 사고의 유연성이 담보되지 않으면 불가능한 일이다)을 일본 사회가 확보하고 있었다는 점이다. 내발적 근대화를 담보할 수 있는 정신문화의 역사성은 우리가 새롭게 주목해야 할 일본의 사유양식이기도 하다.

주석

1 新渡戸稲造, 内原忠雄 訳, 『武士道矢』, 岩波文庫, 1938, pp. 27~28.

2 高尾一彦, 『近世の庶民文化』, 岩波書店, 1968, pp. 22~23.

3 위의 책, p. 9.

4 小松和彦, 『福の神と貧乏神』, ちくま文庫, 2009, pp. 24~34. 참고로 '복신'의 개념에 대해 고마츠(小松)는 "사후 세계에서 행복을 보증하는 신이 아니라 현 세상에서의 행복을, 그것도 금전 혹은 그 외의 물질적인 '부(富)'에 의해 회자되는 복을 부여받는 것을 기본적인 속성으로 하는 신을 말한다"고 정의하고 있다. 인용문은 p. 24.

5 R.N. ベラ, 池田秋昭 訳, 『徳川時代の宗教』, 岩波文庫, 1996, pp. 234~235.

6 貝原益軒, 石川謙校訂, 『養生訓・和俗童子訓』, 岩波文庫, 1961, pp. 25~26.

7 위의 책, p. 24.

8 위의 책, pp. 49~50・35.

9 貝原益軒, 松田道雄 訳, 『養生訓』, 中公文庫, 1977, p. 52. 요컨대 생활 속에서 욕망을 최소화하는 노력이 바로 장수의 비결이라고 했다.

10 貝原益軒, 앞의 책, p. 233.

11 Max Weber, 梶山力・大塚久雄 訳, 『プロテスタンティズムと資本主義の精神』上巻, 岩波文庫, 1955, p. 111

12 神谷満雄, 『鈴木正三-現代に生きる勤勉の精神』, PHP文庫, 2001, p. 178.

13 山本七平, 『勤勉の哲学』, 祥伝社, 2008, p. 28.

14 島田煙子, 『日本人の職業倫理』, 有斐閣, 1990, p. 47.

15 神谷満雄, 「第2章 鈴木正三はマルチタレント」, 『鈴木正三-現代に生きる勤勉の精神』, PHP文庫, 2001, pp. 28~93.

16 鈴木正三, 加藤みちこ 編訳, 『鈴木正三著作集・Ⅰ』, 中公クラシックス, 2015, p. 31.

17 加藤みちこ, 『勇猛精進の聖-鈴木正三の仏教思想』, 勤誠出版, 2010, p. 60.

18 스즈키 쇼산(鈴木正三)의 대표작이라고 할 수 있는 『万民徳用』는 「就業之念願」, 「三宝之徳用」, 「四民日用」으로 구성되어 있다.

19 山本七平, 앞의 책, p. 142.

20 鈴木正三, 앞의 책, pp. 36・38~39.

21 위의 책, pp. 45~46.

22 위의 책, p. 46.

23 위의 책, p. 48.

24 위의 책, p. 50.

25 鈴木鉄心校訂・編, 『鈴木正三道人全集』, 山喜房仏書林, 1988, p. 70.

26 島田燁子, 앞의 책 참조.

27 山本七平, 『日本資本主義の精神』, 光文社, 1979, p. 117.

28 大野信三, 『仏教社会・経済学説の研究』, 有斐閣, 1956, p.330.

29 藤吉慈海, 『浄土教思想の研究』, 平楽寺書庄, 1983, p.669.

30 原田伴彦, 『日本町人道』, 講談社, 1968, pp.25~27.

31 今井淳, 『近世日本庶民社会の倫理思想』, 思想社, 1965, pp.23~24.

32 森田健司, 『なぜ各経営者は石田梅岩に学ぶのか』, 三省堂, 2015, p.8.

33 石田梅岩, 「倹約斎家論 下」, 『石門心学』(柴田実, 日本思想大系 42), 岩波書店, 1971, pp.27~28.

34 石田梅岩, 「都鄙問答」, 家永三郎 外編, 『近世思想家文集』 日本古典文学大系 97, 岩波書店, 1966, p.391.

35 바이간은 "무사인 자는 주군을 위해 목숨을 두려워하지 않은 자이다. 상인도 이 사실을 안다면 상인의 길은 분명히 보인다"고 하면서 "내 몸을 잘 다스려 진실한 마음으로 하면 10에 8은 매수자의 마음에 부합할 것이다"고 했다. 위의 책, p.432.

36 城島明彦, 『石田梅岩「都鄙問答」』, 致知出版社, 2016, p.65.

37 위의 책, p.138.

38 中村元, 『鈴木正三の宗教改革的精神』, 三省堂, 1949이 대표적이다.

39 堀出一郎, 『鈴木正三―日本型勤勉思想の源流』, 筑沢大学出版会, 1999 참조.

40 堺屋太一, 『日本を創った12人』, PHP文庫, 2006, p.208.

41 平田千秋, 「石田梅岩の理念と現代の道徳教育」, 『融合文化研究』第5号, 国際融合文化学会, 2005, p.185.

42 근세 시대에 형성된 상공인들의 정신은 메이지, 쇼와 시대에도 동경 상인이나 소상공인들에게 전승되었다고 한다. 家永三郎, 『日本道徳思想史』, 岩波全書, 1954, pp.203~206.

43 二宮尊徳, 「二宮夜翁話」, 『二宮尊徳・大原幽学』 日本思想大系 52, 岩波書店, 1973, pp.123~124.

44 童門冬二, 『二宮尊徳の経営学』, PHP文庫, 2013, p.38.

45 二宮尊徳, 앞의 책, p.122.

46 위의 책, p.123.

47 奈良本辰也, 『二宮尊徳』, 岩波新書, 1959, pp.147~148.

48 童門冬二, 앞의 책, pp.29~30.

49 木村壮次, 『超訳報徳記』, 治知出版社, 2017, pp.86~87.

50 위의 책, p.92.

51 児玉幸多 譯, 『二宮尊徳・二宮翁夜話』, 中央公論新社, 2012, p.115.

52 위의 책, pp.82~83.

53 城島明彦, 『中江藤樹 '翁門答'』, 致知出版社, 2017, p.57.

54 児玉幸多, 『二宮翁夜話』, 中央公論新社, 2012, pp.17~21 참조.

55 長谷川直哉, 「明治期企業家の経済思想と道徳的深層の関係について」, 『日本経営倫理学会誌』第16号, 日本経営倫理学会, 2009, p.230.

56 대표적인 기업가로는 시부사와 에이치(渋沢栄一, '일본 근대 자본주의의 아버지'로 인식되고 있는 인물로 다양한 기업의 창건에 기여), 야스다 젠지로(安田善次郎, 야스다 재벌의 창시자), 도요타 사키치(豊田佐吉, 도요타 그룹의 창시자), 마츠시타 코노스케(松下幸之助, '경영의 신'으로 불렸던 마츠시타 전기 창업자), 이나모리 카즈오(稲盛和夫, '살아있는 경영의 신'으로 불리고 있는 쿄세라 창업자), 도코 토시오(土光敏夫, '미스터 합리화'라는 이명을 갖고 있는 경영자) 등이 있다.

57 內村鑑三, 『代表的日本人』, 岩波文庫, 1941, p.87.

58 大原幽学, 奈良本辰也 外, 「微味幽玄考 一ノ上」, 『二宮尊徳・大原幽学』, 岩波書店, 1973, p.239.

59 大原幽学, 「微味幽玄考 一ノ上」, 『二宮尊徳・大原幽学』, 前揭書所收, p.238.

60 大原幽学, 「微味幽玄考 二」, 『二宮尊徳・大原幽学』, 前揭書所收, p.262.

61 위의 책, p.259.

62 「大原幽学 田んぼのヒーロー物語」
    http://www.tanbo-kubota.co.jp/water/hero/yuugaku.html 참조.

63 髙木英彰, 「二宮尊徳と大原幽学~その思想と実践~」, 『共済総研レポート』, 社団法人農協共済総合研究所, 2012.8, p.19.

64 역사인구학자 하야미 아키라(速水融, 1929~2019)가 제창한 개념으로 산업 혁명이 자본 집약・노동 절약의 형태로 생산성을 향상시켰다면, 근면혁명은 반대로 자본 절약・노동 집약의 형태로 생산성을 향상했다는 논리이다. 速水融, 『歴史人口学研究—新しい近世日本像』, 藤原書店, 2009 참조.

제
3
장

일본인의 사유양식과
일본의 근대화

1. 근대 일본의 자본주의 정신 도덕경제 사상

프로테스탄티즘이 인간의 일관된 윤리적 기초를 제공하여 서구의 근대 자본주의를 발전시킨 것처럼 불교나 유교적 기반이 일본적 자본주의 발전에 기여한 것은 주목할 필요가 있다. 경제 활동에 종교나 사상이라는 이데올로기를 주입하여 근면한 윤리관을 양성한 스즈키 쇼신鈴木正三이나 이시다 바이간石田梅岩을 비롯해 이 책에서 분석한 민중 사상가들이 주창하고 실천한 도덕률, 소위 '근면', '검약', '정직'이라는 사유양식을 일본인의 직업윤리의 역사성 형성의 근간으로 이해하고 분석한 것은, 윤리적인 생활 태도에 기반한 직업 활동을 인생 수행諸業即修行이라는 철학으로 귀결시켜 일본인의 전통적인 직업윤리를 확립하는 데 기여했기 때문이다.

육체노동과 정신생활, 인격 수행을 하나로 융합하는 근면한 윤리관이 사회적 규범이나 윤리적 가치관으로 일본인의 정신세계에 뿌리를 내리고, 그것이 일본인들이 자부심으로 간주하고 있는 '근면성'의 역사라는 사실, 그리고 그 역사성에서 '노동은 미덕'이라는 의식이 일본인의 직업관 속에 자리 잡게 되었다는 것이다.

야마모토 시치헤이山本七平, 1921~1991는 스즈키 쇼산과 이시다 바이간을 일본을 만든 대표적 사상가로 거명하면서 직업윤리와 관련하여 그들이 만들어 낸 사상을 "일본인의 독창적인 사상"으로 평가한 바 있지만,[1] 실제 그들은 일상의 직무를 성실히 수행하면 사회의 안정과 이익이 자연스럽게 따라오고 궁극적으로는 사회 질서가 확립된다는 논리를 전개했다. 정직한 마음으로 공공성을 추구하면 만인의 이익이 보장되고 사회 안정의 초석이 된다는 주장은 당시 민중 사상가들이 이구동성으로 제창한 논리였고, 그 논리의 사회화는 서민들의 생활·직업 윤리 의식, 나아가 일본적 자본주의 정신의 토대로 성장했다.

구미의 근대 자본주의를 발전시킨 원동력이 행동력을 동반한 생활양식생활 태도과 그것이 추구하는 합리성에 있었듯이, 일본 역시 상업·유통 문화가 발전하기 시작한 근세 중·후기부터 도시의 서민 생활에 발달하기 시작한 윤리로서 '장사의 길商売の道'이나 '정직한 상거래正道の商' 의식의 일반화, 여기에 '경영자의 길親方の道'이나 '자비慈悲'를 통한 서민들의 '경험적 합리주의의 발전'[2] 등은 근·현대를 거치며 기업가 정신 및 일본 기업의 전통과 성장을 담보하는 기업 문화로 작용했다.

이 점과 관련하여 야마모토는 일본인·일본 사회에는 메이지 유신明治維新, 1868을 통해 일본의 근대화를 성공시킨 '무엇'이 존재하고, 그 '무엇'인가를 추적해보면 일본 근대화를 선도해온 의미 있는 인물들을 만날 수 있다고 한다. 근대 일본의 견絹 사업을 선도한 도미오카 제사장富岡製糸場, 1872년에 건설되어 현재 세계 문화유산으로 등재의 경영자로서 일본의 견을 세계 시장을 제패할 수 있는 국제적 상품으로 성장시킨 오다카 란고우尾高藍香, 1830~1901, 제일국립은행의 창설과 동경증권거래소 등 근대 일본의 실업계를 선도해온 시부사와 에이치渋沢栄一, 1840~1931와 그 주변의 인물, 그리고 그들의 인격 형성에 직·간접적으로 커다란 영향을 미친 사람들이다.[3] 달리 해석하면 소위 유교 사상이나 사회 변혁에 앞장선 민중적 사상가들의 철학을 계승하여 근대 일본의 자본주의를 발전시킨 인물들을 접하게 된다는 것이다.

부富의 근원은 인의도덕仁義道德

일본 사회에서 '재계의 리더'이자 '일본적 자본주의 창시자', '일본 자본주의의 아버지'로 불리는 시부사와 에이치. "20세기 일본은 경제 대국으로서 융성했지만 그것은 시부사와의 사상과 업적에 의한 바가 크다"는 피터 드러커1909~2005의 평가처럼 일본의 역사에서 한 시대를 풍미한 대표적인 실업가이자 사상가·도덕가로서 높은 평가를 받고 있는 인물이다.

그는 사이타마현埼玉県에서 호농豪農의 아들로 태어났다. 어릴 때부터 부모를 따라 농·공·상의 현장을 경험하며 유교와 역사에 관심이 많았고, 혈기왕성한 청년기에는 존왕양이尊皇攘夷론에 찬성하며 국수주의적 성향을 표방하다가, 구미 사회를 체험하고 나서는 유신 정부의 대장성 관료로 각종 경제 정책을 주도하는 입장에 섰다. 수년 후 관료를 그만두고 실업계에 발을 들여놓은 이후부터는 은행 설립을 비롯해 철도, 해운, 상사 등 업종을 불문하고 다종다양한 기업을 설립하면서 일본 자본주의 발전에 매진하게 된다.

그가 설립에 관여한 기업 수만 500여 개에 이르고, 통신사와 대학 건립을 비롯해 사회 복지와 각종 문화 사업, 그리고 민간 외교가로서의 선구적인 활약 등, 한 사람의 생으로는 쉽게 감당하기 어려운 삶을 영위했지만, "투기적 사업에 이름을 올리거나 스스로 해본 적이 없다"[4]고 자인할 만큼 생애 부도덕한 부를 치부하거나 미츠이三井, 스미토모住友와 같은 '시부사와 재벌'을 만들지 않았던 인물로도 유명하다.

그는 전통적으로 "일반 상공업자는 사인士人과 동류로 취급"되지 않았고, 그러한 정서는 "메이지 유신 이후도 사라지지 않았"[5]음을 지적하면서, 도덕 없는 상업의 배금주의와 공리공론적 도덕론자들의 상업 천시 현상, 그리고 관존민비官尊民卑 사상에 대해서는 비판적 스텐스를 잃지 않았다. 그럼에도 위정자가 어떠한 인물이든 국민으로서 해야 할 일을 다하는 것이 "국가에 대한 국민의 권리이자 의무"[6]라는 사상을 일생동안 실천했을 만큼 뚜렷한 도덕관을 확립하고 있었다.

인간을 대할 때도 "사람을 계략에 빠트리려는 짓"을 하지 않고, 언제나 "신의"를 갖고 대했으며,[7] 재주는 있으나 사려 깊지 못하고 행동이 가벼운 사람輕薄才子이나 성의誠意 없는 사람과는 어떤 일을 도모하지 않을 만큼 "지행합일知行合一" 혹은 "양지양능良知良能"[8]의 사상을 중시했고, 어릴 때부터 자신의 이익과 공공의 이익이 충돌하면 "우선 공공의 일부터 처리하는 것이 나의 성질"[9]이라고 할 만큼 공익성을 우선시했다. 학문의 실용성과 상업의 정당화, 실업과 도덕의 양립성에 대한 확고한 철학을 바탕으로 이익을 추구하는 행위를 "국가의 부성富盛"으로 간주하고, "내 마음 속에 국가를 배제하고 사업을 생각한 적이 한 번도 없었다"[10]고 할 만큼 실업가로서 자신의 활동은 모두 국가를 위한 것으로 정립했던 인물이기도 하다.

유신 이후 근대화의 길을 걷기 시작할 당시 일본의 국가적 과제가 바로 부국강병과 식산흥업殖産興業이었고, 그 과제를 달성하기 위해서는 사익이나 사론私論을 추구하는 이기주의적인 행위가 아니라 모두가 국가의식에 의해 통일된 것이어야 한다는 충군애국忠君愛國 사상이 시대적 명제로서 시부사와의 사상을 지배한 측면이 없지 않지만, 기본적으로 그는 근대 일본 사회에 도리道理와 자기 역행自己力行, 상업의 참된 의미와 상업도덕의 중요성, 사업가의 자세와 국가적 관념, 국가와 국민의 책임, 이를 토대로 부국富國과 공익公益 추구를 일생의 과업으로 여기며 실천한 인물이다. 이러한 사상을 그는 "유자儒者들이 지금까지 발견하지 못한", "실업가의 견지에서 본 논어"[11]를 바탕으로 확립했다. 다음의 주장이 이를 증명하고 있다.[12]

> 진정한 국가의 융성을 바란다면 부국을 위해 노력해야 한다. 부국을 위해서는 과학을 증진시켜 상공업 활동을 장려해야 하고, 이를 위해서는 합본合本 조직이 필요하다. 합본 조직을 갖고 회사를 경영하기 위해서는 완전하고 견고한 도리에 따라야 한다. 그렇다면 그 표준을 무엇으로 할까가 중요하지만 그것은 공자의 유훈을 받들어 논어에 의거하는 길 이외에는 없다.

시부사와의 생각은 명쾌하다. 우선 자신의 궁극적인 목표는 "진정한 국가의 융성"이자 "부국"이고, 이것을 실현하기 위해서는 "상공업의 활동"이 중요하며, 상공업의 발전을 위해서는 "합본 조직"에 의한 "회사의 경영"이 필요하고, 회사의 바른 경영을 위해서는 그 "표준"이 되는 "도리"가 필요하며, 그 도리는 "공자의 유훈"인 "논어"라는 것이다. 자신의 실업 활동과 국가의 부성을 일체화하고 그것을 뒷받침하는 사상으로 논어를 강조했다는 점이 특징적이다.

시부사와가 실업인으로서의 삶을 추구하며 논어를 중시했던 것은 청년 시절부터 "진정한 안심입명安心立命은 유교에 의해서만 얻을 수 있다"[13]는 신념과(그는 불교와 기독교 같은 종교가 우민을 유혹하는 포교 방법을 문제 삼아 종교를 싫어했다. 자신은 종교에 의해 안심입명을 얻고자 하는 마음은 전혀 없고 그것은 오직 유교에 의해서만 가능하다는 생각을 갖고 있었다), 당시 일본의 가장 부족했던 점은 비즈니스商売였고, 그때까지 비즈니스에 학문은 필요 없다는 통념을 극복해야 한다는 의지가 작용했다.

그래서 학문을 바탕으로 이윤을 추구하는 실업인商売人이 되고자 했고, 실업인으로서 새로운 삶을 추구할 무렵 가져야 할 마음가짐을 고민해보니 "만인 공통의 실용적 교훈"이자 "가장 결점이 없는 논어의 교훈에 따라 장사하고 이익을 꾀할 수 있을 것"[14]으로 판단하게 되었다는 것이다. 그는 일생을 공자의 천명관天命觀, 공자가 천명을 위대하게 생각한 것은 천에 기도하여 부귀영달을 기대하거나 병이나 불행을 피하기 위한 좁은 의미가 아니었듯이 자신도 공자의 천명론과 같은 마음으로 처신하는 삶을 영위했다고 한다을 마음에 새겨 몸소 실천해온實踐躬行 자신의 사상과 정신을 후진과 세상에 전파하기 위해 『논어와 산반論語と算盤』이라는 담화집을 출판했다.

'논어와 산반'은 '도덕과 경제'라는 의미로 해석해야 하나, 함의는 바른 삶과 이익을 추구하는 경제 활동이 조화를 이루어야 한다는 논리이다. 도덕과 경제는 양립하기 어렵지만 이익을 추구하는 경제에는 반드시 도덕이 필요하다는 자신의 사상을 압축적으로 표현한 것이다. 그는 "논어와 산반은 매우 멀고 매우 가까운 것"이라고 하면서 "논어라는 것과 산반이라는 것은 (…중략…) 매우 어울리지 않고 거리감이 있으나 산반은 논어에 의해 이루어져 있다. 논어는 또 산반에 의해 진정한 부가 활동되는 것이다. 따라서 논어와 산반은 매우 멀기도 하고 가깝기도 하다는 것"[15]을 일관되게 주창하였고, 그 연장선상에서 논어와 상재商才의 관계를 다음과 같이 정의했다.[16]

도덕상의 서적과 상재와는 어떤 관계도 없는 듯하나, 그 상재라는 것도 도덕을 근저로 하는 것이어서, 도덕과 분리된 부도덕, 기만欺瞞, 부화浮華, 경조輕佻한 상재는 소위 잔재주나 부리는 약은 행위이지 결코 참된 상재는 아니다. 따라서 상재를 도덕과 분리할 수 없다면 도덕서인 논어에 의해 양성되어야 한다. (…중략…) 그래서 나는 일생 공자의 가르침을 존경하고 신뢰함과 동시에 논어를 처세의 금과옥조로써 항상 멀리한 적이 없다.

도덕과 상업 활동은 분리될 수 없으며, 도덕성이 결여된 상업 활동은 배격되어 마땅하니 진정한 상인도道를 실현하기 위해서는 도덕서인 논어의 가르침을 충실하게 따르고 실천해야 한다. 도덕과 분리된 상재는 개인의 사리사욕을 부추기는 위험한 사상일 수 있으니 이를 근절하기 위해서도 "우리들의 직분職分"으로서 추구해야 할 "인의도덕仁義道德에 의한 이용후생利用厚生의 길"[17]로 나아간다는 방침을 확립해야 한다. 이른바 '도덕'과 '경제'의 '합일' 사상인 것이다. 이를 바탕으로 도의와 부의 관계를 설명했다.[18]

부를 이루는 근원은 무엇일까라고 하면 인의도덕이다. 바른 도리의 부가 아니면 그 부는 완전히 영속할 수 없다. 여기에서 논어와 산반이라고 하는 서로 상반된 것을 일치시키는 것이 오늘날 긴요한 과제라고 생각한다.

사안에 대해 어떻게 하면 도리에 적합한가를 생각해야 한다. 그 도리에 맞는 행동을 하면 국가 사회의 이익이 되고, 자신을 위한 것이기도 함을 알아야 한다. 그렇게 생각했을 때, 만약 그것이 자신을 위한 것이 아니지만 도리에 맞고 국가 사회에도 이익이 된다면 나는 단연코 자신을 버리고 도리에 맞는 것에 따를 생각이다.

부를 이루는 근원을 "인의도덕"에 집약시켰다. 의義보다 리利를 앞세우는 행위는 진정한 재산 증식을 저해하게 된다. 소위 부의 근원은 정직한 상거래에 있고 그에 근거하지 않으면 부의 영속성상공업의利殖은 보장될 수 없으며, 모든 사안에 대해서는 도리를 우선하고, 사익이 도리와 출동하면 도리를 따르는 것이 자신과 국가 사회의 이익에 직결된다는 논리이다. 개인의 사리사욕 추구를 극도로 경계한 그는 만약 개인이 사익을 우선하는 가치관을 갖게 된다면 궁극적으로는 어떠한 결과를 초래하겠느냐는 질문을 던지면서, 만약 그렇게 하면 "일신일가의 번영을 얻을 수 있을지" 모르지만 "그것은 도리에 맞지 않는 방법"이라고 하면서,[19]

그것은 사회를 희생하여 국가를 안중에 두지 않는 방법이다. 만약 그런 인물들만 나와서 서로 사욕에 급급하면 뺏고 빼앗기는 세상이 될 것이다. 이렇게 되면 국가의 유지와 사회의 단결을 유지할 수 있겠는가. 논할 필요도 없이 그런 자들은 국가의 파괴자, 사회의 교란자들이다.

상업 활동의 직분은 "공공적"인 것이기에 바른 도리로 상업이나 기업 활동을 성실히 하면 경제는 발전하고 국가의 융성 또한 가능하지만, 일가일인—家—人을 만족시키기 위해 사리사욕을 추구한다면 개인의 집합 단체인 국가와 사회는 파괴된다는 것이다. 그는 "공익과 사리는 하나"라고 하면서 "공익 즉 사리이고, 사리는 곧 공익을 낳는다. 공익이 되어야 할 만큼의 사리가 아니면 진정한 사리라고 할 수 없다. 상업의 참된 의의는 바로 여기에 존재하는 것이니 상업에 종사하는 사람은 이 의미를 오해해서는 안 된다"[20]고 했다. 개인의 번영과 국가의 풍요로움, 그리고 사회의 평화를 구현하기 위해서는 국가와 사회를 피폐시키는 사리사욕으로부터 스스로를 해방시키는 개인의 인격 수양이 필요하고, 그것은 다름 아닌 논어를 통해서 가능하다는 것이 그의 생각이었다.

일본적 자본주의 문화의 창출

시부사와는 부의 근원이 인의도덕에 있듯이 일본의 자랑인 무사도武士道 역시 식산공리殖産功利의 길임을 강조했다. 그는 무사도야말로 "일본민족의 정화精華"라고 하면서, 그 신수神髓, 핵심이라는 의미는 "정의, 염직廉直, 맑고 곧은 마음, 의협, 대담함, 예의 등의 미풍"이라고 했다. 그러나 유감스럽게도 무사도 정신은 오로지 사인 사회에만 적용되고 식산공리에 관여하고 있는 상업자들에게는 그 기풍이 부족하다고 했다.[21]

상인들이 부귀빈천富貴貧賤에 집착한 나머지 도의道義를 저버린 과거의 과오를 되풀이하지 않기 위해서라도 상공업자도 무사도의 기풍이 필요하다는, 소위 무사도의 길이 바로 실업가의 길武士道卽實業道이고, 그것은 문명국의 상공업자가 기반으로 해야 할 길이라는 것이다. 이러한 인식을 바탕으로 무사의 정신에 상업적 재능을 겸비한 '사혼상재士魂商才'의 정신을 제창했다.[22]

인간이 세상에 서기 위해서는 무사의 정신이 필요하지만, 무사적 정신에만 편승하여 상업적 재능이 없다면 경제는 위에서부터 자멸을 초래하게 된다. 따라서 사혼士魂에 상재가 없으면 안 된다. 그 사혼을 양성하기 위해서는 많은 서적이 있지만 역시 논어는 가장 사혼 양성의 근저라고 생각한다.

상인도에 무사도 정신을 계승하는 것은 중요하지만 동시에 상업적 재능을 겸비하지 않으면 의미가 없다는 견해이다. 상업적 재능은 도덕과 괴리될 수 없기에 상재 능력을 키우기 위해서는 도덕심을 양성해야 하고, 그것을 양성하는 수단으로는 논리적 근거를 명확하게 제공하는 논어가 효과적이라는 것이다. 논어에는 자신을 수양하고 사람과 함께 하는 일상의 가르침이 있는 만큼 꼼꼼히 음미하여 읽으면熟読玩味 크게 깨닫는 바가 있다는 것이다.

논어를 금과옥조金科玉條로 생각한 그의 학문적 기반을 엿볼 수 있는 부분이나, 그의 생각은 불교나 유교의 영향 아래 직업윤리나 상인 철학을 강조한 스즈키 쇼산이나 이시다 바이간의 사상과 조금도 다를 바 없다. 근세의 선도적 지식인들이 주창했던 것처럼, 인간의 도덕성, 윤리 의식, 직업정신, 올바른 행동 규범, 사회적 신뢰 같은 가치를 중시했고, 경제인은 그러한 가치를 존중하는 처세와 신조로 경제 활동에 매진해야만 "도리에 맞는 부귀"를 얻을 수 있다는 신념이었다. 그렇게 획득한 "부귀"는 다름 아닌 "사회의 은혜"라고 하면서 그 의미와 상관성에 대해,[23]

> 부호富豪라고 하면 혼자서 벌어들인 것이 아니다. 사회가 벌어준 것이다. (…중략…) 사회의 은혜임을 자각하여 사회의 구제라든가 공공사업에 항상 솔선하는 마음을 가지면 사회는 점점 건전해진다. (…중략…) 따라서 부를 만든다는 일면에는 항상 사회적 은혜를 입었다는 것을 고려하여 도의적 의무로서 사회에 환원하는 것을 잊어서는 안 된다.

부는 혼자서 축적한 것이 아니라 사회로부터 축적해 받은 것인 만큼 사회를 벗어나 부를 유지하기 어렵다는 것을 자각해야 한다. 부유한 자가 사회를 무시하여 공공사업이나 사회사업 같은 것을 경시하면 부호와 대중과의 충돌이 일어나고, 부호를 원망하는 소리는 이윽고 "사회주의"가 되어 "투쟁"으로 변하면서 궁극적으로는 커다란 불이익을 초래하게 된다. 비록 정당하게 축적한 부라 하더라도 그 부는 사회적 관계 속에서 획득한 것이기에 경제인은 항상 사회적 신뢰 관계를 구축하는 자세가 중요하고 그 노력의 축적이 결과적으로는 건전한 사회와 부국 건설의 토대가 된다. 따라서 상인으로서 국가 사회에 대한 도의적 의무를 다해 사회적 신뢰 구축에 주력해야 한다는 것이다.

자신의 이익만을 추구하는 생각을 "혐오해야 할 위험 사상"으로 간주하며 인의도덕을 강조하면서도 그것은 자신의 인격 수양을 통해 논리를 실천할 때 비로소 실현 가능하다는 점을 부연했다. "수양은 이론이 아니라 실제로 행하는 것이기에 어디까지나 실제와 밀접한 관계를 유지하면서 나아"[24]가야 하고, 그래서 사회적 신뢰 구축은 개인의 인격 수양에서 시작된다는 것이 그의 신념이었다.

그 역사적 근거로서 니노미야 손토쿠의 실천 사상을 주목했지만, 그의 논리는 여기서 그치지 않고 일본 사회에서 '재계'라는 집단을 구축하는 기반이 되었다. 이 과정에서 그는 '모두와 함께'라는 철학과 '공공의 이익'을 중시하는 논리로 '일본적 협조주의 정신'이라는 새로운 가치를 표방하며 근대 일본의 기업 문화를 주도해갔다. 평론가 사카이야 타이치堺屋太一, 1935~는 일본의 재계를 만들어 가는 그의 철학에 대해,[25]

앞으로 일본의 기본은 합본주의合本主義이고 모두의 자금을 모아 사업을 일으키는 협조주의를 추구해야 한다. 그를 위해서는 개개인의 실업가나 경영자가 움직일 것이 아니라 상업회의소를 전국에 설치하여 그를 바탕으로 지방의 자산가나 상인에게 자금을 빌려주어 점차 새로운 회사를 설립해가는 것이 바람직하다.

여기서 주목할 것은 바로 합본주의 사상이다. 시부사와가 주창한 합본주의는 주식회사의 개념과 비슷하다고 볼 수 있다. 의미는 일본의 경제가 근대화를 지향하는 과정에서 독자적인 일본식 기업 문화를 창출하는 동력이 필요하다는 견해이다. 그 사상의 핵심은 3가지이다. 첫째는 '사명'으로서, "국가 사회 전체의 이익, 즉 공익을 증가시키는 것"이고, 두 번째는 '인재와 그 네트워크'로서, "회사의 사명이나 목적을 잘 이해하고 공익을 추구하는 사람들"과 인적 네트워크를 구축하는 능력이고, 세 번째는 '자본'으로서, "일본 국내의 유휴 자본을 이용하기 위한 은행 제도의 도입"으로, 소위 "무형의 돈에서 유형의 부"를 창출하는 것이었다.[26] 자본가와 기업가의 창업을 '협조'라는 개념으로 정립한 것이지만 한마디로 "공익을 추구한다는 사명이나 목적을 달성하기 위해 가장 적합한 인재와 자본을 모아 사업을 추진한다는 발상"[27]이다.

공익 중시의 이념을 공유하는 인재 확보에 자본 확충을 중시하는 협조형 자본주의 문화의 주창은 사회 경제적으로는 생애의 목표였던 관존민비 사상의 타파와 상공업의 지위 향상이었고, 정신문화적으로는 탐욕과 불신이 아닌 정직과 근면, 검약, 신뢰, 화합의 가치를 중시하는 전통적인 일본인의 사유양식을 반영한 것이었다. 주식회사合本主意의 방식을 일본에 확산시켜 상공업을 발전시키고 비즈니스의 주체가 되는 주식회사는 공적인 것이라는 철학은 현재의 시점에서도 평가받아 마땅하다. 이 순간에도 많은 일본의 식자층이 강조하고 있는 그의 이러한 사상 역시 논어에 기반하고 있었다.

이는 바로 '박시제중博施濟衆' 사상이다. 널리 사람들에게 은혜를 베풀어 사람들의 고통을 구제한다는 의미로, 공자는 그것을 위정자의 자세라 했고, 시부사와는 이 사상을 논어의 가장 중요한 사상으로 인식했다. 이에 따라 그는 경제 활동의 중심은 민간이어야 하고, 국가의 융성은 과학을 발전시켜 상공업의 활동을 장려하는 것이고, 상공업의 경제 활동이 번성하면 공익 추구라는 적극적 도덕을 실현할 수 있다는 사상을 확립했다(한 가지 주의할 점은 그는 사리私利를 경시한 것은 아니다. 다만 사리는 공익의 결과로서 기대해야 한다는 사고였다). 한 사람 한 사람이 풍요로워야 한다는 '박시제중'의 의미를 시부사와는 '공익 추구'로 해석하여 실현하려 한 것이다.

이러한 사상이 생애 500여 개사의 기업 설립과 육성에 매진할 수 있었던 시부사와의 원동력이었다. 이로 인해 일본 재계에서는 시부사와의 철학을 자신의 '역량'을 중시하며 개인주의를 지향했던 미츠이 재벌의 창업자 이와사키 야타로岩崎弥太郎, 1835~1885와 대비하여 판단하는 경향이 존재하기도 한다. 그러나 그는 자신을 논어주의자로 간주하여 도덕 없이 경제 없고 경제 없이 도덕 없다는 논리로, 진정한 상업 행위는 공리공익이라는 철학을 확립하여 실천하고, 자신의 철학을 '도덕경제합일설'이라 칭하며 일본 사회에 널리 전파하기 위해 노력했다.

1904년 실업계를 은퇴한 이후 그의 눈에 비친 일본 사회는 청일·러일 전쟁 승리에 도취한 국민의 자만심과 개인주의적이고 금전주의 사상의 만연, 입신출세에 젖어 있는 젊은이들의 나약함, 여기에 일본 사회의 한편에 존재하는 "도덕을 유지한다면 이익을 추구해서는 안 된다는 낡은 유교적 사고"였다.[28] 이러한 상황을 타파하는 것은 자본주의 문화의 기반을 구축한 선구적 실천 사상가의 몫이었다. 일본 사회를 향해 도리에 부합하는 이익을 추구하는 것은 나쁜 것이 아니라 오히려 적극적으로 추구해야 하며, 그 길만이 국가의 부국강병을 가능하게 한다는 것을 역설했다.

이를 위해 공자제전회孔子祭典會·양명학회·사문회斯文會 등의 발기나 제활동에 대한 경제적 지원을 아끼지 않았고, 각종 도덕 수양 단체의 고문 역을 마다하지 않았으며, 도덕 사상을 함양하는 교육 기관에 대한 지원도 최선을 다했다.[29] 특히 청년들에게는 "진지하고 솔직해야 하며, 안으로는 정기精氣가 흐르고 밖으로는 활력이 넘쳐 권세와 무력에도 굴하지 않을 인격을 양성하여 후일 자신을 부유하게 함과 동시에 국가의 부강을 꾀하도록 노력"[30]할 것을 강조하며 미래의 인재 양성에도 주력했다. "인의仁義와 이식利殖", "도덕과 금전"은 반드시 일치하는 것이라고 주창하며 앞장서 실천하고, 자신의 실천적 도덕경제 사상을 바탕으로 경세제민經世濟民을 구현하려 했다.

도덕경제가 기반이 되는 사회를 건설하여 부국강병의 국가를 만들기 위해 일생을 바친 인물이지만, 그는 농민, 무사, 관료, 민간 기업가, 사회사업가의 길을 걸은 매우 독특한 "역사의 기록자"였고,[31] "시공을 초월한 애국적 기업가의 이상적 인간상"[32]이었다. 일본 사회가 내린 높은 평가에서 확인할 수 있듯이 그는 일본 근·현대사에서 가장 존경받는 경제인으로 칭송되기에 손색이 없다. 직접 경영일선에 참여하지 않으면서도 독자적으로 확립한 실천적 도덕경제 사상을 바탕으로 근대 일본의 자본주의 정신과 문화 기반을 구축한 공로는 타의 추종을 불허하기 때문이다.

논어에 근거한 그의 경제사상이 오늘날의 관점에서 보면 창의적 기업가의 양산에 도움이 되지 않는다는 비판에 직면할 수도 있다. 하지만 중요한 것은 그의 철학이 돌출된 것이 아니라 일본적 자본주의 정신이라는 역사 문화적 기반 위에 형성되었다는 점이다. 그리고 그 역사성을 일본 사회는 자신들의 전통적인 사유양식으로 계승하고 있다. 출생지인 사이타마현에서 그의 정신과 업적을 존중하는 전국의 기업 경영자를 대상으로 '시부사와 에이치 상澁沢栄一賞'을 수여하고 있는 것도 자신들의 고유한 정신문화를 계승하겠다는 의지의 발로이다.

2. 근대 일본의 기업가 정신 실천 경영 철학

일본 재계에서 "일본이 낳은 세계적인 경영자", "인재 활용의 명인", "국민적 영웅", "경영의 신", "철학자" 등으로 칭송받고 있는 인물이 있다. 쇼와昭和, 1926~1896 시대의 대표적 실업가이자 2018년 창업 100년을 맞이한 파나소닉의 창업자 마츠시타 코노스케松下幸之助, 1894~1989이다. PHP연구소Peace and Happiness through Prosperity를 설립하여 물심양면의 번영에 의해 평화와 행복을 구현하는 사회를 만들고, 재단법인 마츠시타정경숙松下政経塾을 창설하여 정치·경제 분야의 인재 육성을 실현하고, 자신의 성장 과정에서 체득한 인생과 경영의 실천 철학을 세상에 확산시키는 데 전력을 다한 인물이다. 평론가 사카이야 타이치는 『일본을 만든 12인』이라는 저서에서 마지막 12인으로 그를 거론하며 다음과 같이 언급한 바 있다.[33]

그는 일개 근로자로부터 출발하여 세계적 대기업을 만들어냄과 동시에, 1960년대 후반부터는 독자적인 경영 사상과 근로관을 가진 철학자로서도 커다란 영향을 일본에 남긴 인물이다. 그러나 그의 최대의 특색은 전후 일본이 경제 대국의 길을 걷는 과정에서 다른 부호나 창업자와는 달리 국민적 영웅이 되었다는 것이다. 그 의미에서 이 사람이 오늘날 남긴 유형무형의 영향은 절대적이라고 할 수 있다.

근로자로 출발하여 독자적인 근로관과 경영 철학으로 세계적 대기업을 만든 인물이자 일본 사회에 사상적인 영향력을 행사한 철학자이지만 가장 특징적인 것은 다른 기업가와는 달리 "국민적 영웅"이 되었다는 점이다. 그가 국민적 영웅으로 부상한 것은 1955년도에 발표한 소득 순위

1위에 이름을 등재한 이후부터라고 한다. 어릴 때부터 각고의 노력과 근면함으로 세계적 기업을 만든 그의 성공 신화가 전후 부흥기의 일반 서민들에게 자신도 노력하면 성공할 수 있다는 희망을 안겨주었기 때문이다. 재패니즈 드림의 산증인이었기에 국민적 신망을 획득할 수 있었고, 따라서 그의 인생·경영 철학이 국민의 지지를 얻을 수 있었다.

'소년상인' 마츠시타의 윤리관

마츠시타는 1894년 와카야마현和歌山県에서 지주의 막내로 태어났다. 태어난 무렵에는 부유한 환경이었지만 만 4세에 아버지의 사업 실패로 곤궁한 상황에 처하면서 초등학교 4학년을 중퇴하고 만 9세에 오사카에 있는 화로火鉢가게의 사원丁稚으로 들어가게 된다. 이듬해 화로 가게의 폐업으로 자전거 상회로 이직하여 근무하던 중 오사카시에 전기 철도 노선이 설치되자, 앞으로는 전기 시대가 도래한다는 직감으로 오사카덴도大阪電灯株式会社, 現関西電力에 견습공으로 입사한다. 이때부터 전기 관련 분야에서 남다른 실적을 바탕으로 자신의 사업을 펼치며 혁신적 경영자로서의 삶을 시작하지만, 그가 상인으로 살아가게 된 것은 그의 나이 11세 때 타계한 아버지의 유훈이 컸다고 한다. 당시의 상황을 그는 다음과 같이 언급했다.[34]

어머니로부터 네가 봉공奉公, 다른 집에 기거하며 일을 하는 것을 그만두고 급사給仕를 시켜 야간공부를 하게 하자는 이야기를 들었지만 나는 반대다. 봉공을 계속하여 장사로 출세해라. 그것이 가장 너를 위한 것으로 생각하니 뜻을 굽히지 말고 봉공을 계속해라. 오늘날 편지 한 장 제대로 쓰지 못하는 사람이라도 훌륭하게 장사를 하여 많은 사람을 거느리고 있는 예가 세상에 많이 있음을 아버지는 알고 있다. 장사로 성공하면 훌륭한 사람을 고용할 수 있으니 급사 같은 것은 꿈도 꾸지 마라.

초등학교도 제대로 졸업하지 못한 마츠시타였기에 어려운 환경 속에서도 자신을 학교에 보내려는 어머니의 마음은 "무엇과도 바꿀 수 없는 기쁨"이었지만, 아버지는 장사로 성공하기를 원했다. 배움에 대한 기대감은 사라졌으나 아버지의 유지를 받들어 "상인으로서 출세하기 위해 봉공에 열중"하며 조금씩 꿈을 꾸기 시작했고, 그 과정에서 "나름대로 하나의 보람을 느끼는" 자신을 발견했다.

당시 대부분의 상가 점원들이 그러했듯이 마츠시타도 거의 연중무휴로 이른 아침부터 밤늦게까지 일과 씨름했고, 작업복은 계절당 1벌씩이었으며, 아침저녁은 간단한 채소 절임에 점심은 채소 하나가 전부였다고 한다. 그런 자신의 모습을 "최선이었다고 말하기는 어렵지만 보통 이상이었던 것은 분명했다"고 회상할 정도였다. 자전거 가게에 근무하고 있을 당시의 일화는 그의 삶의 양식을 가늠하게 한다.

평소 주인으로부터 능력을 인정받고 있던 한 동료가 돈을 착복하여 자신의 용돈으로 사용한 일이 발각되자, 주인은 평소 그의 능력을 고려하여 용서하고 자비를 베푸는 조치를 취했다. 주인의 선처에 분개한 마츠시타는 15세라는 어린 나이였음에도 "그건 매우 유감스러운 일"이라고 하면서, 자신은 "그런 동료와 함께 일을 할 수 없으니 그 동료를 그대로 두고 싶다면 기꺼이 내가 그만두겠다"고 주장했다. 마츠시타의 항의에 곤혹스러움을 감추지 못했던 주인은 결국 그의 의견을 받아들여 동료를 해고했다고 한다. 훗날 마츠시타는 그 당시 자신의 결벽증과 단순함으로 인해 주인의 자비로운 마음을 헤아리지 못한 것을 후회한다고 언급한 바 있지

만, '소년 상인'으로서 평소 마츠시타의 생활 태도나 노동윤리를 엿볼 수 있는 일례이다.[35]

정직하고 성실한 일꾼으로서 마츠시타의 모습은 주변에 적지 않은 감동과 신뢰로 이어졌다. 가게를 찾은 손님들은 그를 보고 "열심히 한다"는 격려와 함께, 주인에게는 "당신 가게의 점원은 매우 훌륭한 녀석이다, 나중에 큰 인물이 될 것 같다"는 덕담을 아끼지 않았다. 어떤 힘든 일이라도 흥미롭게 대응하며 역량을 키워가면서도 일에 대한 고통 따위는 전혀 느끼지 않았다고 한다. 상가의 점원과 전기 회사의 전기공으로 청소년기를 보내는 동안 체득한 다양한 경험과 일에 대한 도전적인 자세, 그리고 주변의 신뢰와 자주·자립의 정신 함양은 훗날 마츠시타가 세계적인 기업가로 성장하는 밑거름이 되었다.

그 과정에서 마츠시타는 인간의 존엄함이나 학문의 의의는 무엇이며, 경영 철학과 난국돌파의 조건은 무엇인지 등에 대해 나름대로 경험적·실천적 철학을 확립해 갈 수 있었다. 그는 인간은 빵만으로 살아갈 수 없고 월급을 받기 위해 일하는 것도 아니라고 하면서, 인간의 존엄성은 "인간으로서 의무를 다하고자 하는 강한 의지가 작용"할 때 비로소 확립된다고 했다. 이익을 추구하기 위한 사업 경영이 아니라 사회의 모든 사람의 경제생활을 보다 향상할 수 있는 "생산의 사명"을 중시하고, 그 사명에 충실하게 행동하는 것이 이익이고 월급이라는 생각이다.

그렇게 되면 사람들은 열심히 일하고자 하는 의욕이 발생하고 능률이 향상되고, 궁극적으로는 사회에 공헌하는 훌륭한 회사가 탄생하게 된다는 것이다.[36] 세상의 경제 활동을 향상하기 위한 개개인의 노력과 열정이 세상의 신뢰와 번성을 담보할 수 있는 회사를 만들고, 그런 자세야말로 인간의 존엄성을 확인하는 것이라고 했다. 일하는 의미를 사회에 대한 공

헌으로 생각하는 그의 철학은 학문에 대한 인식에도 그대로 반영되어 나타났다.[37]

나는 학문이 없기에 자기변호를 하는 것은 아니다. 학문은 두말할 나위 없이 존중해야 하지만 이것을 활용하지 않으면 어떤 도움도 되지 않을 뿐만 아니라 오히려 그것이 짐이 되어 인생행로에 커다란 부담이 되는 경우도 생각해야 한다. 혼자만의 생각이지만 학문의 소양이 없었던 것이 오히려 일찍 깨달음을 느껴 오늘날이 있다고 생각한다. 혜택을 받아 학문을 한 사람은 그것이 짐이 되지 않도록 진정으로 그것을 살려 사람을 위해, 세상을 위해 의미 있게 하지 않으면 안된다. 그래야만 학문의 고귀함도 그것을 배운 보람도 있을 것이다. 그러나 이것이 상당히 어렵다는 사례를 세상에서 많이 볼 수 있다.

학문은 존중해야 하지만 그것이 사람과 세상을 위해 유용하게 쓰이지 않으면 의미가 없다는 생각이다. 학문은 단순히 지식을 구하고 배우는 것이 아니라 "세상을 위한 의의意義"를 중시해야 한다는 그의 말은 근세 일본의 사회적 변화를 주도했던 민중적 사상가들이 일관되게 주창했던 논리와 궤를 같이하고 있다. 마츠시타는 자신이 처한 환경을 정확히 이해하고 극복하면서 인생의 목표를 향해 자력역행自力力行하는 삶을 주도하고, 끊임없는 반성과 검증으로 성심성의를 다해 고객을 만족시키겠다는 전통적인 상商 도덕관을 확립했으며, 이를 바탕으로 '공公의 입장'을 중시하는 상인 정신을 함양해갔다. '경영의 신'으로 칭송하며 전후 일본 사회가 존경하고 있는 그의 '실천적 경영 철학' 역시 그런 가치관의 연장선상에서 형성되었다.

마츠시타의 실천 경영 철학

마츠시타의 경영 철학이 구체화되기 시작한 것은 20대 중반부터이다. 1918년²³세에 마츠시타 전기 제작소松下電気器具製作所, 현재의 파나소닉를 창업한 이후, 창의적인 상품 개발과 매출 확대로 공장 경영에 자신감이 붙으면서 산업인産業人으로서의 이상이나 인생관에 새로운 기운이 싹트기 시작했다. 자기 자신에 사로잡히거나 정의에 벗어나는 경영, 신성한 사업이라는 신념에 눈뜨지 못하는 경영, 단순한 상도나 습관에 입각한 경영에서 벗어나야 한다는 생각이었다.

발상의 전환으로 열심히 공부하여 좋은 물건을 만들고, 주요 거래처와의 신뢰 관계를 중시하고, 자재 공급처에 감사하는 마음으로, 소위 비즈니스의 통념이나 사회의 상식에 따라 노력하면 된다는 사고에서, 보다 높은 차원인 '생산자의 사명'을 중시하는 경영 철학을 고민하기 시작한 것이다. '생산자의 사명'이란 "귀중한 생활 물자를 수돗물처럼 무진장하게 흐르게 하는 것"으로서, 달리 언급하면 상인으로서 진정한 사명감이 무엇인가를 자각했다는 의미이기도 하다.

그는 "404개의 병이 있지만 가난보다 괴로운 것은 없다"는 옛 속담을 떠올리며 모든 인간의 생활을 풍요롭게 하는 생산, "그 생산이야말로 우리가 존중해야 할 사명"이라고 했다. 그렇게 되면 가난으로부터 파생되는 번뇌는 사라지고 물자를 중심으로 한 낙원을 이룰 수 있다는 것이다³⁸ —여기에 종교적 힘에 의한 정신적 안정이 가미되면 인생은 완성된다고 했다. 이때부터 마츠시타는 경영 방침이 바른 것인지, 보다 좋은 경영 방법은 없는지, 사원들 지도指導나 제품을 만드는 정신은 어떠해야 하는지, 그리고 주요 거래처와의 거래조건이나 가격 결정 등, 매사에 신중함을 기하며 경영의 기본 방침이라고 할 수 있는 '강령과 신조'¹⁹²⁹를 설정하기 시작했다.

마츠시타 전기의 기본 이념인 '산업인의 사명'1932이 선언되고, 이어 일에 대한 마음가짐을 보다 구체적으로 설파한 '마츠시타 전기가 존중해야 할 정신'산업보국, 공명정대, 화친일치, 역투향상, 예의겸손, 순응동화, 감사보은의 정신이 제정1933되고, 사풍社風 만들기의 일환으로 규정한 '마츠시타 전기 기본 내규'1935 등이 잇따라 확립되었다. 상인으로서의 사명과 장사의 본질, 기업의 사회적 책임과 역할이 무엇인지에 대한 자신의 실천적 철학을 담은 내용들이다.

경영에 자신의 혼魂을 불어넣은 것으로 해석할 수 있지만, 각 지역과 해외 사업에 즈음하여 준수해야 할 기준이나 행동 강령을 제시한 것으로, 그 근저에는 기업 규모의 팽창과 사업 성장에 따른 경영의 방만함이나 종업원의 오만함을 경계한다는 의미도 내포되어 있었다. 기본 이념이 설정될 무렵에는 이미 종업원 1,000여 명을 돌파했고, 기본 내규가 제정될 무렵에는 3,000여 명의 종업원에 생산하는 제품도 600여 종이 넘은 상태였다. 판매망도 해외까지 확대되면서 창업 20년도 안 된 시점에서 일본을 대표하는 기업으로 성장하였기에 확고한 경영 철학이 필요했을 법하다.

그는 일국의 안정과 발전을 위해서는 국가의 경영 이념이 중요하듯 기업 경영도 기술력, 판매력, 자금력, 인재 등 중요하지 않은 것이 없지만, 무엇보다 중요한 것은 "바른 경영 이념"이라고 했다. 그리고 그것은 "시시각각 변하는 사회 정세 속에서 발생하는 다양한 문제에 과오 없이 적절하게 대응해가는 기본" 일 뿐만 아니라 "많은 종업원을 거느리고, 그 마음과 힘을 합해 강력한 활동을 이끌어내는 기반"39이라고 정의했다. 경영 이념이 왜 필요한지에 대한 마츠시타의 철학을 엿볼 수 있는 대목이다.

경영에 대한 마츠시타의 기본 생각, 소위 경영 이념이나 경영 철학이라고 하는 것이 학문적으로 연구된 것이나 체계적으로 정리된 것은 아니었다. 오직 실천적인 것이고 성실히 실천하면 반드시 성공한다는 체험에 의한 것이었다. 그는 자신의 경영 철학을 '실천 경영 철학'이라고 명명하면서, 경영 이념이 제대로 기능하기 위해서는 모든 것이 생성 발전이라는 것을 생각하고, 인간관을 갖고 사명使命을 바르게 인식하고, 자연의 법리에 따르고 공존공영에 철저해야 한다고 했다.

또 세상을 바르다고 생각하고 반드시 성공한다고 생각할 것, 자주 경영에 힘을 쓰고 적정適正 경영을 할 것, 사업에 전념하고 인재를 양성할 것, 중지衆智를 모으고 대립하면서 조화할 것, 경영은 창조이고 시대의 변화에 적응하고, 정치에 관심을 갖고 솔직한 마음으로 경영에 임하는 마음가짐을 가질 것, 등이 중요하다고 했다.아래 표 참조[40] 어린 나이에 상인으로 출발하여 다양한 경험을 하고, 그리고 자신의 사업을 시작한 이래 일생을 통해 체험한 철학이었다.

마츠시타 코노스케의 실천 경영 철학의 이념과 의미

바른 경영 이념	의미
모든 것이 생성 발전이다	인간 사회, 인간의 공동생활도 물심양면에 걸쳐 끊임없이 발전해가고, 그 속에서 사업 경영을 해간다.
인간관을 가져야 한다	경영은 인간이 하는 것이기에, 인간은 어떠한 존재일까, 어떠한 특질을 갖고 있을까를 생각해야 한다.
사명을 바르게 인식해야 한다	사람들의 생활 문화 유지와 향상이라는 기대에 부응하는 것이 사업 경영의 근본적인 역할이고 사명으로 생각해야 한다.
자연의 법리에 따른다	'천지자연의 이치'에 따라 일을 한다는 것, 소위 당연히 해야 할 것을 행하는 것이다.
공존공영에 철저해야 한다	기업은 사회와 함께 발전하기에 기업 활동은 모든 거래처와의 공존공영을 중시해야 한다.
세상을 바르다고 생각한다	기업 활동은 직간접적으로 대중을 상대로 하는 것이기에 대중이 생각하고 하는 것이 신(神)처럼 바른 판단을 내린다고 생각해야 한다.
반드시 성공한다	사업은 부침이 따르기 마련이지만 실패의 원인이 나에게 있음을 자각하고 해야 할 일을 해가는 것이 중요하다.
자주 경영을 중시한다	경영의 자세 가운데 중요한 것은 자금이든 기술의 발전이든 모든 방면에 걸쳐 자력을 중시해야 한다.

바른 경영 이념	의미
적정 경영을 해야 한다	인간의 능력은 전지전능한 것이 아니기에 일정한 한도 내에서 경영하고 사업을 발전시켜가야 한다.
사업에 철저해야 한다	기업 경영은 다각화·종합화와 사업화라는 생각이 있지만, 다각화보다는 사업화가 더욱 성과를 낼 수 있다.
인재를 양성한다	'사업은 사람이다'라고 하듯이 어떤 경영이라도 적절한 사람을 얻고 나서 비로소 경영이 발전한다.
중지를 모은다	중지를 모으지 않으면 진정한 성공은 없다. 전원의 지혜가 경영에 보다 많이 반영되면 될수록 그 회사는 발전한다.
대립하면서 조화한다	노동조합이 존재하는 것은 바람직하다는 생각에서 '대립과 조화'라는 노사관계를 설정해야 한다.
경영은 창조이다	경영은 가치가 높은 예술이라고 생각해야 하고, 예술이 창조 활동이라면 경영이 바로 창조 활동이다.
시대의 변화에 적응해야 한다	사회는 모든 면에서 끊임없이 변하는 만큼 기업도 사회의 변화에 적응해야 하고 오히려 한발 앞서가지 않으면 안 된다.
정치에 관심을 가져야 한다	기업이 사명을 다하고 사회에 공헌하는 것은 반은 기업 자체의 경영 노력이지만 나머지 반은 정치를 중심으로 한 사회 정세에 좌우된다.
순수한 마음가짐이 중요하다	경영은 천지자연의 이치에 따르고, 대중의 소리를 듣고, 사내의 중지를 모으고, 해야 할 일을 하면 반드시 성공하는 것이나, 그것이 가능하려면 경영자는 순수한 마음으로 임해야 한다.

　　실제로 그는 비즈니스를 하면서 상거래에 대한 나름대로 철학을 확립하고 실천해갔다. 판매販賣에 성공하기 위해서는 "어떻게 하면 단골에게 기쁨을 주고, 어떠한 태도로 임하면 만족을 줄 수 있을까"를 생각하며 일에 대한 열정과 노력의 중요함을 인식했고, 가격을 결정할 때에는 경쟁사와의 가격 경쟁이 아니라 "혼을 넣은 제품"을 만든다는 정신으로 제품의 가치 차별화를 시도했다. 상인의 자세에 대해서는 "자신의 신념이나 사업관에 의거하여 적정 이윤을 확보하고 고객을 중시하면서 상인으로서의 사회적 책임을 다할 것"을 명심하고 실천했다.

상인도와 심心의 논리

그뿐만 아니다. 상품을 고객에게 판다는 것은 "자신의 딸을 시집보내는 것과 같다"는 심정으로 단골 거래처와의 관계를 설정하고, 어떤 상거래도 함께 발전하고 번영하기 위해서는 동종업계 전체가 항상 건전하고 세상으로부터 신뢰받는 것이 중요하다고 했다.[41] 거래를 성실하고 정확하게 하여 상호 신뢰의 원칙을 확립해야 한다는 것이다. 또 자신의 가게를 항상 깨끗하게 하고 고객이 들어오기 쉽게, 상품을 보기 쉽게 진열하는 것은 장사를 발전시키기 위해서 만이 아니라 "거리의 품위를 높인다는 견지"에서 "사회에 도움이 된다"는 것을 인식하는 것이라고 했다.

특히 경쟁에 대해서는 서로가 절차탁마切磋琢磨의 자세로 자신의 활동을 높여가는 것이지만, 그것은 "업계의 공통 이익과 사회 공통의 이익이 지켜지고, 국민 전체가 공존공영의 열매를 맺는 것에 진정한 의미"가 있는 만큼, 반드시 분명하고 공정해야 한다[42]는 것을 강조했다 — 경쟁과 관련하여 그의 생각은 매우 분명하고 단호했다. 반대를 위한 반대나 상대를 꺾어서 이겨야 한다는 대항 의식, 권력이나 자본의 힘에 의존하는 경쟁은 업계의 안정을 위해서라도 결단코 배척해야 한다는 생각이었다.

마츠시타가 주창한 상인의 기본자세와 철학은 간단명료하다. 근면, 정직, 신뢰를 바탕으로 창의적이고 도전적인 정신으로 혼을 담은 제품을 만들고 거래함으로써, 고객과 사회를 만족시키고, 자신의 가게와 업계의 발전을 도모하여 신뢰 사회를 구축하고, 사회의 발전과 안정에 기여하여 사회적 책임을 다하는 것, 이른바 국가 사회의 번영에 매진하는 것이었다. 이와 관련된 일화가 있다.

그가 공장을 시찰했을 때 한구석에 쌓여 있는 제품을 발견하고 담당자를 불러 사정을 확인했더니, 담당자가 "마감 칠이 좋지 않아 반품하면 내일 일이 지체되기에 주임에게 상담"하려 한다고 대답하자, 마츠시타가 "무슨 소리 하느냐, 품질이 나쁜 것을 고객에게 판매해도 좋다는 것이냐, 불량품이라고 판단하면 주임이든 공장장이든 누가 무어라고 하든 단호히 반품 처리하는 기개가 있어야 하지 않느냐"고 호통을 쳤다.[43] 마츠시타뿐만 아니라 일본 경영자들의 자서전을 읽고 있으면 이러한 사례를 자주 발견하게 된다. 기본적으로 상품 생산과 판매에 있어 정직함과 신뢰를 중시하는 철학을 갖고 있기 때문이다.

이렇게 마츠시타의 상인도에는 심의 논리가 내재되어 있었다. 그것을 실현하는 근저에 인간의 '순수한 마음'과 '본질'이 있음을 잊지 말아야 한다는 것이다. 그가 강조한 '순수한 마음'이란 "사심이나 흑심이 없는 마음, 하나에 구애받지 않고 사물을 있는 그대로 보는 마음"이다. 구체적으로 사리사욕의 배제, 경청하는 자세, 관용, 실상을 보는 것, 도리를 아는 것, 배우는 겸허함, 융통성, 평상심, 가치를 아는 것, 자비의 마음 등이다. 그런 마음을 실천하게 되면 사물의 진실을 판단하여 적응할 수 있게 되고, 정사正邪의 판단도 그르치지 않으며, 무엇을 해야 할지 스스로 알게 되면서, 모든 사안에 대해 "강하고 바르고 총명하게 된다"는 것이다.

또 '인간'이라고 하는 정의를 "서로 의지하며 공동생활을 영위하고 만인 만물의 일체의 장점을 살려 항상 보다 바람직한 모습으로 향상시키고, 자타가 함께 몸과 마음을 풍요롭고 행복한 모습으로 충분히 실현해 갈 수 있는, 그런 위대한 본질을 부여" 받은 존재로 규정했다. 강하고 바르고 적극적인 행동을 가능하게 하는 힘이 바로 '순수한 마음'이고 모두가 그런 마음을 몸소 실천해 갈 때 "비로소 인간의 위대한 본질을 현실에 발휘해 갈 수 있다"는 논리였다.[44] 인간으로서 본연의 마음을 잃어버리지 않고 실천한다면(마츠시타는 순수한 마음은 특별한 수행을 한 특별한 사람만이 갖는 것이 아니라 스스로 노력하고 실천하면 누구나 순수한 마음을 갖게 된다고 했다) '만물의 왕자'인 인간이 부여받은 "위대한 본질"을 현실에서 실현할 수 있다는 주장이다.

인간으로서의 본성을 강조했다는 것은 근세 이래의 상인도에 나타난 기본정신이기도 하지만, 이것이 기업을 일으키는 기업가의 정신으로 승화되고 실천되었다는 점이 중요하다. 고미야마 타카유키小見山隆行는 기업가 정신을 "항상 진취적 태도를 갖고, 스스로의 위험 부담에 있어 끊임없이 적극적인 혁신적 행동을 동반하는 기능 내지는 개인적 특성을 말하며, 그 근본적 정신에 있어서는 단순한 이윤 동기만으로 행동하는 주체가 아니라 높은 윤리관 공익관을 겸하는 것"[45]으로 규정했다. 기업가의 근본정신으로 중시한 '윤리관'과 '공익관'을 마츠시타는 생을 통해 실천하고 전파한 인물이다. 그래서 마츠시타의 사상은 그의 사후에도 살아 숨쉬고 있다.

마츠시타현재는 파나소닉전기의 "창조성과 근면성을 발휘하여 새로운 가치 창조에 의해 지속 가능한 사회 발전에 공헌한다"[46]는 기본 이념은 사업의 의의와 사명으로 계승되고 있고, "산업인의 본분에 철저하고, 사회생활의 개선과 향상을 꾀하고, 세계 문화 진전에 기여한다"는 강령綱領과, "향상 발전은 각 구성원의 화친 협력을 얻지 않으면 이루기 어렵고, 각 구성원이 지성至誠을 으뜸으로 일치단결하여 업무에 복무할 것"이라는 신조信條 역시 그대로 계승되고 있다. 기업은 사기업이어도 사업은 사회적 책임이 따른다는 철학으로 "가치 창조에 의한 사회 공헌"을 구현하면서 "기업은 사회의 공기公器"라는 사명을 제시한 마츠시타의 철학이 오롯이 관철되어 있다.

그의 철학은 신입 사원들을 대상으로 하는 '도입 교육'에도 전파되고 있다. "일을 사랑하는 인간 만들기"에 초점을 맞춘 사원 교육을 통해 '사회인의 마음가짐'과 '기업인의 역할 인식'을 주입하고, 신입 사원에게 '일하는 목적'과 '일하는 방법'을 스스로 인식하게 한다. 이 사원 교육을 지탱하는 사상은 마츠시타가 만든 "우리가 존중해야 할 정신"^{화친일치의 정신 등 7}개의 정신. 전술한 내용 참조이다. 어찌 보면 마츠시타 종파를 만든다는 느낌마저 들지만 도입 교육의 기본적 취지는 '물건을 만들기 전에 사람을 만든다'는 사상이 베어져 있다. 시공을 초월해도 존중하고 지켜야 할 가치는 계승한다는 것이다.

경제 평론가 아오노 분사쿠青野豊作, 1934~는 그의 삶을 '농민 성인' 니노미야 손토쿠二宮尊德와 유사한 점이 많은 것으로 해석했다.니노미야의 사상에 대해서는 이 책의 2장, 일본인의 사유양식과 근세 일본의 생활·직업윤리 참조 두 사람은 시대가 다르고 실천 활동도 크게 다르지만 종교가나 학자에 대한 비판적 인식과 행동하고 실천하는 가치를 중시하고, 자타의 이익을 동시에 존중하는 태도를 인간의 존엄한 삶으로 강조했다. 또 이상을 배격하고 현실을 직시하는 경영 마인드에, 인간의 행복과 사회의 번영을 추구한 대욕大欲, 사회의 행복을 추구·대지大志의 삶을 관철한, 위대한 범인凡人이라는 공통점을 보유하고 있기도 하다.[47] 전체적으로 보면 자력역행과 자주·자립주의를 관철하는 삶을 영위했다는 점에서 논리적 근거는 충분하다.

아오노의 연구는 "위대한 범인"들의 세상사를 배움의 장으로 인식하는 현실주의적 사고, 각고근면刻苦勤勉의 실천 사상으로 자타의 이익을 중시하는 인간중심주의, 이를 바탕으로 사회의 질서와 번영을 강조하는 공공주의적 사상을 강조한 측면이 있다. 마츠시타의 삶과 사상을 일본사의 관점에서 보면 이 책에서 언급한 이시다 바이간의 심의 철학이나 상인 정신을 계승한 것이고, 세계사의 관점에서 보면 벤자민 프랭클린의 삶과 사상을 그대로 체현한 듯한 인물이다.

마츠시타 뿐만 아니라 근·현대 일본을 대표하는 기업군의 경영 이념이나 창업 정신을 보면 이 같은 정신으로부터 크게 벗어난 경영자를 찾아보기 어렵다. 자기 단련을 전제로 한 목적 지향적 가치관 확립, 합리적 이익 추구와 공적 가치의 중시, 사회 안정과 국가 발전에 기여한다는 철학 등을 대부분의 경영자가 인식하고 실천했다 ─ 그래서 국민은 경제계를 신뢰하고 경영자들을 존경한다. 굳이 역사적 검증이나 비교사적 관점을 제시하지 않더라도 그는 근대화와 대외 침략, 전후 부흥이라는 영욕의 일본 근·현대사에서 도전자, 혁신자로서의 실천적 삶을 영위했다.

시대를 선도한 진정한 상인이자 사상가였던 마츠시타의 삶과 철학은 이 책에서 언급한 민중적 사상가나 실업가들의 삶과 일치한다. 그리고 그의 삶과 사상을 공유하는 정서는 일본인·일본 사회의 전통적인 사유양식이기도 하다. 근세 시대 일본인의 직업윤리를 설파한 사상이나, 상도덕商道德을 바탕으로 한 상공업의 급속한 발전, 농민들의 근면 혁명을 통한 농업 생산성의 향상과 농촌의 근대화, 근대 사회 형성기 기업의 창업 정신과 발전 등은 모두 실천적 도덕관이라는 사유양식을 기반으로 하고 있다. 근대 사회 형성기 전국 각지에서 발현한 일본의 산업화 열기도 예외가 아니다.

3. 근대 사회 형성기 산촌의 자기 근대화 열기

도쿄東京 주변의 제 현縣 가운데 사이타마라는 현이 있다. 농지가 협소하고 산세가 험한 곳으로 유명하다. 그래서 이 지역의 농민들은 주로 잡곡이나 양잠을 생산하며 생활 기반을 영위해 왔다. 그중에서도 서쪽의 나

가노長野현 인근에 있는 지치부秩父 지역은 유난히 산세가 험해 지역민의 생활은 예로부터 매우 어려웠다. 그럼에도 이 지역은 전통적으로 양잠養蠶이 특산물이었다.

지역의 양잠 자문 위원으로 활동했던 니시자와 신키치西沢真吉라는 인물에 의하면 "사이타마현은 토양이 비옥하여 양잠에 적합하며 중고中古 이래 잠업에 종사한 자가 적지 않았다. 그 중에서도 지치부군과 같은 산간벽촌에는 논이 부족하여 대부분의 지역민들은 양잠으로 의식을 해결했다"[48]고 한다. 양잠이 지치부 경제의 근간이었다는 것이다. 소위 지치부는 냉엄한 환경 탓에 근세 초기부터 외부에 팔 수 있는 상품을 생산하지 않으면 안 되었고, 이로 인해 각 농가는 거의 예외 없이 양잠·제사製絲·견직을 부업으로 하여, 음력 4월에는 누에를 쳐 5월에는 실을 뽑고, 7월에는 신견新絹을 완성하는 것이 지역 농가의 오랜 생활 리듬이었다고 한다.[49]

지치부의 지형적 한계와 생활상을 통해 우선 확인할 수 있는 것은 지치부는 산세가 험하고 경지 면적이 협소하여 생활의 어려움이 가중된 지역이었으나, 농민들은 자연환경과 지형의 한계에 침몰되기보다 오히려 지역적 특징을 살려 일찍부터 양잠업에 눈을 뜨는 주체적인 삶을 살았고, 그러한 삶은 지역민들의 전통적인 삶으로 정착되었다는 것이다. 바꾸어 말하면 지치부는 양잠 산지로 매우 적합한 자연조건을 갖추었고, 이 천혜의 환경 조건을 근면하고 창의적인 생각으로 지역 사회가 힘을 합쳐 주력상품의 개발에 매진함으로써 지치부의 견직물이 번성할 수 있었다. 양잠업을 매개로 한 지역민들의 개척 정신과 자기 근대화의 전통이 살아있었음을 의미한다.

그로 인해 양잠업에 대한 지치부 농민들의 애정과 생산 역량의 노하우는 여타 지역을 압도했다. 세간의 평가도 "실로 폭이 좁지도 않고 길이도

짧지 않으며 부인의 상식으로 생각해도 만족한다"[50]고 하며 '지치부견'을 최고로 간주하기 시작했다. 양잠업에 대한 자긍심과 생산 기술의 발전을 통해 스스로를 변화시킬 수 있다는 철학을 확립한 지치부 농민들의 열정은 근대 일본의 출발과 함께 일본의 생사가 세계 시장에 본격적으로 진출하면서 보다 위력을 발휘했다.

개항 이후 요코하마橫浜를 중심으로 일본의 해외 무역이 증가하는 가운데 생사가 전체 수출품의 49%를 차지할 만큼1860년 수출기준 주력 수출 산업으로 떠오르자 지치부 지역을 포함한 관동 일대의 양잠민들은 양잠·제사업의 생산기반을 근대화하는 노력에 모든 역량을 집중했다. 유신 정부도 당시 양잠 농가들이 생사의 품질 향상은 고려하지 않고 단지 많이 생산하여 외국에 팔아 이익 추구에만 급급하는 현실을 우려하면서, 생사 제조법에 주의를 기울이지 않는 현실을 타파하기 위해 노력했다. 구미의 기계와 기술을 도입하여 관영 모범 공장을 만들고 외국인 기술자를 초빙하여 민간의 생산 능력을 기계제 생산의 수준으로까지 향상시키려 노력했다.

그 의지의 일환으로 설립된 사례가 프랑스인 폴 브류나Paul Brunat, 1840~1908의 지도에 의해 1872년 10월에 조업을 개시한 도미오카富岡제사 공장이다. 이를 계기로 신정부는 수출품의 핵심이었던 양잠 제사와 제차製茶업의 개량을 장려하기 위한 권업勸業 자본 제도를 설치하여 기업의 활성화를 도모하는 정책을 추진했다. 그 과정에서 "경영자적 근면함"과 "기술적 혁신"으로 도미오카 제사장의 성공을 주도한 오다카 란코가 있었다.

사이타마현 후카야시深谷市에서 태어난 오다카는 선대로부터 부를 축적해온 호농이었다. 호농은 소작인들을 수탈하는 지주형과 죠닌町人, 상공인과 같은 경영형으로 나눌 수 있는데 오다카는 후자에 속하는 경영형 농민이었다. 평소 이시다 바이간의 사상과 지행합일을 중시하며 양잠업을 주도해온 그는 사촌 관계였던 시부사와 에이치가 대장성 관료로 재직하고 있을 때 그 연으로 도미오카제사공장의 경영자로 부임하게 된다.

그는 서양 기술의 과감한 도입과 염색 제조에 관한 특허 취득, 추잠秋蠶 사육법의 연구와 보급 등에 진력하면서 당시 부국강병을 추진한 메이지 정부의 명운을 건 대사업을 성공적으로 인도하게 된다. 현의 움직임도 적극적이었다. 1873년 10월 사이타마현은 '제사관 건축의 설유說諭'라는 문서를 배포하여, 지금 국가가 도미오카에 제사관을 건축하여 국익을 생각하고 있듯이 우리도 힘을 모아 제사관 설립을 위한 대의를 결정하자고 하면서, 이는 멀리는 국익을 꾀하는 것이고 가까이는 각 가정의 부를 축적하는 것이니 모두가 이에 동참해 줄 것을 요구했다.

특히 이 문서는 "우리 지역의 산업 종류는 적지 않다고 하지만, 우리 지역의 핵심은 견이 아닌가. 견은 정밀함에 있고 정밀함은 제조자의 기술에 의거하는 것이다. 또 정밀함은 흔히 손놀림에 의지하는 것이 아니라 무릇 기계의 힘을 빌려 제조하지 않으면 오랫동안 명산으로서의 명예를 유지할 수 없다"[51]고 하며, 현이 자랑하는 특산품으로서 견의 품질을 향상하고 그 명예를 유지하기 위해서라도 근대화된 기계 생산 기술을 도입해야 한다는 것을 지역민들에게 역설했다.

저변의 열정과 경쟁의식의 고조

현의 방침은 즉각적인 영향을 미쳤다. 사이타마현 아다치足立군의 호시노星野重選라는 인물은 "품질을 개선하고 성가를 높여 수출을 번성하게 하는 것은 물산 융성의 출발이자 국민의 의무"라고 하며, 이탈리아나 프랑스와의 경쟁에서 승리하고 안정된 가격을 확보하기 위해서도 "공인 모두 지혜를 모아 기계의 이점"을 살려야 한다고 주창했다. 그리고 이를 효과적으로 추진하기 위해서는 자본금 10만 엔과 '사이타마제사회사'를 설립할 필요성이 있다고 했다.

그는 회사 설립의 규칙이나 주주의 이익 같은 것을 상세히 정리하여 현민들을 설득하는 한편, 이러한 노력을 기울이는 것은 "부는 사람의 성性情에 따르는 바 최근 이런저런 회사가 경쟁적으로 설립되는 것은 모두 국가의 이익을 도모하고자 하는"[52] 것이라고 하며 지역민들을 독려했다. 현 당국의 장려 정책은 지역 특산물인 견의 생산 과정을 근대화하여 새로운 도약을 모색하려는 각 지역 선구자들의 열망을 자극하면서 구체적인 움직임으로 나타나기 시작했다.

현내의 고마高麗군 가미히로세무라上広瀬村의 호농 시미즈 무네노리淸水宗德는 가족을 도미오카 공장에 파견하여 제사 기술을 습득하게 하고 본인은 공인들을 데리고 건축이나 기계器械 장치 등을 배워 1876년明治9年 사이타마현에 처음으로 제사 공장暢業社을 설립했다. 정부의 정책적 효과와 저변에서의 경쟁의식이 사이타마현에서도 열매를 맺은 것이다.

열정에 찬 도전은 성공적이었다. 그의 공장에서 생산된 제품은 요코하마 시장에서 다른 수공 제품보다 몇 배나 비싼 가격에 판매되었고, "이로인해 기계의 이점을 확인한 자가 증가하여 사람들도 그의 제사 공장을 모방하여 설립한 곳이 10여 개소"[53]에 이르렀을 만큼 세인의 관심을 집중시켰다. 정부와 현 당국의 적극적인 권업 정책이 일부 상층농민을 포함해 지역 사회에 새로운 희망을 품게 하자 중소 농민층도 변화의 움직임에 동승했다. 오랜 역사적 전통을 보유하고 있던 지치부 민중들은 산업기반을 혁신하거나 잡곡 밭을 상원桑園으로 전환하여 시대의 흐름에 부응했다.

산간벽지의 산촌山村임을 무색하게 할 정도로 근대화 열기가 확산되면서, 1880년대에 이르러서는 "지역민이 생계를 이루어감에 있어 경작에 의지하고 있는 자는 무릇 10분의 1, 2 정도에 불과하고 나머지는 모두 잠업에 의지"[54]하는 형국이 되었다. 근대화 노선에 편승하여 자기 혁신을 추구하는 적극성과 양잠업에 대한 지역민들의 각별한 애정, 그리고 역사적으로 축적된 기술적 노하우가 어우러지면서 지치부는 명실공히 일본의 대표적인 양잠 지대로 탈바꿈했다.

그 결과 지치부군에서만 미나노류몬사皆野龍門社를 비롯해 5개의 회사가 1880년에 잇따라 설립되었고 군내의 관심도 수출 동향이나 시장의 생사 가격 등에 보다 많은 관심을 표명하며 국제적 관점에서 움직이기 시작했다. 권업자금을 빌리지 못한 중소농민들은 생산 활동에 필요한 제 경비를 다노모시코頼母子講 : 민간 금융 조합의 일종나 상호 금융을 통해 충당하고, 100호 또는 200호 정도가 조합을 만들어 제조 방법이나 판매에 대한 의견도 모으고, 소비자의 기호까지 살피는 노력도 아끼지 않았다.[55]

이런 중소농민들의 열정 어린 도전 정신을 현 당국은 "무릇 백의 물화物貨 품위를 증진하고 산액産額을 증대시키며 판로를 확대하고 제품의 성과를 높여 가고 있는 것이 바로 일반의 정황으로서, 오늘날 인심人心이 실로 경쟁력을 함양해 왔다고 해도 과언이 아닐 것이다"[56]라고 언급하며 농민들의 노력을 평가했고, 농민들은 부는 사람의 열정과 배움에 의해 얻어진다는 것을 체험하며 근대 자본주의 시장에 있어 생산자로서 자기 권리를 인식하며 지역 사회 발전에 매진했다.

지역 경제의 파탄과 절검節儉법

산간벽지의 자기 근대화 노력과 신정부의 식산흥업 정책의 조화로운 성과는 지치부를 비롯한 관동 일대의 양잠·제사업 수준을 근대 일본의 대표적인 수출 산업으로 부상시키면서 이탈리아·프랑스·중국淸으로 대표되는 생사 생산국 = 수출국과의 경쟁을 가능하게 만들었다. 지역 경제와 양잠·제사업의 발전, 지역민들의 경제 동향에 대한 인식과 문화 수준도 향상되었고 각종 문화 행사도 활발하게 개최되기 시작했다.

민속학자 야나기타 쿠니오柳田國男, 1875~1962가 생산 능력의 변화가 문화 행사나 연중 행사에 미치는 영향이 가장 큰 것으로 메이지 시대의 양잠업 성장을 예로 들었듯이, 희망과 자신감으로 충만한 지치부 지역의 자기 개혁 실태는 신정부의 대표적인 근대화의 성공 사례로 간주해도 손색이 없을 만큼 단기간에 이루어졌다. 그 성과는 농민들의 일상생활에도 활력과 '근대화'의 바람을 몰고 왔다.

지역 사회의 양잠·제사업에 종사하는 농가들은 "미증유의 부를 이룩하여 중등 이상의 사람은 집을 새로 짓고 의식주에 풍부하여 모두가 행복한"[57] 삶에 도취되었고, 여성들의 화려한 의복이나 양잠을 위한 개축 열기는 관동 지역 양잠 농가의 일반적인 현상으로 주목받았다.[58] 마을의 번영을 축하하고 지역 산업의 발전을 기원하는 각종 문화 행사도 풍성하게 개최되었다. 지역민들은 일부의 우려 섞인 시선에도 불구하고 지금의 번영이 자신들의 피땀 어린 노력의 결과라고 인식하며 영화를 누리기에 주저하지 않았다.

그러나 1880년경부터 시작된 경기 불황과 디플레이션 확대는 화폐 유통의 단절과 함께 "세상이 어떻게 되든 하루 세 번 먹을 수 있는 쌀만 있으면 원도 한도 없다"『東京日日新聞』, 1880.12.6는 상황으로 급변하고 말았다 — 메이지 14년1881의 정변을 거쳐 대장성 장관에 취임한 마츠카타 마사요시松方正義, 1835~1924는 불환 지폐 정리와 태환兌換 제도의 수립을 중핵으로 하는 재정 금융 부문에서의 개혁 정책을 일거에 단행했다. 인플레 억제와 통화 안정을 이룩하겠다는 의지를 갖고 출발한 정책이었는데, 때마침 불어 닥친 세계공황의 여파에 휩쓸리면서 그의 정책은 역으로 일본 전역에 디플레이션을 초래하는 상황으로 발전하고 말았다. 그의 정책을 세상은 '마츠카타松方디플레'로 칭하였다.

인플레를 잡기 위한 정부의 강력한 디플레이션 정책이 위력을 발휘하면서 민중들의 궁핍화는 깊어만 갔고, 지가 하락과 급격한 물가 변동으로 전국 농촌의 피폐상은 하루가 멀다하고 언론의 단골 메뉴로 등장했다. 당시 한 언론은 "메이지 15년1882 이래 외국과의 거래가 거의 이루어지지 않았다"고 하는 요코하마의 예를 들어 내외 물품 중개를 하는 요코하마의 불경기는, 일본 전체의 불경기를 의미하는 것이기에 "당국자가 하루라도 빨리 불경기의 원인을 진단하여 우리의 상업이 파산하기 전에 구해야 한다"고 주장하기도 했다.『読売新聞』, 1885.3.10

전국을 뒤덮은 불경기의 여파는 서민들의 생활에도 직격탄을 날려 관동지방의 중심적 양잠 지대 중의 하나였던 가나가와현神奈川県의 경우는, 1883년明治16年의 신년을 "금융의 폐색 상태로 제 상업이 전혀 이루어지지 않고, 어느 촌락이나 할 것 없이 쌀값이 떨어질까 팔지도 사지도 못하는"『自由新聞』, 1883.1.7 상태로 맞이해야 할 정도였다. 디플레이션 정책이 일본 사회의 돈줄을 막아버리며 소위 일본 전체를 일순간에 "사해곤궁四海困窮"의 상태로 몰아넣었다.

전국의 민심을 뒤흔들 정도로 참담했던 불황의 여파는 지치부도 피해갈 수 없었다. 지치부에서는 "농산물, 목재, 견직물 등과 같은 것을 구매하려는 움직임이 전무"59한 실정이었다. 이로 인해 지역 경제의 근간이었던 생사 판매도 급감했다. 생사나 생견을 주 생산물로 하고 있던 여러 군의 경우는 "모두 폐사 혹은 휴업의 운명"에 처해 졌고 그와 관련된 직업군들, 예를 들면 "양잠 농가에 고용되어 수일간에 임금을 받는 자, 뽕잎 매매의 알선을 통해 그 이익을 취하는 자, 누에 생사를 매매하여 그 이윤을 취하는 자 등의 부류"[60]까지도 모두 생활 파탄에 빠졌다. 제사 공장의 휴·폐업이 양잠 지역에 있어서는 그야말로 "불행의 극치"를 초래한 것이다.

각 농가의 부채는 눈덩이처럼 불어났고 저당 잡힌 지가가 폭락하여 토지나 가옥을 팽개친 채 야반도주하는 농가도 속출했다. 불과 2, 3년 사이에 일어난 혼란이었다. 경제 사회 환경의 급변에 갈피를 잡지 못한 농민들은 불꽃놀이는 물론이고 "결혼이나 불사의 행사"마저도 연기하면서 난국에 대처하기 위한 지혜를 모아갔다. 그러나 그들이 할 수 있는 것은 단지 "근로와 절검"을 강조하는 것 이외에는 아무것도 없었다. 호장戶長을 중심으로 마을의 지도층 인사들이 앞장섰고, 그로 인해 일상성에서 "절검과 근로"를 강조하는 규칙들은 빠르게 각 마을에 전파되어갔다.

이러한 현상은 그 무렵의 자료들을 보면 지치부 지역뿐만 아니라 당시 경제 위기에 직면한 관동 지방 일대에서는 보편화된 현상이었다. 미증유의 디플레와 고리대의 횡포, 그리고 과중한 각종 세금 등 "사방팔방의 압력으로 목조차 돌릴 수 없는"『絵入自由新聞』, 1884.11.18 상황이 이어지는 가운데, 각 마을이 지역의 궁핍을 탈피하고 질서를 유지하기 위한 방편으로 선택한 것이 근로勤勞와 절검, 인내와 협력에 바탕을 둔 '절검법'이었다.인용문 참조 열악한 자연환경을 극복하고 생산력을 향상시키며 지역 근대화의 밑거름이 되었던 통속도덕적 가치가 미증유의 경제 위기적 상황에서 다시 난국을 돌파하는 서민들의 강력한 에너지로 분출되기 시작한 것이다.

「가나가와현 한 마을의 검약의정서神奈川県高座郡新戸村の倹約議定書」1885.2.15

작년 이래 물가 나날이 추락하고 설상가상으로 풍우의 재해를 입어 민간의 곤란이 극에 달해 있다. 이를 만회하는 방법을 찾기 어렵다고는 하나 근로와 절검의 길이 있으니 종래의 폐풍弊風을 일신하고 아래의 제 조약을 마을 인민들이 일체가 되어 서로 지키고 질소검약質素儉約을 이행해야 한다.

제1조 : 신년 축하는 3일로 끝내고 음주 향응은 되도록 생략하며 검소한 마음으로 검약을 지켜야 한다.

제2조 : 5절구 및 제 의리 등은 경감輕減하고 진정한 교제만을 해야 한다.

제3조 : 혼인 및 제 축의 등은 일가, 친척, 5인조에 한하고 다른 교통을 사절해야 한다. 단 요리 등은 되도록 생략하고 절검을 제일로 해야 한다.

제4조 : 장례 및 불사 제 공양 등은 일가, 친척, 5인조에 한하고 다른 교통을 사절하며, 또 차라고 하는 술을 사용하는 습관이 있지만 앞으로 빈부를 불문코 일절 술은 금한다.

제5조 : 사람을 고용할 때에는 고용주와 음식을 함께하되 별식을 제공하거나 술은 일절 금해야 한다.

제6조 : 촌사村社 제전 및 풍제風祭 때에는 촌사에는 금 5엔 이상, 풍제는 금 2엔 이상 하지 말고 그 외 소비는 되도록 생략하여 경신敬神의 식을 집행해야 한다.

자료출처 : 色川大吉責任 編集, 『三多摩自由民權資料集・下』

위의 사례에서 확인할 수 있는 것은 마을 전체가 일체의 사치성 소비를 금하고 오로지 검소한 마음가짐으로 검약을 최우선으로 실천하여 난국을 헤쳐가자는 것이다. 근로와 검약만이 유일한 해결책이라는 주장은 그것이 위에서부터 강제된 의무사항이 아니라 마을주민 자신의 협의村人民協議에 의해 결정되었다는 사실이 무엇보다 통속도덕적 가치의 역사성을 음미하게 한다.

이를 보면 야스마루安丸良夫가 "일본 민중의 전통적인 생활 습관"이자 동시에 "근대 사회 성립기에 나타난 특유의 의식 형태"라고 정의한 통속도덕의 실천윤리가 결코 제한적인 지역성을 갖고 있거나 어느 특정 시기에 출현했던 일시적인 행동양식이 아니라는 사실을 확인할 수 있다. 서민들의 이러한 사유양식·행동양식은 근대 일본 사회를 관통한 일관된 생활규율이었다.

4. 근·현대 사회 이행기 농어촌의 자력갱생自力更生운동

일본의 무사도를 비롯해 근세 시대의 민중 사상가의 실천 사상이나 농촌 마을의 자기 근대화 열기, 기업가들의 실천적 경영 철학 등에서 확인한 바 있듯이, 일본인들의 생활·직업윤리는 일본인들이 스스로 실천의 역사를 만들어 지켜온 일본적 사유양식이다. 실천적인 삶을 통해 형성된 전통적 도덕관은 메이지明治, 1868~1912·다이쇼大正, 1912~1926·쇼와 시대로 이어지는 근·현대의 생활 문화에도 그대로 계승되었다. 일본인들의 생활 문화사에서 계층과 관계없이 확인되고 있는 근면·정직한 삶은 정신문화라는 관점에서 보면 일본 사회가 자긍심을 갖기에 충분하고, 일본을 방문한 외국인들의 높은 평가 역시 허언이 아니라는 생각이 든다.

실제 메이지 시대 서민들의 생활상을 보면 놀라움도 무리가 아니다. 가나가와현의 하시모토무라神奈川県高座郡橋本村의 호농 아이자와 키쿠타로相沢菊太郎가 메이지 시대를 살아가면서 일기를 통해 남긴 기록들을 보면, 그는 신문 광고의 뒷면을 원고 용지로 사용하거나, 버린 장부나 차용 증서 등의 뒷면을 재활용하여 일기장으로 사용했다. 어떤 행동을 하거나 사물物을 구입할 때에도 그것을 절약하여 효과를 낼 수 있는 방안을 모색하고 생활의 지혜를 항상 우선시하는 노력을 게을리하지 않았고, 아래 사람과의 계약관계를 맺어도 온정주의에 근거한 정신적 유대관계를 중시하는 인간관계를 구축했다.[61] 그의 모든 행동에는 절약 정신이 습관화되어 있었고, 생활 태도는 그야말로 『양생훈養生訓』의 실천자였다. 이를 바탕으로 가족애를 발휘하고 근검역행의 실천윤리를 지역 사회에 정착시키며 화합을 도모하는 삶을 영위했다.

아이자와와 같은 근검한 생활 습관은 메이지라는 근대 시대에 전국적으로 광범위하게 발견할 수 있는 사례이자 서민들의 보편적인 생활 문화였다. 근대화·산업화의 물결 속에서 서민들의 의·식·주는 외형적으로 서양 문화의 추종을 의미하는 '양풍화洋風化' 현상에도 불구하고 습관이나 윤리와 같은 정서적 측면은 근세 시대와 크게 다르지 않았다. 생활 문화는 시대나 지역, 계층이나 계급에 따라 변화와 차이를 보이기 마련이지만 일본 사회는 큰 차이를 발견하기 어렵고 외풍에 의한 다이나믹한 변화特히 정신이나 정서적 부분 또한 크지 않다는 것이 역사적으로 증명된 사실이다.

근검역행의 생활 문화는 근세의 농촌 부흥 운동이나 근대 전기 지치부의 양잠 농가에서 확인했듯이 위기 상황에서는 자력갱생 의지를 집약시키는 정신문화로 부활하기도 한다. 20세기 초 일본이 제국주의 전쟁에 합류한 이후 나타난 경제 위기 상황 때의 사례가 대표적이다. '힘이 정의'라는 논리가 국제 사회를 지배하는 시대에서 후발주자로 제국주의 전쟁에 합류한 일본은 청일·러일 전쟁에 잇따라 승리하며 아시아의 패권 국가로 부상하게 된다. 이후 일본 경제는 대외 팽창 기조에 힘입어 중화학공업이 발전하면서 국제 사회에서 일본의 프레젠스를 높여가지만, 대내적으로는 전시 특수의 후유증으로 거품 경제가 붕괴하고, 세계 대공황이 엄습하면서 만성적인 불황에 진입하게 된다.

도시에서는 도산하는 회사로 실업자가 넘쳐나고, 농촌 역시 커다란 타격을 받으며 미증유의 경제 불황기에 진입했다. 이 무렵부터 국가에 의한 운명 공동체 의식의 환상이 강화되고 통속도덕적 사유양식도 국가에 의해 재해석되기 시작한다. 몰락한 일가를 재건하고 황폐한 농촌 사회를 부흥시키기 위해 엄격한 자기 규율을 동반한 통속도덕이 그 자체가 목적이 되면서 '충군애국'과 '입신출세'의 수단으로 전화轉化되고, 이를 정당화하는 사회 교육과 학교 교육이 맹위를 떨치기 시작했다 — 사회 운동으로서는 니노미야 손토쿠의 보덕 사상을 계승한 보덕사報德社 운동이 전국적 단위로 전개되었고, 정부는 보덕사 운동의 사회적 확산을 위해 적극적인 지원을 했다.

이러한 흐름은 개개의 가정家을 단위로 살아가는 대중으로 하여금 "최고의 추상적 공동성의 환상인 국가"에 몰입하게 하는, 소위 '가족국가관' 형성의 기반이 되고(통속도덕의 사유양식이 천황제 국가 체제에 편입되었다는 것을 의미한다), 그 연장선상에서 대외 팽창기 '총력전 국가관'이 구축되는 상황으로 이어졌다. 공동 환상의 운명적·민족적 실감實感이 메이지의 대중을 '나라國'에 동화하게 만들었다는 것이다.[62] 이로 인해 노동자·농민들은 외부로부터의 강제된 형태의 도덕론에 매몰되어갔다.

통속도덕을 흡수한 천황제 이데올로기가 '가족국가관'이라는 환상적 형태로 농민들의 의식 세계를 장악하면서, 피폐한 농촌 사회를 재건하기 위한 자율적 실천윤리로 기능했던 통속도덕은 이에家와 국가 경제 활력을 위한 시대적 합창어로 변질되고, 그에 편승한 노동자·농민들의 '자력갱생' 의지는, "지금 전국 각 지방에서 자분갱생自奮更生의 의지가 치열"하다는 평가를 할 만큼 정부를 고무하게 했다. 이는 정책의 사상적 일체화를 보다 강화하는 기반이 되었다.

당시 농림성 관료로서 농정을 주도했던 이시구로 타다아츠石黑忠篤, 1884~1960는 일본인의 자력갱생 열기를 정책적으로 주도하는 사상운동을 주창했다 — 일본 사회에서 '농정의 신'으로 불려지고 있고 오늘날 일본 농정의 기반을 닦았다고 한다. 그는 자신의 농정 철학이 니노미야의 보덕報德사상과 공명한다고 언급했을 만큼 니노미야의 사상을 체현한 인물이고, 실제 니노미야의 사상을 "자신의 힘으로 농촌 부흥을 주도한 사상"으로 간주하며 자력의 필요성을 역설했다.

이시구로는 농촌이 처한 상황을 "계획적이지 않고 조직적이지 않으며 자본주의 사회에서 뒤떨어진 보수적인 존재"로 진단하면서, 이러한 농촌의 상황을 농가 스스로 인식하고 타개하려는 의지를 보이지 않는다면 농촌 부흥은 불가능하다는 사실을 전제로 '경제 갱생 운동'을 주창했다. 그리고 이 운동의 목적을 "국가 농민의 공존공영, 중간 탈취의 배제 견제"로 정의하고, 이러한 사상은 이미 고대 일본의 농림 행정에도 존재한 사상이었다고 했다.[63] 농촌이 위기 상황에 직면하면 니노미야의 보덕 사상처럼 저변으로부터 자발적인 자구노력이 일어났고, 그것을 지원하는 정책이 일본의 전통문화로 존재한다는 역사성을 거론하며 농촌 사회의 부흥 운동을 외친 것이다.

'자분자려自奮自勵' 정신의 사회화

전국 각지에서 나타난 일본인들의 자력갱생 열기와 그것을 정책에 적극 반영하려는 정부의 의지는 쇼와공황昭和恐慌이라는 경제 위기의 엄습과 본격적인 대외 팽창기에 접어들면서 본격화되었다. 농림성에 경제갱생부1932와 관민협조의 농촌갱생협회1934가 잇따라 창설되고, 정부에 의한 농가경제 재건 정책의 일환으로 농가 부기 운동農家簿記運動이 적극 추진되었다.

이를 통해 개별 농가 경영의 자기 점검을 강화한 농가 갱생의 길을 열어갔다. 자력갱생의 원점에 선 정부의 지침에 따라 말단 농촌에까지 일원적 조직화를 달성하고 산업조합을 기축으로 금융·유통의 합리화를 추진하면 농촌 사회의 황폐함을 해소할 수 있다는 기대감을 갖게 만들었다.[64]

그 중심에 농촌갱생협회가 존재했다. 이시구로가 중심이 되어 창설한 것으로 농림성의 경제갱생부와 보조를 맞추어 민간에서 갱생운동의 활성화를 주도하고, 기관지로서『농촌갱생시보農村更生時報』를 발행하여 운동의 취지와 보급에 노력하고, 흑자 농가의 창출에 의한 농촌 경제의 활성화 방안을 모색했다. 협회 관계자들은 농가 경영의 기본적 구조를 이해하고 그로부터 농가 경제를 호전시키기 위한 재료를 발견하여 지도 계몽하는 전략경영 합리화 방안의 제시로서 주된 내용은, 농가 경제의 흑자, 농가생활의 안정, 농업 경영의 합리화 추구을 수립하여 추진했다.

당시의 국가 재정 여건상 보조금 행정을 전개하는 것이 불가능한 상황이었기에 '자력갱생'을 전면에 내걸어 농촌 사회의 '자분자려'의 정신을 사회 운동화하는 것 이외에는 대안이 없었다. 이에 따라 정부는 전국 각 지역별로 선정된 지정촌指定村을 대상으로 기본 조사를 하여 마을의 실태에 적합한 갱생 계획을 실천하게 했다. 저변으로부터 갱생의 열정을 발판 삼아 농가의 합리적 효율적 개선에 의한 생산성 제고를 기대한다는 구상이었다. 소위 농가에서 마을로, 마을에서 국가로 이어지는, 아래에서 위로 향하는 자발적인 운동을 통해 "농·산·어촌으로 하여금 경제 갱생에 매진"하게 하는 여건을 전국적인 관제 운동으로 전개한 것이다.[65]

이 운동의 목적이 표면적으로는 농업 경영의 합리화와 가계 경제의 개선에 있었듯이 실제 농가에서는 "덕분에 가계를 계획적으로 운영할 수 있게 되었다", "경영 개선에 실적이 올랐다" 등의 호평이 전국 각지에서 흘러나왔다고 한다. 정부도 마을의 지도자나 관계하는 지방 관리를 동경에 모아 집계 계산의 방법이나 농정 문제의 해설 강습회를 개최하면서 '가계의 계획 경제'의 수립 방법을 지도 조언하는 '친절함'을 잊지 않았다. 그리고 부기 운동의 결과로서 지방의 평균 경영 면적의 2배 정도를 경작하면 안정된 생활이 가능하다는 것을 실증적으로 확인시켰다.[66]

농촌 사회의 자조노력·린보공조隣保共助에 의한 재건 운동은 산·어촌과 도시로도 확대되어갔다. 이 무렵 도시의 하층민만 하더라도 세대 = '근대 가족'을 이상으로 하여 생활 수준을 향상하면서 자신들의 생활 구조를 능동적으로 개조해가려는 노력이 전국적으로 나타나고 있었다. 서민들의 근대 가족 형성의 원망願望이 결과적으로는 국가에 대한 생활 보장의 요구로 이어지고, 이것이 근대 일본의 국민 국가 형성 과정에서 국가의 지배 권력을 저변에서 떠받치는 요인으로 작용한 부작용도 있었지만,[67] 근검역행으로 위기 상황을 전향적으로 극복하려는 행동양식만은 도·농을 불문코 멈추지 않았다.

전술한 것처럼 통속도덕적 사유양식이 자기 근대화나 지역·국가 발전에 기여하는 원동력이라는 점은 부인하기 어렵지만, 위기 상황에서 강력한 국가주의 사상정신갱생 = 정신동원의 기반으로 작용하는 폐해 역시 만만치 않다는 양면성을 간과해서는 안 된다. 그럼에도 일본인은 이러한 가치관을 일본인의 전통적인 사유양식으로 계승, 발전시키는 역사를 존중하는 문화를 보유하고 있다. 이러한 일본적 가치는 지금도 그렇지만 당시에도 해외 전파의 수단이 되었다.

일제가 한국을 식민지 통치하고 있을 때 한국 사회의 의식 개혁을 위한 가치 이입 수단으로 활용된 '농촌진흥운동'이 대표적인 사례이다. 그 운동의 핵심은 농촌의 구성분자인 각 농가로 하여금 자립자영自立自營하고 근검역행勤儉力行하여 각자의 업業을 즐기며, 이웃끼리 서로 돕고 이끌어 마을이 함께 공영할 수 있는 기반을 마련하는 것이었다. 이를 위해서는 농업의 본질을 이해시키고 이것이 합리적 경영이라는 것을 체득하게 하고 농도農道의 본의와 농가 경제의 특질을 확인하게 하여, 수신제가를 이루고 나아가 공공公共에 봉사하는 도의적 정신의 진작에 노력하는 것이었다.[68]

이 운동은 "한국의 역사에서 사상 최초로 이루어진 조직적인 농촌 개혁 운동"[69]이었다는 평가도 있지만, 목적은 근로정신의 고취와 생활 개선, 소비 절약, 국기 게양, 단발 장려, 영농 방법의 개선, 악풍 폐습의 일소였다.[70] 철저한 의식 개혁과 생활 습관의 개선을 바탕으로 농촌 사회에 근검역행의 실천윤리를 정착시키고 이를 바탕으로 자립자영할 수 있는 농촌 문화를 한국에 확립시키겠다는 의도였다.

근대성과 합리성이 침략성을 동반할 때 그것을 어떻게 평가하느냐의 문제는 결코 간단한 사안이 아니지만, 당시 일본은 수신제가修身齊家를 통한 공공의 이익 추구라는 강렬한 일본적 정신주의를 현해탄을 넘어 우리 사회에까지 파급시키려 했다. 이런 일본적 가치가 근대 일본과 전후 일본을 지탱해간 일관된 의식 형태였다는 사실을 우리는 항상 냉철한 자세로 바라보아야 한다.

주석

1   山本七平,『日本資本主義の精神』, 光文社, 1979, pp.139~140.
2   당시 서민들의 근로의 윤리 의식은 '창의 노력'과 같은 특수한 덕목에까지 형성되면서
    「경영자의 길(親方の道)」이나 「자비(慈悲)」와 같은 자본주의적 윤리 의식을 낳기 시작
    했다고 한다. 그리고 그런 의식은 단지 돈벌이의 윤리에 머무르지 않고 보다 넓은 인
    간 이해의 성장, 특히 윤리적 성장에 힘입은 바 크다고 한다. 따라서 「장사의 길(商売の
    道)」이나 「정직한 상거래(正道の商)」와 같은 서민적인 자신감이나 주장이 형성될 수
    있었고, 이러한 의식 일반이 이하라 사이카쿠나 지카마츠 몬자에몬의 문예작품의 배경
    이 될 수 있었다고 한다. 高尾一彦,『近世の庶民文化』, 岩波書店, 1968, p.102.
3   山本七平,『渋沢栄一 近代の創造』, 祥伝社, 2010, p.15.
4   渋沢栄一,『渋沢百訓 論語・人生・経営』, 角川ソフィア文庫, 2010, p.64.
5   위의 책, p.64.
6   위의 책, p.43.
7   위의 책, p.66.
8   渋沢栄一,『論語と算盤』, 角川ソフィア文庫, 2008, p.112.
9   渋沢栄一,『渋沢百訓 論語・人生・経営』, p.70.
10 위의 책, p.64.
11 위의 책, p.84.
12 渋沢栄一伝記資料刊行会, 渋沢青淵記念財団竜門社 編,『渋沢栄一伝記資料』第46巻,
    1962, p.360.
13 渋沢栄一,『渋沢百訓 論語・人生・経営』, p.25.
14 渋沢栄一,『論語と算盤』, 角川ソフィア文庫, 2008, pp.31~32.
15 위의 책, p.21.
16 위의 책, pp.23~24.
17 위의 책, p.145.
18 위의 책, pp.22・49.
19 渋沢栄一,『渋沢百訓 論語・人生・経営』, pp.105~106.
20 위의 책, p.106.
21 위의 책, pp.121~126.
22 渋沢栄一,『論語と算盤』, p.23.
23 위의 책, p.147.
24 위의 책, p.201.
25 堺屋太一,『日本を創った12人』, PHP文庫, 2006, p.283.
26 木村昌人,「'合本主義'研究プロジェクトについて(1)」,『青淵』No.759, 渋沢栄一記念財
    団, 2012.6 참조.

27 木村昌人,「渋沢栄一研究とグローバル化ー合本主義・"論語と算盤"」,『渋沢研究』第27号, 2015, 渋沢史料館, p.72.

28 渋沢栄一,『渋沢百訓 論語・人生・経営』, p.405.

29 見城悌治,『渋沢栄一, '道徳'と経済のあいだ』, 日本経済評論社, 2008, pp.199~203.

30 渋沢栄一,『論語と算盤』, p.217.

31 見城悌治, 앞의 책, 'はしがき(서론)' 참조.

32 小野進,「モラル・キャピタリズム(Moral Capitalism)の経済学」,『立命館経済学』第63巻第5・6号, 立命館大学人文科学研究所, 2015.3, p.447.

33 堺屋太一, 앞의 책, p.378.

34 松下幸之助,『私の生き方考え方』, 甲鳥書林, 1954, pp.20~21.

35 위의 책, p.25.

36 松下幸之助,『物の見方考え方』, 実業之日本社, 1963, pp.29~31.

37 松下幸之助,『私の生き方考え方』, p.21.

38 위의 책, pp.330~331.

39 松下幸之助,『実践経営哲学』, PHP研究所, 1978, p.12.

40 위의 책 참조. 표의 내용은 저자가 이 책에서 요약 정리했음.

41 松下幸之助,『商売心得帖』, PHP研究所, 1973, 인용문은 pp.12・29・37.

42 위의 책, 인용문은 pp.60・64・72.

43 北康利,『同行二人 松下幸之助と歩む旅』, PHP研究所, 2008, pp.166~167.

44 松下幸之助,『素直な心になるために』, 1976, PHP研究所, pp.14~18.

45 小見山隆行,「江戸期の商人精神と企業家精神の生成に関する考察」,『商学研究』第49巻 3號, 愛知学院大学商学会, 2009, p.80.

46 『パナソニックの行動規準』改定版, 2008.10.1, p.5. https://holdings.panasonic/jp/home.html

47 青野豊作,「松下幸之助・透徹の思想」,『論叢 松下幸之助』第16号, PHP総合研究所, 2011.4, pp.17~19

48 「明治10年代における蚕糸業の概況」, 埼玉県 編,『新編埼玉県史・資料編』21, 1982, p.243.

49 井上幸治,『秩父事件』, 中公新書, 1968, pp.3~5.

50 「明治10年勧業概況」, 埼玉県 編,『新編埼玉県史・資料編』21, p.43.

51 「埼玉製糸会社稟告書」, 埼玉県 編,『新編埼玉県史・資料編』21, p.234.

52 위의 책, pp.234~235.

53 「明治10年代に於ける蚕糸業の概況」,『新編埼玉県史・資料編』21, p.243.

54 「明治10年勧業概況」,『新編埼玉県史・資料編』21, p.48.

55 中沢市朗,『歴史紀行秩父事件』, 新日本出版社, 1991, p.12.

56 「人庶物産改良ニ競奔スルノ概況」, 埼玉県 編,『新編埼玉県史・資料編』21, p.50.

57 「民間金融ノ景況及閉塞ノ原因」, 埼玉県 編,『新編埼玉県史・資料編』21, p.51.

58 柳田國男,『明治文化史・風俗編』, 洋々社, 1954, p.385.

59 「桐窓夜話」, 埼玉県 編, 『新編埼玉県史・資料編』 19, 1983, p.420.

60 「埼玉県惨状視察報告」, 埼玉県 編, 『新編埼玉県史・資料編』 23, 1982, p.71.

61 小木新造,『ある明治人の生活史』, 中公新書, 1983, pp.12~13.

62 色川大吉,『明治の文化』, 岩波書店, 1970, p.315.

63 並松信久, 「農村経済更生と石黒忠篤－報徳思想との関連をめぐって」, 『京都産業大学論集』 社会科学系列 第22号, 2005, p.117.

64 平賀明彦, 「農家簿記記帳運動と分村移民論－'黒子主義' 適正規模論の帰結」, 白梅学園短期大学 編, 『白梅学園短期大学紀要』 第29号, 1993, p.98.

65 坂本忠次, 「昭和恐慌後の農村財政と経済更生計画」, 『岡山大学経済学会雑誌』 28(3), 岡山大学経済学会, 1996 참조.

66 松田延一, 「戦前の農村更生協会の活動」, 『農山漁村経済更生運動資料－その2~経済更生運動の現地における実施推進に関する資料』, 農村更生協会, p.116.

67 布川弘, 「都市 '下層社会' の形成とナショナリズム」, 『日本史研究』 第355號, 日本史研究会, 1992 참조.

68 崔吉城,『「親日」と「反日」の文化人類學』, 明石書店, 2002, p.84.

69 위의 책, p.83.

70 韓基彦 外,『일제교과서에 관한 연구』, 한국정신문화연구원, 1993, p.132. (본인용은 최길성의 앞의 책에서 재인용함)

일본인의 사유양식과
경제 대국 일본

1. 통속도덕의 실천과 전후 부흥

일본사에서 현대로 이어지는 1920년대 후반에는 정신문화적인 영역에서 커다란 변화가 일어난 시기였다. 문학자이자 평론가였던 다케야마 미치오竹山道雄, 1903~1984는 한마디로 "국가가 달라졌다"고 했다.

그에 의하면 이 무렵 일본인은 대변화를 경험하게 된다. 정신과 눈에 보이지 않는 곳에서 이상하고도 놀라운 변모가 이어지고, 예로부터 전해진 일본의 문화와 도덕 정신은 수명을 다하고, 창조적 원리로 일하는 것이 어려워진 상황이 도래했다. 남은 것은 과거의 유산이었고, 국민은 파시즘 체제에 굴복해 버렸으며, 나쁜 잔재로서 인간성의 결함에 특수한 형태를 부여하는 것만 존재했다.[1]

당시의 시대적 정신사를 정리했다고 해도 과언이 아니지만, 실제로 군이 지배하는 사상은 초국가주의를 구축하며 일본 사회의 모든 가치를 지배하고 대외 팽창으로 치달았다. 그렇게 시작된 일본의 대외 침략은 1945년 8월 15일, 히로히토 천황裕仁天皇, 1901~1989의 항복 선언으로 막을 내리게 된다. 군부 최후의 발악으로 히로시마広島와 나가사키長崎에 두 차

레의 원폭이 투하된 직후였다.

'국토의 초토화'란 말을 대변이라도 하듯, 산업 시설의 파괴와 사회 혼란, 패전국으로서의 불안과 초조, 빈곤과 기아로 인한 생존의 위협 등, 그야말로 한 치 앞도 내다보기 어려운 숨 막히는 상황이 일본인과 일본 사회를 엄습하고 있었다. 그런 일본인들 앞에 미국은 위풍당당하게 입성하여 일본을 지배하기 시작했다.

미국은 승전국으로 일본에 진입했지만, 한편으로는 제2차 세계대전 중에 보여주었던 일본인들의 결사 항전의 모습을 떠올리며, 미군이 일본에 진입했을 경우 일본인들의 적대적 감정의 분출로 예상외의 대가를 치러야 할지도 모른다는 우려에 젖어 있었다. 하지만 그것은 미국의 기우에 지나지 않았다.

오히려 일본인들은 자신들이 과거 식민지 지배 등을 통해 타민족에게 행한 만행을 떠올리며, 그들도 똑같은 일을 저지르지 않을까라는 불안감 속에 점령군의 일거수일투족을 응시하고 있을 뿐이었다. 당시 히가시쿠니노미야 나루히코오東久邇宮稔彦王, 1887~1990 수상은 "오늘의 진주進駐가 무사히 끝난 것은 패전 일본이 평화적인 신일본 건설의 제일보를 내딛는 데 좋은 전조前兆"[2]였다고 했지만 현실은 예측불허였다.

그러나 미국의 일본 지배는 일본인들의 불안과 공포심을 조장하기는커녕 관대함으로 일관했고, 오히려 전후 부흥을 주도하는 강력한 지원 세력으로 탈바꿈했다. 많은 일본인은 친근한 존재로 다가오는 미 점령군의 문화적 지배 속에 힘든 삶을 영위해가면서도, 그들의 문화를 삶의 양식으로 여기는 인식이 싹트기 시작했다.

그 무렵의 일본인들은 자신들이 접한 미국의 병사들은 약간의 예외를 제외하고는 대체로 우호적·신사적이었다고 술회하고, 초콜릿과 추잉검은 그러한 우호적 관계를 상징하는 것으로 간주하였다. 미 점령군은 애초의 우려와는 달리 일본인들의 극단적 저항 없이 쉽게 일본에 진입하여, 일본 사회에 폭넓게 미국의 제도와 문화를 심으며 일본의 부흥을 주도해 갔고, 일본인들도 자신들의 지나친 우려를 비웃기라도 하듯 미 점령군의 정책을 받아들이기 시작했다.

일본의 비군사화·민주화 노선을 위해 단행한 재벌 해체와 농지 개혁, 노동의 민주화를 포함한 경제 민주화 정책은 대내외적 변화로 경제 개발의 새로운 환경을 조성하는 기반으로 작용했고, 피폐한 경제 사회와 생활 문화를 재건하려는 일본인들의 통속도덕적 사유양식은 다시 위력을 발휘했다.

패전 직후의 정신적 공황 상태는 삶의 열정 속에 급속히 해소되고, 경제의 괴멸壞滅적 상황은 '전후 부흥'이라는 형태로 조금씩 정리되어갔다. 자발적으로 현실 타개에 진력하는 일본인들의 필사적인 모습은 미국의 대일 정책 전환과 전후 부흥을 촉진하는 여건 조성에도 기여했다.

실제 각 분야에서 전개된 일본인의 전후 부흥에 대한 도전과 열기는 뜨거웠다. 미국의 일상생활을 묘사한 '브론디'는 순식간에 일본인의 마음을 사로잡아 '아메리칸 라이프'가 자신들이 꿈꾸는 이상 세계로 여겨졌고, 미국 문화를 이해하기 위한 일본 사회의 영어 공부 붐은 열풍에 가까웠다.

360만 부라는 기록적인 판매 부수를 자랑한 『일미日米회화수첩』은 영어에 대한 일본인들의 관심을 나타낸 대표적 예이고, NHK의 '카무카무 영어'는 '즐기면서 생활영어를 배울 수 있다'는 취지로 국민에게 다가섬으로써 100만 명이 넘는 시청자가 이 프로를 애청하였다. 각종 학술 대회나 국제회의의 일본 개최를 통해 선진 문화 수용에 공을 들이고, 서구와의 문화 교류를 통해 생활·문화 수준을 향상하려는 노력도 범사회적으로 이어졌다.

이로 인해 전후 일본은 미국과 자신들의 일반적인 예상을 뒤엎고, 의외로 이른 시일 안에 사회적 안정을 이룩해갔다. 일본인들은 민족적 자존심을 앞세운 저항 정신을 전면에 내세우기보다는 미국의 문화를 상위 문화로 수용하고, 자신들이 도달해야 할 지고至高의 이상적인 문화로 받아들이는 유연성을 바탕으로 새로운 일본 사회를 건설하기 시작한 것이다 ― 일본인들의 미국에 대한 열등감과 미국 문화에 대한 동경은 미국에 의해 의도적으로 주입된 것이 아니라, 강한 미국에 대해 일본인 스스로가 그렇게 느끼기 시작했고, 그것이 궁극적으로 일본의 부활에 긍정적인 결과로서 작용했다.

경제 성장 지상주의 가치관과 '휴일 노이로제'

경제 재건을 위한 일본 사회의 내발적 의지와 국내외 정세의 변화에 자신감을 회복한 일본 정부는 "국민 일동의 적극적인 협력"을 호소하기 시작했다. 1947년 7월 3일에 발표된 「경제실상 보고서」에 의하면 "부서진 자동차를 고치는 수선공은 분명 자신에게서 벗어나 존재하는 무심의 자동차를 상대하는 것이지만 병들고 지친 경제를 재건하려고 하는 정부는 자신으로부터 독립된 인간이나 사물을 상대하는 것은 아니다"라고 언급하면서 "대책을 제안하는 정부도 대책의 대상이 되는 나라의 경제도 실은 분리할 수가 없다. 오히려 정확히 말하면 나라 경제의 주체를 이루는 국민은 대책 그 자체의 주인공이 되어 스스로 선출한 정부를 통해 동시에 정부를 격려하면서 한 사람 한 사람이 직접 자신의 것으로 대책의 성공을 꾀해야 한다"[3]고 강조했다.

"일억총옥쇄"를 외치며 국민을 전쟁과 생활 파탄의 도가니 속으로 몰아가면서 "사치는 적이다", "원하지 않습니다. 이길 때까지는" 등의 슬로건으로 국민을 기만했던 정부가 일순간에 국가 경제 재건을 위해 대동단결을 외치고 있는 형국이 쉽게 이해하기 어려운 측면이 있다.

그러나 국민 각자가 경제 주체로서의 자각심을 바탕으로 "국가의 경제"를 "자신의 가계"를 생각하듯 협력하고 노력해 달라는 호소는 패전 직후의 노동 쟁의를 포함한 다양한 사회적 혼란에도 불구하고, 일본인들의 생활관과 국가관_{자신의 직업을 통해 사회와 국가에 공헌한다는 사고}이 반드시 일본 경제의 재건을 떠받쳐줄 것이라는 사실을 일본 정부가 굳게 믿고 있었음을 의미한다.

산업 분야도 예외가 아니었다. 1951년 철강 제1차 합리화 계획, 1952년 원전 개발 5개년 계획을 비롯해 중화학 공업 육성을 위한 정부의 정책이 잇따라 발표되고, 정부의 의지를 확인한 대기업들의 과감한 설비 투자가 이루어지면서 일본의 경제 구조도 전전의 경공업에서 중화학 공업 중심의 산업 구조로 완전히 재편되어갔다. 설비의 대형화와 대량 생산 체제의 확립, 그리고 대량 소비 시대가 열리면서 패전 이후 불과 10년도 지나지 않은 시점에서 일본 경제의 '중화학 공업화'가 탄력을 받게 된 것이다.

생산 증대를 위해 에너지원의 핵심인 석탄과 산업의 핵심인 철강의 증산에 집중하는 정책을 비롯해(수입한 중유를 전부 철강에 투입하고, 증산한 철을 석탄 산업에 투입, 증산한 석탄을 다시 철강에 투입하는 석탄과 철의 캐치볼이라는 '경사 생산 방식'을 도입하여 전후 부흥을 주도했다),[4] 각 산업 분야의 경영자, 기술자, 노동자 대표로 구성된 해외 시찰단을 수시로 파견하고, 미국의 전문가를 초빙하여 일본 기업의 경영, 생산, 노무의 측면에 과학적 관리 방식을 보급하는 방안을 다각도로 전개하였다. 모두가 각 분야에서 주어진 상황에 순응하며 현실을 극복해가는 일본인들 특유의 정서를 반영한 움직임이었다.

전후 부흥에 대한 각계각층의 의지가 실체를 동반하며 구체화되자 일본 정부는 "종전 직후의 황폐했던 소토焼土 위에서 생산 규모나 국민 생활이 불과 10년 만에 여기까지 회복하리라고 예상한 사람은 아마 한 사람도 없었을 것"이라는 감회어린 회고를 하면서 "파이 그 자체의 크기"를 확대하기 위한 새로운 경제 도약을 과감히 추진하기 시작했다. 그리고 "우리는 일본 국민의 근면한 노력에 자신감을 갖고 일본 경제의 내면에 감추어진 힘을 끌어내는 데 만전의 시책을 꾀하지 않으면 안 된다"「經濟白書」1956고 주창하며 일본 국민들의 근로 의욕에 대한 강한 믿음을 대내외에 표명했다. 일본 정부에 의한 "전후는 끝났다"는 선언도 이 무렵이었다.

장기 경제 계획을 위한 경제 정책 구상으로서 "이른 시일 안에 국민총생산을 배증하여 고용의 증대에 의한 완전 고용의 달성을 꾀하고, 국민의 생활 수준을 대폭 향상하는 것을 목적"으로 한 정책이 입안되고 "농업과 비농업 간, 대기업과 중소기업 간, 지역 상호 간 및 소득 계층 간에 존재하는 생활상 및 소득상의 격차 시정에 노력하여 국민 경제와 국민 생활의 균형 있는 발전"을 도모하는 데 초점을 맞추는 정책이 잇따라 추진되었다. 그 연장선상에서 국민의 생활 수준 향상을 위한 '국민소득 배증 계획'과 '월급 2배론'이 제창되면서 바야흐로 일본은 고도 경제 성장기로 접어든다.

제1차 고도 경제 성장이 막을 내린 1964년에는 연평균 14%에 육박하는 고성장을 달성하여 당초의 예상을 훨씬 초월하는 신장세를 보였고, 1964년에는 국제협력개발기구OECD에 가입하면서 선진 자본주의의 일원으로 등록되었다. 일본의 국제 수지는 1960년대 후반부터 큰 폭의 흑자를 기록했고, 조선·철강·자동차·가전·합성 섬유·화학 비료 등 주요 산업은 세계 1, 2위를 다투는 기술력과 생산 능력을 갖추기 시작했다. 이에 힘입어 1966년 이후에는 국민 총생산에서 영국, 프랑스, 독일을 제치고 미국에 이어 세계 제2위의 경제 대국으로 부상하는 전기를 마련했다.

'조선특수경기'로부터 시작된 일본 경제의 호황은 진무 경기神武, 1955~1957, 이와토 경기岩戶, 1959~1961, 올림픽 경기1963~1964, 그리고 이자나기 경기いざなぎ, 1966~1970를 거치는 동안 멈추지 않았고, 호경기의 지속은 일본인들의 소비 생활에 그대로 반영되었다. 50년대 후반부터 대표적인 가전제품이자 '삼종의 신기'로 불려지던 TV·세탁기·냉장고 등이 폭발적으로 보급된 데 이어, 60년대 후반에는 자동차, 컬러 TV, 에어컨이 본격적으로 보급되면서 이를 구비한 가정은 '행복한 가정'이자 '행복의 조건'으로 간주되었다.

서구식 아파트가 국민들의 가정생활 양식을 변화시키며 서민들의 선망의 대상으로 떠오르고, 그러한 삶의 변화를 가장 빠르게 흡수하고 있던 샐러리맨들은 누구보다 일본 사회에서 주목받기 시작했다. 짧은 불황이 두어 차례 있었음에도 불구하고 연평균 두 자리 수에 달하는 경제 성장은 국가의 경제 정책과 경제 활동 주체들에게 미래의 가치 창출과 경제 성장 지상주의 가치관 공유를 조장했고, 그와 연동된 통속도덕적 가치는 본격화된 고도 경제 성장과 함께 더욱 빛을 발했다.

1960년 8월 21일 『아사히신문』에 게재된 「휴일노이로제」라는 칼럼에 의하면, 일본인들이 지나치게 근로 의욕에 사로잡혀 모처럼의 여가가 주어져도 그것을 활용할 수 있는 정신적인 준비가 제대로 되어 있지 않다는 사실을 지적하며, 만약 여가를 즐기는 것이 어려운 일이라면 평소 여가를 활용하기 위한 궁리와 노력을 해야 한다고 충고했다(한국 사회가 사회 혼란과 부정부패로 정권이 무너지고 있을 때 그들은 일 중독증이라는 중병에 '신음'하고 있었다).

이러한 지적은 전후 일본인들이 얼마나 땀 흘리며 일하는 것에 지고의 가치를 두었는가를 단적으로 가늠케 하는 대목이자 일본인들의 '근로 의욕'에는 역사적으로 형성된 독특한 관념이 내재되어 있음을 방증하는 것이었다. 일본 정부도 "전후 4반세기에 걸친 일본 경제의 발전은 높은 교육 수준에 의한 풍부한 노동력과 높은 저축률, 적극적인 기술 도입에 의한 급속한 기술 진보 등에 의해 이루어졌지만, 그것은 국민의 근면함과 뛰어난 적응 능력, 왕성한 기업가 정신에 의해 비로소 가능했다"「經濟社會基本計劃」, 1973.2.12고 자평하면서, 국민의 자긍심 제고에 앞장서기 시작했다.

경제 대국의 입지 구축

동경 올림픽1964과 오사카 엑스포1970는 바로 일본과 일본인들의 프라이드를 국제 사회에 피로하는 축제였다. 정부는 양 대회를 개최하면서 제2차 세계대전의 폐허로부터 실의와 아픔을 씻고 새롭게 탄생한 경제 대국 일본의 이미지를 부각시키며 일본 경제의 번영을 지속적으로 달성하겠다는 국가적 차원에서의 의지를 드러냈고, 일본 사회는 일본 정신의 위대함과 전후 부흥→경제 대국으로서의 국제적 지위 변화→대국으로서의 새로운 출발을 의미하는 국가적 이벤트로 간주했다.

당시 『요미우리読売신문』은 "일본에서 개최되는 만국박람회는 유사 이래 거대한 놀이라고 해도 좋다. (…중략…) 전쟁의 초토焦土로부터 4반세기, 일본이 사상 최대라고 일컬어지는 '놀이'를 수행할 수 있는 실력을 갖춘 것은 허구가 아닌 틀림없는 사실"[5]이라고 자화자찬하면서, 전후의 폐허로부터 20여 년 만에 달성한 '대국 일본'의 프라이드를 전 국민과 함께 만끽하려 했다. 일본 사회의 활력은 여기서 멈추지 않았다. 전후의 황폐함을 극복한 "일본 민족의 생명력"을 70년대에도 국제 사회에 과시하려 했고, 그런 의욕은 오일 쇼크라는 경제 위기 상황에서도 꺾이지 않았다.

1975년 단계에서 조강粗鋼 생산 세계 3위, 시멘트 생산 2위, TV 생산 1위, 승용차 생산 2위, 선박 1위 등, 다양한 분야에서 이미 GNP 세계 제2

위의 명성에 걸맞은 생산 능력을 보유했다. 경제 사회의 원동력이라 할 수 있는 기업의 실력만 보더라도 세계 상위 200사 가운데 52개사가 일본의 기업이었고, 세계은행자산 랭킹 톱텐에만 2개의 일본 은행이 이름을 올렸으며, 투자는 선진국에서 가장 높은 신장률1977년 단계을 자랑했다.[6] 신기술의 적극적인 도입과 기술 혁신의 열정, 여기에 선진국에 대한 캐치업 정신의 조화가 고성장을 지탱하는 힘이 되었다.

물질적인 생산 능력뿐만 아니라 기업의 국제 경쟁력과 금융 자본 측면에까지 거의 모든 분야에서 경제 대국의 입지를 굳히기 시작했다. 제조업 분야를 필두로 첨단 산업고품질 DRAM생산을 통한 반도체왕국 건설의 약진, 연구 개발 성과를 가늠하는 기술 특허 출원 건수의 상대적 증가와 비교우위70년대를 통해 특허 건수는 주요 선진국은 감소 추세였지만 일본은 증가일로였다. 특허 출원 건수는 1973년부터 주요 선진국을 압도하기 시작했다, 비즈니스 세계의 권력 지도 교체국제 사회에서 일본 기업의 대약진, 사회 안전주요 선진국 가운데 실업률과 범죄 발생률이 가장 낮았다 등의 분야에서 두각을 나타냈다.[7]

그 기반 위에 1980년대 일본 경제는 경상 수지의 적자를 크게 개선하며 경제 실세実勢의 "완만한 상승 과정"을 타기 시작했고『経済白書』, 1981, 이후 "자율적·본격적인 경기 상승 과정"에 들어서며『経済白書』, 1982 경제 대국의 입지를 확고히 했다. 표현은 지극히 일본적이었지만 내심은 자신감에 충만해 있었다. 일본 경제의 프레젠스 확대를 바탕으로 "금후 우리나라는 세계 무역 발전의 적극적인 기여, 발전도상국의 경제 협력 추진 등 자신의 능력을 살린 주체적인 행동으로 국제 사회의 평화적 공헌을 일층 증대시켜가는 것이 필요하다"는 논리를 강조하며 스스로를 21세기를 대비하는 "경제력을 가진 나라"로 자리매김하게 만들었다.[8]

"21세기는 일본의 시대"가 될 것으로 예측했던 미국의 미래학자 하만 칸Herman Khan, 1922~1983은 일본인·일본 사회의 특성으로서 놀랄만한 동질적 국민성, 추월 논리, 화혼양재와 같은 문화 이입에 대한 열정, 기적의 성장을 이룬 집단주의 의식, 일본적 의사 결정 방식, 일본인의 의무관義務觀, 신비적 이데올로기로서의 국체國體관, 일본 주식회사의 존재 등, 다양한 요소를 언급하며 이 같은 특성으로 일본인을 보면 "세계 굴지의 전향적인 국민이고 미래 지향형의 국민"이며 동시에 "고집스럽게도 전통적인 생활양식에 얽매이는 국민"이라고 주장한 바 있다.[9] '세계의 경이驚異'라는 60년대 고도 경제 성장의 내생적 요인을 논할 경우 이러한 요소가 일본의 사회 통합과 경제 발전에 기여한 중요한 요소라는 사실에 쉽게 동의하게 된다.

일본인의 사유양식의 특징이라는 요인 이외에도 일본의 이데올로기나 사회 구조 등을 역사·문화적으로 분석해보면 통속도덕을 바탕으로 '화和'와 '신뢰'를 강조하는 강력한 운명 공동체 의식이 기능하고, 화혼한재和魂漢才·화혼양재和魂洋才가 대변하듯 고유한 정신문화에 시대정신을 조화롭게 발전시키는 유연한 이문화 수용 능력이 존재하고(일본의 정신문화和魂에 중국의 문명漢才과 서양의 문명洋才을 접목한다는 의미), 국가가 목적 지향적인 성격을 갖고 리드하면 국민들은 그 가치와 자신의 삶을 일체화시키는 의식 형태를 자연스럽게 받아들이는 정서를 보유하고 있다. 일본 사회에 내재되어 있는 봉건적 정서에도 불구하고 일본인들은 그 정서에 의지하며 생활하고 있다.

'일본'이라는 공동체의 안정과 이익을 최우선시하는 행동에 대해 국제 사회는 '얼굴 없는 일본인'집단의 힘에 의지하고 경제적 이익만을 추구한다는 의미이라고 비웃으며 일본 비판에 열을 올린 적도 있으나 여전히 그들은 화혼和魂 사상을 저버리지 않으며 '대국 일본'을 꿈꾸고 있다. '일日'의 아이덴티티가 그만큼 선명하고 역사성이 깊다는 의미이다. 국민이나 민족을 마치 하나의 혈연 집단처럼 인식하는 '가족국가관'과 같은 이데올로기나 집단 귀속적인 삶의 양식을 서구 사회가 쉽게 이해하기는 어렵겠지만 그것이 경제 성장의 토양이라는 점은 주목할 필요가 있다.

2. 전후 일본의 기업가 정신과 경제 성장

일본은 메이지 유신 이후 서양의 실용적인 과학 기술을 도입하여 부국강병富国強兵·식산흥업殖産興業을 근대 국가의 목표로 설정하여, 결과적으로 청일·러일 전쟁에 잇따라 승리하며 아시아의 패권 국가로 성장했다. 그 여세를 몰아 자신들의 문명 전수국이었던 미국을 상대로 일전을 치르는 모험을 감행했지만 참담한 치욕으로 끝났다.

미국과의 전쟁에서 완패한 배경에는 여러 이유가 있었으나 기술적 측면에서 보면 "첨단의 특정 분야에서는 비교적 높은 기술을 보유하고 있었음에도, 대량으로 동시에 신뢰성이 높은 제품병기을 만드는 기술은 충분히 발달되어 있지 않았으며, 현장에서의 정비나 수리 체제도 제대로 갖추고 있지 못했던"[10] 것이 주된 이유라고 지적된 바 있다.

요컨대 전함 야마토大和를 만들어내는 선진 첨단 기술은 보유하고 있었지만, 정밀함을 필요로 하는 대량 생산 능력과 그것을 지탱할 수 있는 관리 기술 역량은 그다지 발달되어 있지 않았다는 것이다. 자신들의 기술적 한계와 분수를 모르고 무모한 도발을 감행했던 일본은 그 대가로 인류 최초의 원폭 피해국이란 달갑지 않은 훈장을 받아 오늘날까지도 간직해야 하는 처지가 되었다.

그러나 한편으로 일본인들은 기술력이 국가의 명운을 좌우할 수 있다는 뼈아픈 교훈을 패전을 통해 스스로 확인할 수 있었고, 그 교훈은 전후 일본의 경제 성장에 실질적인 동력으로 작용하며 기술 개발·고도화를 위한 기업인들의 심기일전과 분전奮戰을 촉구하는 중요한 계기가 되었다.

기술 혁신을 주도한 기업가 정신

기술의 개발과 발전이 경제 성장에 미치는 영향은 자본이나 정책, 그리고 양질의 노동력 보급 못지않게 매우 중요하고 때에 따라서는 그에 비해 훨씬 크다고도 할 수 있다. 기술이 뒷받침되지 않으면 성장에 영향을 미칠 수 있는 다른 모든 것이 사상누각이 되어버리기 때문이다.

그래서 많은 일본인은 전후 일본의 경제 성장의 최대 공로자의 하나로 기술을 드는 데 주저하지 않는다. 실제 일본 사회는 전후 부흥에 자신감을 회복한 1950년대 중반 이후, 해외로부터 도입한 기술을 바탕으로 적극적인 기술 개량을 이룩하여 새로운 산업을 일으켰고, 1960년대의 고도 경제 성장기에는 끊임없는 응용 기술 개발과 고도화를 통해 화려한 대중 소비 사회를 열어갔다.

마법의 식품 : 전후 부흥기를 몸소 체험한 일본인이라면 누구나 기술 개발에 매진했던 시대적 의미를 선명하게 기억 하고 있겠지만, 전후 일본인의 식생활에 획기적인 전환점이 된 '마법의 식품'도 그런 전형적인 예이다. 식당에 가지 않아도 간단히 먹을 수 있고, 수험생이든 잔업에 시달리는 샐러리맨이든 약간의 잔돈으로 공복을 채울 수 있는 든든한 '친구'이자 다른 모든 인스턴트 식품 개발의 도화선이 된, 즉석 라면 시대가 개막된 것이다. 전후 부흥에 대한 자신감이 일본 사회를 지배할 무렵 이 상품 개발에 성공한 안도 모모후쿠安藤百福·日清식품 회장, 1910~2007는 패전 직후

오사카大阪역의 포장마차 앞에서 줄을 서 있는 사람들을 보면서 다음과 같은 생각을 했다고 한다.[11]

당시 미국으로부터 원조 물자인 보리가 많이 들어와 관청에서는 빵 급식食을 장려하고 있었다. 그러나 포장마차에서 끈기 있게 기다리는 사람들을 보았을 때, 내 머릿속에는 면이야말로 일본의 식생활에 꼭 맞을 것이라는 생각을 하기 시작했다.

안도의 생각은 "뜨거운 물을 붓는 것만으로 2~3분 안에 먹을 수 있는 면"을 만들겠다는 도전적인 구상으로 이어졌다. "할 수 없을 듯한 것을 이루는 것이 일"이라는 명언을 남기기도 했던 그는 자신의 이상을 실현하기 위해 자택 뒤에 조그만 건물을 지어, 중고 기계점에서 산 면 제조기로 실험에 착수했다.

밀가루에 물이나 달걀, 녹말가루를 넣어보며 가족이 총동원되어 밤낮으로 수없이 많은 실험을 거듭했다. 면은 처음부터 닭 수프로 맛을 내기로 했고 남은 것은 보존을 위해 면을 건조하는 기술이었으나 그 기술은 몇 년후에 빛을 보게 되었다. 이렇게 해서 탄생한 것이 소위 '치킨 라면'이다.

1958년 6월, 도쿄東京의 한큐阪急 백화점에서 끓는 물을 붓는 것만으로 2분 만에 먹을 수 있는 '마법의 식품'이라는 선전 문구를 동원한 치킨 라면의 시식 및 판매가 이루어졌다. 준비한 500여 개가 그날 중으로 팔리는 이변이 일어났다. 시식 판매로부터 2개월 후 치킨 라면은 정식 판매 상품으로서 당당히 진열대를 장식하기 시작했다.

이때 치킨 라면은 닭을 요리하여 맛을 낸다는 이미지가 곁들여지면서 영양도 만점이라는 인식이 소비자들을 파고들었고, 이를 토대로 일본 후

생성厚生省으로부터 '특수 영양 식품'이라는 지정을 받기도 했다. 그 후 치킨 라면은 한 단계 업그레이드된 이미지를 바탕으로 수년 만에 연간 1억개 이상 팔리는 빅 히트를 기록했다.

독특한 맛으로 일본인들을 사로잡은 치킨 라면의 돌풍은 일본의 음·식료 업계에 인스턴트 식품에 대한 개발 붐을 야기시켰을 뿐만 아니라, 이후 끊임없는 연구 개발을 통해 주부와 수험생들, 그리고 샐러리맨들의 뜨거운 지지를 받으며 오늘날까지 서민들로부터 가장 사랑받는 식품 중의 하나로 자리 잡고 있다.

20세기 세계를 놀라게 한 일본의 히트 상품 중에서 종합 순위 1위에 올라있는 인스턴트 라면은 패전 직후 포장마차 앞에 서 있는 초라한 일본인들의 모습을 보면서 무에서 유를 창조하겠다는 한 사람의 벤처 정신이 이룩해 낸 쾌거이다. 전후 일본의 재건은 이런 일본인들의 과감한 도전 정신과 열정적인 근로 의욕이 뒷받침되었기에 가능했다.

하야카와 도쿠지早川德次, 1893~1980의 샤프 신화도 그러하다. 하야카와가 약관 18세였던 어느 날 우연히 활동사진을 보고 있었는데, 거기에 등장하는 인물의 허리에 밴드가 늘어져 있는 것이 몹시 눈에 거슬렸다고 한다. 그래서 허리를 자유자재로 조절할 수 있는 버클을 개발하기 시작했고 그것이 특허를 획득하는 계기가 되면서 하야카와의 역사가 시작된다.

그는 청일 전쟁이 일어나기 전년인 1893년 도쿄에서 2남 1여의 막내로 태어나 양자로 입적하게 되나, 계모 밑에서 혹독하게 시달림만 당하고 학교도 초등학교 2학년까지밖에 다니지 못했다. 어린 시절의 고통은 그가 일찍부터 기술자로서의 길을 걷게 하는 계기가 되었는지, 9세 때에 종업원 30여 명 정도의 금속 세공을 하는 공장에 고조小僧 : 견습생로 들어가게 된다. 17세 때까지 금속 기술을 연마하는 데 일념을 쏟아부은 그는 여기까지는 예외 없이 일본의 기술자들이 거쳐 가는 전통적인 입문 코스를 걸었다 — 이때 기술 습득과 함께 인생의 스승으로 여기고 있는 사카다坂田芳松 사장을 만나 인정의 소중함을 배운 것을 자신의 인생에서 평생 잊을 수 없는 경험이었다고 술회하고 있다.

그러나 1912년 벨트에 구멍을 내지 않고 사용할 수 있는 버클의 특허를 계기로 자본금 50엔 정도(그나마 40엔은 빌린 돈이었다고 한다)와 종업원 3명으로 도쿄에 금속 가공 업체를 창립하면서 다른 고조들과는 남다른 길을 걷게 된다. 자본금의 잔금은 재료 설비비로 모두 사용하여 오직 열심히 일하는 것 이외에는 아무 생각도 없었다고 한다.

각고의 노력으로 기술 개발에만 전념한 그는 창업 3년 뒤인 1915년, 당시로서는 획기적이었던 금속 문구의 제작 기술을 완성하여 연속적으로 사용할 수 있는 금속 연필의 발명에 성공하게 된다. 이것이 세인의 주목 속에 일세를 풍미했던 '샤프펜슬'의 역사이다 — 이때 제품에 붙여진 '샤프'라는 이름이 그 후 세계 굴지의 전자 메이커로 성장한 '샤프'의 유래가 되었다. 1923년의 관동 대지진으로 인해 샤프펜슬 공장이 소실되고 아내와 두 명의 자식마저 잃게 되자, 하야카와는 고향인 도쿄를 떠나 오사카에서 재기의 발판을 마련했다.

다시 무에서 시작한 그는 기술과 신용을 바탕으로 재기를 위한 첫 번째 작품을 완성하는 데 성공했다. 바로 1925년에 탄생한 일본 최초의 라디오 카세트였다. 이 라디오는 1928년에 NHK의 전국 중계망이 완성되어 스모와 야구 중계방송이 이루어지면서 단시간에 보급되기 시작했고 (1932년에 전국의 라디오 청취자가 100만 명을 넘어서면서 샤프라디오의 수요는 급격히 증가했다), 이를 계기로 하야카와 금속 공업도 기업으로서 완전히 뿌리를 내리기 시작했다. 우수한 기술자들이 몰려들고, 경영의 합리화가 이루어지면서 양산에 의한 품질의 균일화도 이루어졌다.

　기업으로서 체계가 갖추어지자 신기술에 의한 새로운 제품도 잇따라 발표되었다. 어느새 일본의 시장에서 '샤프는 좋은 제품'이라는 인식이 자리 잡았고, 해외에서도 소비자들의 의식 속에 확실히 각인되기 시작했다. 이 무렵 회사도 급속히 성장하여 1933년에는 종업원 200여 명에, 수출만 연간 30만 엔에 육박하는 명실상부한 중견 기업으로 부상했다. 특히 태국의 경우는 샤프 제품이 90%의 시장 점유율을 차지할 만큼 '샤프'의 명성은 이미 아시아의 무대를 휘젓고 있었다. 인생의 전부를 걸고 도전한 창업으로부터 불과 20여 년 만에 이룩한 쾌거였다.

　도전은 여기서 멈추지 않았다. 1931년에 하야카와는 전파 연구실을 설치하여 TV 개발에 착수했다.[12] 그의 도전 앞에는 당시 세계를 휩쓸고 있던 경제 공황도 문제가 되지 않았고, 아시아의 패권 국가로서의 야심을 본격적으로 드러낸 일본 제국주의의 침략 전쟁만주사변이 발발도 문제가 되지 않았다. 그와 그의 패밀리에게는 오로지 기술자로서의 투혼과 신기술 개발에 대한 집념만이 중요할 뿐이었다. TV의 개발에는 전쟁 중에 연마한 항공용 무선기의 초단파 기술이 응용되었다.

　개발 착수로부터 20년 뒤인 1951년, 하야카와 패밀리는 국산 제1호의 TV 시제품 개발에 성공하게 된다. 1953년 1월 15일 TV방송 개시를 목전에 두고 '샤프테레비'라는 이름으로 소비자 앞에 모습을 드러낸 TV는 당시 가격으로 175,000엔(14인치, 고졸 공무원 초임이 5,400엔 정도였으니까 약 30배에 해당)하는 거액의 상품이었다. NHK를 비롯한 상업 방송이 본격적으로 이루어진 1953년에 양산 체제에 돌입한 샤프TV는 1954년에 시장 점유율 60%를 차지했고, 1955년에 NHK의 수신 계약이 10만 건을 돌파하면서 주력 제품이었던 14인치 TV 수요도 급격히 늘어났다.

일본이 국제 연합에 가입한 1956년 무렵에는 당시 붐을 일으켰던 '3 종의 신기'의 일각을 이루며 TV는 국민의 가장 사랑받는 제품으로 자리 잡았고1958년 NHK의 수신 계약 100만 건 돌파, 1959년에는 황태자의 세기의 결혼식 이 거행되면서 TV 수요는 절정에 다다랐다. TV의 성공에 고무된 하야카 와전기는 가정용 전기 제품을 본격적으로 생산하면서 종합 가전 메이커 로 체질 개선을 단행했다. 향후의 전자 공업시대에 대비하기 위한 포석이 었다. 안보 투쟁의 열기가 뜨거웠던 1960년에 칼라 TV의 판매와 양산에 들어간 하야카와 전기는 이때부터 컴퓨터와 반도체를 비롯해, 전자계산 기와 초단파, 태양 전지와 전자레인지 등의 연구에 본격적으로 착수하기 시작했다.

이미 TV를 중심으로 10년 만에 18배의 매상을 올릴 만큼 초고속 성장 을 거듭하고 있었기에 회사의 미래를 고려해서라도 새로운 기술 개발의 도전이 필요했던 시점이었다. 입사 4, 5년 차의 기술자들이 개발 계획을 주도하였고, TV에만 의지할 수 없다고 판단한 경영진은 그들의 주장을 과감히 받아들였다. 그리고 1961년에 일본에서 처음으로 전자레인지의 개발에 성공하게 된다. 소련이 인류 최초의 유인 우주선 비행에 성공하고 베를린의 장벽이 구축되면서 동서냉전의 역사가 고착화되기 시작한 무 렵이었지만, 하야카와 전기를 비롯한 일본의 기업들은 이렇게 내구 소비 재의 개발에 전력을 기울이며 국제 시장을 소리 없이 점령하고 있었다.

창의적인 도전 정신과 불굴의 의지로 일본의 전후 부흥과 고도성장을 주도한 기업가는 무수히 많다. 그들은 하나같이 뛰어난 쇼쿠닌職人 정신과 일심불란의 자세로 성공 신화를 창조해갔다. 독자적인 기술 개발과 도전 정신으로 수많은 히트 상품을 양산하며 소니 왕국을 이끌었던 이부카 마사루井深大, 1908~1997, 10대의 어린 나이에 자동차 수리 공장 사원으로 입사한 이래 기술자로서의 철학을 누구보다 강조하며 혼다 자동차를 세계적인 기업으로 육성시킨 혼다 소이치로本田宗一郎, 1906~1991, 기술자의 길을 걸을 수 있다면 일자리는 어디라도 좋다는 생각으로 사회에 진출하여 훗날 도시바東芝의 부흥을 주도한 도코 토시오土光敏夫, 1896~1988 등은 대표적인 사례이다.

또 목공 기술자로 출발하여 소형 모터사이클과 경자동차 시장을 선도한 스즈키 미치오鈴木道雄, 1887~1982, 여가를 즐기는 사상이 필요하다는 철학을 바탕으로 포스트 고도성장기 여가 산업의 다각화를 주도한 가와가미 겐이치川上源一, 1912~2002, 그는 전후 야마하 중흥의 아버지로 불리고 있다 등. 그들은 오로지 근면, 성실, 기술, 창의의 쇼쿠닌 정신을 바탕으로 전후 일본의 부흥을 주도하며 세계적 기업가로 거듭난 인물들이다. 전후 일본은 바로 그 쇼쿠닌들의 도전적 용기와 신념, 그리고 그들과 함께 한 기업 전사戰士들의 땀의 결정체라고 해도 과언이 아니다.

경제 대국을 이끄는 중기의 저력

패전국 일본의 부흥과 경제 대국의 저력은 대기업 관계자들의 생애와 업적에서만 찾을 수 있는 것은 아니다. 일본 경제의 기반을 굳건하게 형성하고 있는 중소기업의 역할을 주목하지 않으면 안 된다. 일본의 중기는 총 기업 수의 99.7%, 종업원 수 약 7할, 제조업 부가 가치액의 5할 이상을 차지하고 있다.

일본 정부는 중소기업을 "신산업 창출의 담당자", "취업 기회 증대의 담당자", "지역 경제 활성화의 담당자" 등의 의미를 부여하며 국민 경제에 적극적인 역할을 다할 수 있는 주체로 규정하고 있다. 그로 인해 금융 지원은 물론이고 중기의 일자리 창출을 위해 기술 개발, 인재 획득, 해외 진출, 신사업 촉진, 지역 상권 활성화, 기업起業 지원, 관급 공사 수주 지원 등의 정책을 추진하며 "독립한 중소기업의 다양하고 활력 있는 성장 발전"을 도모하고 있다.[13]

"일본 제품의 신뢰는 중소기업의 저력에 있다"는 말처럼, 일본의 중기는 세계적인 명성을 얻고 있다. 세계 No.1의 시장 점유율을 자랑하는 중소기업이 100여 개사 이상이고, 세계 최고의 기술을 보유하고 있는 기업이 1,000여 개사가 넘는다. "세계에 없는 것을 만들지 않으면 의미가 없다"는 철학으로 플라스틱제 소형 정밀 부품 메이커로 독보적 지위를 구축하고 있는 쥬켄 공업 주식회사樹硏工業, 종업원 70명, 연 매출 270억 정도, 1972년 설립, 절대 이완되지 않는 볼트 생산으로 세계 시장을 장악하고 있는 하드록 공업ハードロック工業, 종업원 90명, 연 매출 200억 정도, 1974년 설립, 스크루 제작으로 세계 시장의 3할세계 1위을 차지하고 있는 나카시마 프로펠러Nakashima Propeller Co., 종업원 수 411명, 연 매출 2100억 정도, 1926년 설립 등, 열거하기 어려울 정도이다.

세계적 강소기업으로 부상한 기업들은 3개의 공통점을 갖고 있다. 오로지 하나의 사업 분야에 집중하고, 그 분야에서 고객이 어떤 요구를 하더라고 대응하기 위한 도전을 하며, 이를 위해 장기적으로 기술 개발과 기능을 연마한다는 것이다.[14] 일본인의 근로관이고 일본 경제의 잠재력이다. 이렇게 남다른 열정과 끝없는 도전 정신으로 치열한 생존 경쟁을 뚫고 가는 중기中小의 전사들이 일본 사회에 광범위하게 존재하고, 그들의 정신은 전근대 시대부터 오늘에 이르기까지 경제 대국 일본의 위상을 저변에서 떠받히고 있는 일본 혼魂이다. 그 실체를 구체적으로 살펴보면, 무엇보다 소수정예의 높은 기술력을 자랑하는 마치코바町工場, 시내의 골목 등에 있는 규모가 작은 공장의 존재감을 발견하게 된다.

마치코바의 저력 : 오카노 마사유키岡野雅行, 1933~, 그는 도쿄 구로다黑田 구에 위치하고 있는 금형 회사 오카노공업岡野工業의 사장이다. 초등학교를 졸업한 후 아버지의 일을 도우며 일을 시작하다 선친의 가업을 이어받아 1972년에 오카노공업을 창설했다. 종업원 6명으로 시작하여 연 매출 60~80억원을 올린 알찬 중소기업의 사장이나, 사장이라는 명칭 대신에 "대표 사원"이라는 직함을 쓰고 있는 다소 특별한 인물이다. 이 정도 규모의 회사를 일본에서는 마치코바라 부르고, 저마다 숙련된 최고의 기술로 일본의 경제 번영에 공헌하고 있다.

그는 1960년대부터 프레스 가공 분야에 진출하여 액이 새지 않는 리튬 이온 전지 케이스를 개발하여 휴대전화의 소형화에 결정적 공헌을 했고, 찔러도 아프지 않은 주사침모기에 물린 정도의 감촉이라고 하며, 주로 어린이나 당뇨병 환자의 인슐린 투여에 사용을 개발하여 선풍을 일으키는 등, 누구도 흉내 낼 수 없는 기술과 상식을 뒤엎는 수많은 제품을 개발하여 세계적인 쇼쿠닌으로 알려진 인물이다. 세계에서 하나밖에 없는 기술, 이른바 '온리 원'을 고집하고 있는 그의 경영 철학과 일에 대한 가치관은 오로지 전통적인 일본적 가치에 근거하고 있다.

그는 다른 사람들이 만들 수 없는 물건을 만들어내는 비결이 무엇이냐고 질문하자, 하늘은 인간에게 두 가지 재능을 주지 않는다고 하면서, "마법 같은 것은 없다. 나는 2대째인데, 아버지가 금형 공장을 하고 있을 무렵, 금형의 일을 마치면 밤에 프레스공부를 했다. 일과 후부터 늦은 밤을 이용하여, 그 기술의 축적이 현재에 이르고 있을 뿐이다. 군이 말하자면 다른 사람보다도 많은 실패를 경험했다는 사실이고, 다른 사람보다 도전 정신이 강했기 때문"이라고 대답했다. 실패를 두려워하지 않는 성실한 자세로 피나는 노력을 했던 것이 "온리 원"의 비결이라는 것이다.

일본의 대기업도 바로 이런 과정을 거쳐 오늘에 이르렀음을 샤프사의 사례를 들어 전술했지만, 그것이 바로 일본 기업이 고비 때마다 스스로 위기를 돌파해 갈 수 있었던 기업 문화의 전통이다. 그는 마치코바의 규모임에도 나름대로 확고한 경영 철학을 갖고 있었다. 자기 일의 원동력을 "사람이 할 수 없는 일을 하는" 것으로 규정했고, 친구 아버지로부터 "별장과 첩은 두지 말라"는 충고를 일생의 신조로 여기며 그 약속을 실행했다. 사업의 포인트에 대해서도 "타인에게 돈을 벌게 하는 것"이라는 논리를 내세워, 타인을 번영하게 하면 그것이 바로 자신에게 다시 돌아오고, 설사 자신만이 돈을 번다 하더라도 반드시 주위에 환원한다는 원칙을 세워놓고 실천했다.

일을 수주할 때도 의뢰자의 인품을 중시하는 가치관을 갖고 있었다. 일을 수주하는 잣대로, "돈도 아니고 기업의 브랜드도 아니다"라고 하면서 "역시 사람이다. 물론 기본은 다른 회사가 만들지 못하는 것을 만드는 것이지만, 결정적인 것은 의뢰하러 오는 사람이 어떠한 인물이며 어느 정도의 열의를 갖고 있느냐, 그 사람 됨됨이가 제대로 된 사람이라면 그 사람을 위해 만들어 보겠다는 생각이 든다"는 인물이다.

본인의 삶과 가치관을 반영하고 있는 듯한 논리이지만, 실은 남다른 열정과 끝없는 도전 정신만이 치열한 생존 경쟁에서 함께 살아남을 수 있는 비결이라는 것을 암시해주고 있다(금형의 마술사로 불리며 상식을 초월하는 쇼쿠닝으로 불렸던 오카노 대표는 한때 '중기의 별'로 주목받기도 했지만, 후계자를 양성하지 못한 채 85세인 2018년에 회사를 폐업하게 된다. "하고 싶은 것은 모두 하였기에 미련은 없다"고 하면서도 "후계자가 없는 것이 안타깝다"는 본심을 드러내기도 했다. 일본 중소기업청 조사에 의하면 2016년도에 흑자 상태에서 폐업한 중기의 비율이 50%를 넘었다고 한다. "가업은 가족이 잇는다"는 전통이 마치코바와 같은 경우에는 더 이상 적용되지 않음을 보여주는 예이다).

야마가타현 신죠시山形県新庄市에 소재하고 있는 신와 공업シンワ工業. 자본금 3,000만 원으로 2004년에 설립한 강재 가공鋼材加工 전문 기업이다. "세계의 모노즈쿠리ものづくり 분야에 협력한다"는 방침으로 신칸센 차량과 건설 기계용, 그리고 우주 항공 부품 분야에서 독자적인 기술력을 인정받고 있는 전형적인 강소기업이다. 젊은 사원들이 주축이었지만 얇은 금속판을 한 장 한 장 해머로 두드려 정밀하게 마무리하는 성형 가공 기술과 복잡한 형상形狀에도 대응할 수 있는 박판薄板 용접 기술은 타의 추종을 불허한다.

이 회사가 주목받기 시작한 것은 우주 항공 부품을 수주, 개발하면서부터이다. 신와 공업이 설립될 무렵, 우주 기계 메이커가 차세대 로켓 엔진 분사구의 제조, 기술 개발을 하는 기업을 찾고 있었다. 이 엔진의 분사구는 높이 약 3m나 되는 범종梵鐘 형상의 구조물로, 보강재를 사용하지 않고 0.5~1mm의 얇은 금속만으로 제작해야 하는 고도의 기술력이 필요했다. 복수의 기업이 도전하여 모두 실패했지만 신와 공업은 독자적인 성형 가공과 용접 기술로 시제품 완성에 성공했다.

"박판에 의한 대형 입체 구조물의 판금 가공이라면 누구에게도 뒤지지 않는다"는 회사의 자부심을 단 8명의 종업원으로 실증해 보이면서, 창립 2년 만에 중소기업청에서 선정한 '전국의 건실한 모노즈쿠리 중소기업 300개사'에 함께 선정되는 영광을 안았다(2006년도에 오카노공업과 함께 선정되었으며, 2017년 단계에서 종업원 수는 10명으로 되어 있다).

GPS를 탑재한 자동 비행 장치 무인 항공기로 명성을 얻은 주식회사 스카이 리모트. 1986년 구마모토현 구마모토시熊本県熊本市에서 창립한 이 회사는 GPS의 센서 정보에 의거한 자동 제어로, 간단한 조작성과 안전성, 이 동하기 편리한 콤팩트함을 자랑하는 무인 비행기 시스템 개발에 성공했다 1999. GPS나 고도, 방위 등의 센서와 마이크로컴퓨터를 탑재하여 비행 전에 프로그래밍한 각 지점을 통과하도록 자동 제어로 비행하며, 풍향에 따라 코스를 수정하면서 적절한 코스를 비행할 수 있는 시스템이다. 이를 계기로 제어 기술을 확립한 이후에는 이동 카메라를 비롯해 리모컨 카메라를 차례로 개발하여 올림픽 중계나 각종 공연 등에 널리 사용하고 있다.

이 시스템의 응용은 공중 촬영이나 환경 조사에 뛰어난 기능을 발휘하면서 이제까지 활화산의 분화구 촬영이나 대기 오염 채취, 사막의 황사 관측 등에 커다란 실적을 남겼다. 재해로 통신이나 교통이 끊겼을 경우 상공에서 '새의 눈'으로 피해 상황을 파악하고, 약품이나 식량, 구명 기구, 원조 밧줄 등 다양한 기자재의 운반이나 투하가 가능해지면서 각종 구조 활동에도 커다란 기대감을 갖게 했다.

자연재해가 빈발하고 있는 상황에서 이 제품이 가진 사회적 의의는 매우 크고, 그 의미를 평가받아 전술한 2개의 기업과 함께 2006년도 '~중소기업 300개사'에 선정되기도 했다(선정될 당시 종업원 수는 겨우 4명이었다). 소수정예로 구성된 사원들이 오로지 고도의 기술력 하나로 '온리 원'의 제품을 만들어내는 마치코바의 역량이 바로 일본 경제의 저력이다.

중기의 저력 '기능사 자격': 후쿠이福井현 후쿠이시에 있는 마츠우라松浦 기계 제작소. 1935년에 창업하여 1960년에 현재의 사명으로 오늘에 이르고 있으며, 종업원 320여 명으로 연 매출 1,600억 원을 올리고 있는 전형적인 일본의 중소기업이다. "남이 하지 않는 것을 한다"는 것을 일생의 철학으로 여겼던 창업자 마츠우라 토시오松浦敏男는 "장래는 반드시 일손

부족의 시대가 온다. 지금은 한 사람이 한 대의 작업자로 하고 있지만, 한 사람이 한 대, 두 대, 세 대, 아니 열 대의 작업을 할 수 있는 설비가 반드시 요구될 것이다. 이것을 지금부터 해야 한다"는 신념으로 1960년에 공작 기계 'AS-60'의 시#제작에 성공한다.

당시 불과 45명 정도의 종업원으로 완성한 이 공작 기계는 '미크로 만'이라는 브랜드로 등록되었고, 그 후 개발을 거듭하여 1961년 가을, 전후·좌우·상하의 3방향으로 2/100mm이내에 정밀 정지를 할 수 있는 '자동 정촌#t 프로그램 제어 3방향 복합 사이클 다테#플라이스반盤'을 세상에 내놓는다. 이 자동프라이스반이 시판되면서 '현장 작업자가 혼자 몇 대의 운전 조작이 가능한 시대'를 여는 데 성공한 마츠우라는, 이 기계의 개발 성공을 계기로 일약 국내외의 주목을 받게 된다.

일본의 공작 기계사에 역사적으로 가장 가치 있는 '명기名機' 중의 하나로 지정된 '미크로 만'의 성공은, 당시 일본의 정밀 기계 공업인 고급 카메라나 시계, 전동 공구, 재봉틀, 철포 등을 제작하는 기업들이 앞다투어 이 기계를 도입하게 만들었다. 그 결과 종래보다 10배 또는 20배의 생산성 향상 효과를 초래하는 쾌거를 올렸고, 동시에 일본의 산업계 전반에 생력省力화·생인省人화의 바람을 몰고 오는 계기를 만들었다. 창업자 한 사람의 굳은 의지와 전 사원의 불굴의 도전 정신이 일본 산업계에 신풍을 불어넣은 형국이다.

이 회사는 생산된 제품의 7할 정도를 해외에 수출하고, 미 항공 우주 기계 메이커에도 납품하고 있을 정도로 이미 세계적인 기업으로 부상한 상태이지만, 80년대 말에는 또 한 번 세계적으로 주목받게 된다. 1988년 6월, 미국의 나사NASA가 발사한 우주선 디스커버리호의 무게를 약 4톤이나 줄인 알루미늄·리튬 연료 탱크를 탑재시키는 기술력을 선보였기 때문이다.

신소재인 알루미늄·리튬은 강도를 보장하면서도 가볍게 만들어 무게를 줄일 수 있는 이점은 분명 있었지만, 이 소재의 가공에는 열이 가해지면 변형된다는 난점이 있었다. 그러나 마츠우라 기계 제작소가 개발한 초고속 가공용 머신 센터는 이 난점을 극복하며 실용화할 수 있는 알루미늄·리튬의 개발에 성공했다.

70년대 후반부터 회사의 모든 기술력을 집약시켜 완성한 초고속 가공용 머신 센터공작용 기계로서 철이나 알루미늄의 재료 등을 가공할 때 쓰는, 이제까지의 고속 머신 센터가 1분에 약 2만 5천 회전으로 재료를 가공하여, 그때 발생하는 마찰열로 인해 발생하는 재료의 변화를 막을 수 없었으나, 마츠우라의 머신 센터는 이보다 3배나 많은 7만 5천 회전으로 재료를 가공함으로써, 열에 의한 변화를 일으키기 전에 고속 정밀 가공이 가능하도록 만들었다 『にっぽにあ』 第24号, 2003.3.15.

86년 미국 LA의 대형 항공기 산업의 밥 워크라는 엔지니어가 이 회사를 방문했을 때의 일화는 이 회사의 실체를 상징적으로 보여주었다. 사흘간의 방문 기간에 이틀은 예정대로 소화했지만 나머지 한 부분이 명확하게 처리되지 못했다. 회사는 그의 의사를 받아들여 철야로 노력하여 무사히 테스트를 통과했다. 이를 본 밥 워크는 "도저히 믿을 수 없다. 마츠우라의 대응력에 정말 놀랐다. 일본의 기술 레벨의 고도화와 스피드는 들은 바 있지만 정말 훌륭하다. 퀵 서비스 이즈 저패니즈 워크다"라고 찬사를 보냈다. 제대로 빠르게 핵심적인 일을 능숙하게 처리하는 일본인의 모습을 유감없이 발휘한 것이다.

마츠우라 기계 제작소의 명성에는 노동 인구의 감소를 예언하고 자동화·무인화의 선진적인 제품 개발에 남다른 열정을 보여 온 창업자의 선견지명과 그의 유지를 회사의 기업 이념으로 승화시킨 경영 방침을 빼놓을 수 없다. "우리 회사는 일류 제품을 만들어 고객의 흔들림 없는 신용을 구축하여 사원과 함께 발전·번영"한다는 '품질 이념'의 설정과 이를 실천하기 위한 4대 '품질 방침'을 필두로, 환경 이념과 4대 환경 방침, 노동 안전 위생 이념과 3대 노동 안전 위생 방침을 제시하고 있다. 명확한 '이념' 제시와 실천을 위한 세부적인 '방침'이 기업의 경영 철학으로 제시되어 있다.

회사의 특성을 반영한 이념과 함께 모노즈쿠리 정신ものづくり, 일본 경제가 위기 상황에 빠져 있을 때인 90년대 후반에 일본 사회에서 널리 회자된 용어로서 일본 제조업의 정신문화라고 할 수 있다. 장인 정신이 반영된 고도의 생산 기술이라는 의미가 있다도 주목할 필요가 있다. 이를 상징하는 것이 바로 기능사 자격자 수이다. 이 회사는 전 사원의 과반수가 기능사 자격을 갖고 있을 정도로 사원들의 자기 계발 욕구가 강하고, 회사도 사내 촉진 제도를 통해 전폭적으로 지원을 하는 것으로 유명하다.

이 회사의 야마시타 토시오山下登志雄 부장은 회사의 지원에 대해 "기능사의 자격 취득이 진짜 목적이 아니라, 그 과정이나 수험의 체험을 자신의 인간성이나 직장의 일에 살려 가는 것이 중요하다"고 하면서, 한편으로는 "매일 직장 일을 하면서 이 제도를 살릴 수 있도록 격려하고, 기능사로서 선배의 목소리를 사원들에게 살려갈 수 있도록 지도"하는 데 그 의미가 있다고 했다.

기능사의 자격시험 과정을 통해 자신을 계발하고, 선후배 간의 협동 정신과 기술 전수를 하고, 이를 통해 회사의 미래를 짊어지는 구도를 노사 협동으로 구축해간다는 것이다. 일본의 제조업 신화는 이렇게 일생을 공부와 도전 정신으로 살아가는 일본인들의 사유양식이 근간이 되고 있다.

이 회사는 글로벌 시대의 생존 전략으로 "집약된 고유 기술을 바탕으로 얼마나 빠른 변화에 대응할 수 있을까"가 필수 조건이라고 했다. 고도의 집약된 기술로 혼이 담긴 제품을 만들지 않으면 시장의 신뢰를 받을 수 없다는 것이다. 선진국형 중소기업의 방향성을 제시한 '마츠우라 웨이'의 구현이라고 할 수 있지만, 창의적 노력創意工夫과 독립독보独立独歩의 철학을 존중하는 일본 기업 문화의 실체를 보여주는 것이기도 하다.

소니의 명예회장 오오가 노리오大賀典雄, 1930~2011가 "새로운 일본의 모노즈쿠리 정신"의 창조가 필요하다고 하면서 "일본의 영지英知를 결집하여 모노즈쿠리를 남기는 것이 우리들의 사명"이라고 언급한 바 있다.[15] 기술 혁신에 의한 독창적인 신상품 개발의 중요성과, 그런 상품을 만들 수 있는 인재 육성을 강조한 것이다. 일본의 대표적인 철학자 우메하라 다케시梅原猛, 1925~2019가 2001년 사이타마현埼玉県에 설립한 '모노즈쿠리대학 Institute of Technologists, 건설업이나 제조업의 실무 현장에서 활약하는 스페셜리스트의 양성을 위해 설립된 대학'은 글로벌 시대의 무한 경쟁에서 생존할 수 있는 일본 사회의 고민과 정서를 상징적으로 반영한 사례이다

중기의 전략적 선택 : 미야자키宮崎현 노베오카延岡시에 본사를 두고 있는 아사히 유키자이旭有機材 공업 주식회사. 회사의 기본 이념인 "도전, 창조, 변화의 개혁 정신으로 새로운 가치를 창조·제공하여 사람들의 풍요로운 생활에 공헌한다"는 철학을 토대로, 사람이 주역이고 고객이 신뢰의 생명이라는 내용을 담은 경영 이념에, 성장 지원과 공정 평가, 생활의 안정과 향상, 안전하고 일하기 쉬운 직장 환경 만들기 등을 담은 인재이념으로, 염화塩化 비닐 밸브 등의 배관재와 페놀이 주원료인 공업용 수지樹脂, 소형재素形材 등을 제조, 판매하고 있는 회사이고, 현재 이 분야에서 세계 최고의 상품을 보유하고 있는 일본의 대표적인 중견 기업이다.

종업원 1,355명으로 연 매출 5,200억2018년 3월 기준원 정도를 기록하고 있는 이 회사는 1945년 창업 이래, 열경화성 수지 성형 재료1945, 금속제

밸브를 대체한 플라스틱제 배관 재료[1952], 공업용 수지[1954]의 개발 판매 등, 항상 플라스틱 업계를 리드해온 자부심을 바탕으로, 현재 제조하고 있는 밸브 종류만 하더라도 크기나 형태, 재질에 따라 약 4만 여종을 생산하는 세계 제1위 기업이고, 수처리·자원 개발 분야에서도 독보적인 역량을 발휘하여 주목받고 있는 기업이다. 저자가 이 회사에 주목하고자 하는 것은 바로 변화에 대한 능동적인 대응력이다.

뉴 밀레니엄의 개막에 즈음하여 사업 환경의 변화에 유연하게 대응할 수 있는 기업 풍토의 확립을 위해 CC21[Challenge & Change]이라는 중기 경영 5개년 계획을 설정한 이후, 조직을 발본적으로 개혁하여 슬림화·스피드한 조직 문화 구축에 성공했고, "도전·창조·변화"라는 기업 이념을 토대로 협력 기업을 포함해 생산성의 효율화와 품질 향상을 이룩함으로써(예를 들면 주력 제품인 플라스틱 제품의 생산 체제를 밸브·프로세스·리엔지니어링이라고 하는 VPR시스템을 도입하는 등, 협력 기업과 함께 효율적인 생산·품질·재고 관리 체제의 구축에 성공했다), 사업 환경의 악화에도 불구하고 수익성의 강화와 사업 확대를 위한 신제품의 개발에 성공하는 저력을 발휘했다.

이 회사의 기업 문화의 특징은 위기를 항상 기회로 생각하며 도전 정신을 잃지 않았다는 점이다. 이 회사의 상무를 역임한 유지 카츠미[湯地克己]는 "사업 전략이라는 것은 어떤 마켓에 언제 어느 정도의 힘[人·物·金]을 투입하는가를 결정하는 것이 중요하다. 관재 시스템 사업은 영역이 넓고 성격이 다양하여 전략을 짜기가 어려운 과제를 안고 있다. 하지만 어렵기 때문에 다시 한번 지금 보유하고 있는 마켓, 영업력, 기술을 철저히 다지고 몇 개의 가설을 세워, 그 창을 통해 강점은 강화하고 약점은 보충하는 노력을 기울여야 한다"고 언급한 바 있다[www.asahi-yuki.co.jp].

또 전 사장인 타바타 하루로[田畑晴郎, 1934~2004]는 "현재의 IT산업의 불황은 우리 회사에는 비즈니스 기회이다. 다음 세대의 수요 산업의 움직임을 분석하여 착실한 준비를 하고 힘을 축적해간다. 이러한 자세는 새로운 시장을 창출해내는 동력이 되리라 생각한다"고 언급한 바 있다.[16] 카를로스 곤이 닛산 회장에 취임하여 개혁하는 과정에서 "일본인은 목표가 설정되면 일사불란하게 움직"이는 특성이 있다고 언급한 것처럼, 위기에 직면하면 원점에서 자신을 냉정히 평가하고, 그 결과를 바탕으로 미래의 전략을 치밀하게 수립하여 전사全社적으로 움직이는 자세가 아사히 유기재 공업 주식회사의 기업 문화이다.

2002년 이 회사는 신규 사업으로서 반도체·액정 관련 및 각종 클린 기기의 야공구台工具 세정 장치에 관한 독자 기술을 바탕으로 설계·제작·판매하는 신 회사 AOC테크노주식회사를 설립하여 배관 재료의 시판 확대와 함께 시너지 효과를 노리는 승부수를 던졌다. 이 분야는 일본 국내뿐만 아니라 아시아 전역에 확대가 기대되는 첨단 분야로서 사원이 10명에 불과하면서도 연 매출 200억 원2004을 예상하는 등, 특화된 분야에 전략적인 집중 투자를 전개했다. 중소기업에서조차 보편적 인식으로 자리 잡고 있는 '선택과 집중' 현상은 90년대 '잃어버린 10년'의 교훈에 의한 '온리 원' 지향의 출발점이자, 일본 기업 문화의 새로운 좌표축으로 등장했다.

2003년도 판 『중소기업백서』는 "일본 경제의 활력을 창출하기 위해서는 일본 경제의 재산인 중소기업의 활성화가 불가결하다"고 하면서, 고도 경제 성장 이후 일본 경제가 극적인 환경 변화에 직면했을 때마다 중소기업은 강인함을 발휘하여 부가 가치액과 종업원 수에 있어서 안정적인 지위를 유지해 왔다고 자평했다. 다소 지나친 자신감의 표현일 수도 있지만, 실제 마치코바와 같은 소규모 기업에서 중견 기업에 이르기까지 선택과 집중을 통해 경제 대국 일본을 지탱하고 있는 중기 현장의 열기를 보면, 그 자신감이 결코 과장이 아님을 느낄 수 있다.

특히 2000년 이후 약 3년간 중소기업의 도산 건수만 18,000건이 넘을 정도로 난제가 중첩된 상황에서도 특유의 응집력과 성실성, 그리고 끊임없는 혁신을 통해 위기 타개에 전념했다. '불황은 성장의 기회'라는 정신으로 기술 개발에 진력하고, '물건을 파는 것이 아니라 시간을 판다'는 일념으로 설비 투자를 단행하여 생산성 향상과 노동력 부족을 해소하고, '유저와의 제휴를 원칙'으로 혁신적인 제품을 개발했다. 이런 투혼은 일본 중기의 강인함을 증명하는 실체이자 일본 경제의 기초 체력을 상징하는 것이다.

현재 일본의 중소기업들은 각 분야에서 기발한 역발상과 첨단 기술의 도입, 가치 창조와 변화에 대한 선제적 대응, 타 업종과의 교류를 통한 신산업 창조, 지역의 자원과 문화를 활용한 지역 밀착형 산업 발굴 등, 21세기형 중소기업으로 자기 혁신을 꾀하고 있는 기업군이 다발하고 있다. 일본 정부도 "중소기업의 약진이야말로 일본 산업 부활의 프런트 러너front runner"[17]라고 간주하며 '모노즈쿠리 이노베이션'을 외치고 있다. 지역 경제의 활성화를 도모하고 특화된 분야에서 세계 시장을 장악하고 있는 중기의 힘을 "일본의 보물"로 간주하고 있기 때문이다.

시스템과 기업 문화의 개혁, 과감한 지식 투자R&D, 소프트웨어와 철저한 글로벌 전략으로 1990년대의 난국 돌파에 앞장서 온 대기업과, 특유의 창의성·끈질김으로 일본 경제의 버팀목 역할을 성실히 수행해온 중소기업의 저력이 일본 제조업 신화의 토대를 이루고 있다. 전후 부흥과 경제 대국 일본의 건설은 정부의 정책과 방향성에 힘입은 바 크지만 이 책에서는 특별히 언급하지 않았다.

저자가 주목한 것은 일본인의 사유양식과 행동양식이었다. 그에 포커

스를 두고 기업가들의 정신을 보면 철학과 실천이라는 점에서 공통점을 발견할 수 있다. 철학이라는 관점에서는 인본 사상과 기업의 사회적 공헌을 중시하고, 실천이라는 관점에서는 근면·정직·검약의 도덕관을 바탕으로 고객과의 신信, 신뢰·신용의 구축, 그 위에서 기업의 정당한 이윤 추구와 국가 번영에 기여한다는 행동양식이다. 사상과 행동의 일체화는 일본인에 의한 일본인을 위한 일본적 자본주의 정신의 역사성이다.

3. 전후 일본인의 노동관과 노동 생산성

"일하지 않는 자는 먹지 말라"는 바오로의 영향 이후 서구의 노동관 역사를 보면 막스 베버의 연구가 대변하듯 종교나 사상의 이데올로기에 근면이라는 윤리관을 양성시켜 노동의 의미를 자기실현이라는 논리로 귀결시키고 있다. 일본도 유교나 불교의 영향 아래 육체 노동과 생활 정신, 인격 수행을 동일시하면서 무사타애無私他愛의 정신을 강조하고 각각의 신분이 자기 일에 최선을 다하는 것을 미덕으로 생각하는 사상이 근세 시대에 성립되어 오늘에 이르고 있다.

경제 활동에 윤리적 기반을 제공하여 노동을 미덕으로 생각하는 사회적 규범이나 윤리적 가치관의 확립은 서구나 일본 공히 비슷한 역사성을 보유하고 있고(그럼에도 일본의 자본주의 정신은 그동안 국제 사회에서 그다지 주목받지 못했다), 그 역사적 흐름 속에 근대 자본주의의 발전과 주체로서의 중산적 생산자층이 주목받게 되고, 그 연장선상에서 급여 노동자로서 현대적 의미의 '샐러리맨'이 등장하게 된다(Salaryman은 일본제 영어로서, 영어는 office worker이다. 마르크스주의의 입장에서 보면 노동자 계급에 속한다).

일본에서의 샐러리맨은 1900년대 들어 대학을 졸업하고 주로 민간 기업에서 근무하는 화이트칼라층을 의미하는 것으로 시작되어, 고도 경제 성장기에는 멸사봉공의 정신으로 회사를 위해 자신을 희생하는 '기업 전사', '사축'社畜, 회사+가축의 합성어로서 회사를 위해 자신을 포기한 샐러리맨들을 비유한 말 등으로 인식되기도 했다. 80년대 말에는 샐러리맨들의 노동관을 상징하는 일례로 한 제약회사가 'Regain'이라는 드링크를 선전하면서 "24시간 투쟁할 수 있습니까. 세계를 주름잡는 일본의 샐러리맨"이라는 문구를 사용하여 상당한 화제를 불러일으킨 적이 있다.

이 선전은 근면하고 충성심 강한 일본의 샐러리맨을 상징하는 문구가 되면서 그해의 유행어로 선정되기도 했으나, 한편으로는 '세븐일레븐'7시에 출근하여 11시에 퇴근한다는 의미과 함께 일본 근로자들의 장시간 노동이나 과로사를 의미하는 '원흉'이 되기도 했다(일본인의 노동관의 특징이라고 한다면 흔히 근면한 기풍과 집단 귀속 의식, 조직에 대한 강한 충성심, 장시간 노동, 낮은 이직률, 봉사와 희생정신 등을 언급하지만 이 선전은 그런 일본인의 노동관을 한마디로 대변하는 것이었다).

경제 대국 일본과 일본인의 노동관

1980년대 국제 사회가 가정과 사생활을 희생하면서 오로지 일에 몰두하는 일본인들을 가리켜 워커홀릭workaholic, work와 alcoholic의 합성어로서 일 중독자라는 의미이라 부르며 비난의 톤을 높이고, 90년대 일본 사회에서 '과로사過勞死', '과로 자살'이 사회 문제로 부각되어 관련 방지법이 제정된 바 있듯이過勞死等防止對策推進法, 2014년 11월에 시행, 죽음을 담보하면서까지 '근면 신화'를 창조한 일본인들의 노동관을 보면 일에 대한 강박 관념이 어느 정도인지 헤아릴 수 있다. '회사 인간'으로 전락한 샐러리맨들의 '회사 중심적인 노동관'만 문제가 되는 것은 아니다.

일본 기업 역시 전통적으로 그러한 가치관을 기업 문화로 내세우고 있다. 대표적인 일본 기업의 경영 방침을 보면 '일'과 관련된 경영 철학이 의외로 많이 등장한다. 혼다의 'Honda Philosophy'에 의하면 "일을 사랑하고 커뮤니케이션을 중요시할 것"이라는 방침이 있고, 도요타 자동차의 '도요타 강령'에 의하면 "상하 일치하여 지성으로 업무에 종사하고"라는 내용이 있으며, 샤프의 '경영 신조'에 의하면 "성의誠意는 사람의 도이고 모든 일에 진심을"이라는 내용이 들어 있다. 심지어 리코 같은 기업은 "일을 사랑하리勤めを愛す"를 창업 정신의 하나로 설정했을 정도다. 일본의 기업들이 '일'에 대한 관념을 얼마나 중시하고 있는지를 엿볼 수 있는 사례들이다.

일본인의 일 중독의 원인으로 "인내와 고통은 미덕"이라는 생각과 "일을 거절할 수 없다"는 의식 일반, 그리고 회사에 대한 "충성심"이나 "직인職人 기질" 등이 언급되고 있기는 하나, 이 책에서 분석한 것처럼 기본적으로는 사회적 가치관으로 굳어진 일본인의 사유양식의 특성이 반영된 결과이다. 기업 문화를 비롯해 노동은 미덕이라는 의식과 사생활을 포기하는 일 중심주의적 사고, 그리고 집단企業 귀속적인 사유양식을 특징으로 하는 일본인의 노동관은 일본 경제의 기반이라고 할 수 있는 중소기업 사장들의 근무 형태만 보더라도 체감할 수 있다.<도표 1> 참조

〈도표 1〉을 보면 전체의 3할 미만이 휴일을 전부 쉬고 있을 뿐 7할 정

〈도표 1〉 종소기업 사장의 근무일수 (단위%)

	모두 반납	한 달 2~3회	한 달 1회	휴일은 쉰다
전체	14.2	26.6	30.2	28.4
종업원 19인 이하	13.9	32.9	31.8	20.8
종업원 100인 이하	6.8	15.9	29.5	45.5
휴일일수	모두 반납	한 달 2~3회	한 달 1회	휴일은 쉰다

자료출처 : 『日経流通新聞』(1981.12.10)

도가 한 달에 3회 이내의 휴일을 보내고 있다. 실제로 기업에 근무하고 있는 일본인들의 휴가에 대한 이코노미스트들의 분석을 보면, 평균적인 일본인의 연차 유급 휴가는 15일밖에 되지 않고 그 와중에도 이용하고 있는 휴가일은 60%가 10일 미만이라고 한다. 상대적으로 미국이 20일, 영국이 23일, 독일이 30일 정도임을 고려할 때^{1988년 기준} 일과 휴가를 구분 짓지 못하는 일본인들의 근로 의식에는 다소의 동정심마저 들기도 한다.

일이 즐겁다고 생각하더라도 일에 미치거나 조직에 매몰되는 삶을 받아들이지 않는 이상 불가능에 가까운 현상이지만(긍정적으로 생각한다면 회사에 대한 강한 충성심과 일 중독적 사고라고 할 수도 있다), 누구를 위해서도 대가를 구하는 것도 아닌 마치 일 그 자체에 집착한다고 하는, 이른바 비인간적이고 몰아적인 태도가 자신에게는 가장 인간적이고 자기실현적인 삶이 될 수 있다는 인식이다. 삶의 양식으로서 노동에 대한 일본인들의 의식 자체가 다르다는 점은 고도 경제 성장 이후 국제 사회가 끊임없이 주목한 사실이기도 하나, 다음의 표를 보면 경제 대국의 지위를 획득한 일본인들의 일상적인 생활양식이었음을 확인할 수 있다<도표 2·3·4> 참조.

〈도표 2〉 80년대 후반 주요국의 제조업 분야 연간 노동 시간

국가	노동 시간
일본	2,168시간
미국	1,924
영국	1,952
프랑스	1,659
서독	1,643

출처 : 日本經齊新聞社 編, 『日本經齊入門』

우선 〈도표 2〉는 80년대 후반의 일반 제조업에 종사하는 주요국의 노동 시간으로서, 일본인들의 경우 노동 시간이 서독이나 프랑스보다 압도적으로 많다는 것을 확인할 수 있다. 〈도표 3·4〉는 2000년대 초반의 중

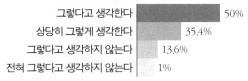

〈도표 3〉 자신을 열심히 일하는 사람이라고 생각 하는가?(경영자)

그렇다고 생각한다	50%
상당히 그렇게 생각한다	35.4%
그렇다고 생각하지 않는다	13.6%
전혀 그렇다고 생각하지 않는다	1%

〈도표 4〉 규모가 크든 작든 열심히 일하는 것이 사장(평균시간)

25억 엔 미만	10시간 24분
25~29억 엔 미만	10시간 12분
50~99억 엔 미만	9시간 54분
100~199억 엔 미만	10시간 06분
200억 엔 이상	10시간 24분

출처 : 日本の社長研究会 編, 『ニッポンの社長たち』

소기업 사장들의 근로 시간에 대한 실태 조사로서 중기 경영자들의 경우는 85%이상이 자신을 열심히 일하는 경영자로 생각하고 있으며, 근무 시간도 하루 평균 10시간을 상회하고 있다. 일부의 사장들은 "나는 사원의 휴일을 위해 일을 하고 있다"[18]고 스스로 탄식할 정도라고 한다. 경제 대국에서 '잃어버린 10년'을 거쳐 뉴 밀레니엄을 맞이한 현재도 일본인들의 전반적인 노동관은 여전히 '전통적인 유산'을 계승하고 있다.

〈표 1〉 「일하는 목적」

	경제적으로 풍요로운 생활	생활을 위해 어쩔 수 없다	인간으로서 당연
일본	40.9%	17.6%	23.2%
미국	24.5%	48.1%	4.3%
구서독	18.4%	57.8%	5.8%

'일하는 목적'에 대한 국제 비교 여론 조사 결과<표 1> 1989년 NHK조사를 보면 정도의 차를 보다 실감할 수 있다. 우선 일하는 목적에 대해 '인간으로서 당연하다'고 대답한 비율이 미국의 경우 4.3%, 독일의 경우 5.8%인데 일본의 경우는 23.2%나 된다. 이어 '생활을 위해 어쩔 수 없이 한다'는 미국이 48.1%, 독일이 57.8%인데 일본은 겨우 17.6%에 지나지 않는다. 서구

인들이 기본적으로 직업을 생계 유지의 수단으로 인식하는 경향이 강한데 반해 일본인들은 '생활을 위해 어쩔 수 없다'라고 생각하기보다는 '인간으로서 당연'하다고 생각하는 비율(일을 통한 자기실현과 나아가 사회적 책무나 의무를 다한다는 의식도 내포하고 있음)이 다른 선진국에 비해 압도적으로 많다.

또 90년대 전반에 일본생산성본부에 설치된 '21세기 기업행동생활행동연구위원회'가 21세기의 주축이 될 30대의 일본인들을 대상으로 조사한 결과에 의하면 '일은 적당히 해도 된다'는 의견에는 65.3%가 부정적이었는데, '자신의 시간을 할애해서라도 일의 능률을 올리고 싶다'는 의견에는 68.7%가 긍정적이었다.[19]

고도 경제 성장과 경제 대국을 거치면서 사생활을 중시하는 경향이 전반적으로 일본 사회에서 뿌리를 내리고 노동 시장을 둘러싼 내외적 환경이 급변하고 있음에도 일에 관한 일본인들의 기본적 사고는 쉽게 변하지 않는다는 것이다. 그렇다 보니 일본인들 가운데는 '자신에게서 일을 빼면 아무것도 남지 않는다'고 생각하는 사람들이 여전히 50대에서는 31.8%나 달하고 있을 정도다<도표 5>.

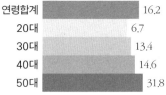

〈도표 5〉 "자신에게서 일을 빼면 아무것도 남지 않는다"(단위 %)

연령합계	16.2
20대	6.7
30대	13.4
40대	14.6
50대	31.8

출처 : 『厚生勞働白書』(2001)

선진 각국의 노조가 근로 시간 단축을 위한 투쟁을 전개해도 일본의 노조는 이와 무관한 방향으로 나아갔고, 일부의 지식인들이 "저임금과 결합한 잔업 의존의 노무 관리가 가정 붕괴로 이어지고 있다"渡辺洋三, 『日本社会はどこへ行く』는 현실을 아무리 개탄해도 일본의 노동자들은 '근로는 최

고의 미덕'이라는 환상에서 깨어나지 못하고 있다. 이 같은 실태를 보면 고도 경제 성장기부터 일본 사회에서 불려진 '맹렬 사원', '기업 전사', '회사 인간', '사축社畜' 등의 이명들이 이유 없이 붙여진 것이 아니며, 60~80년대 제조업의 노동 생산성 상승률이 영·미에 비해 2~3배 이상 높았다는 사실이 결코 우연이 아님을 알 수 있다.

일본인들의 과도한 노동 시간과 강한 집단 귀속 의식이 일본 내·외부로부터 비난의 표적이 된 지 오래다. 이것은 일본 사회가 스스로 해결해야 할 문제이나, 분명한 것은 경제 대국 일본의 실체는 바로 이 '비난'의 요소에 기인하는 바가 적지 않고 이것을 일본인들은 그다지 부끄럽게 생각하거나 불만스럽게 저항하지 않는다는 점이다 — 기업 문화라는 관점에서 보면 '협조형 노사관계'의 구축이 대표적인 사례이다.

상황이 이렇다 보니 1994년 경제기획청은 일본의 샐러리맨들에게 '회사에 대한 충성심'보다는 '일에 대한 성실함'을 강조하는 제언을 하며 샐러리맨들의 '건강 장애'를 우려하기도 했고(다양한 개선책도 제안했다),[20] 급기야는 후생 노동성이 '과중 노동에 의한 건강 장애 방지를 위한 종합 대책'2002을 발표한 데 이어, '일과 생활의 조화 헌장憲章', '일과 생활의 조화 추진을 위한 행동 지침'2010 등을 설정하여 일과 가정이 양립할 수 있는 지원책을 정부 차원에서 직접 강구하는 상황에 직면하기도 했다.

일본의 노동 생산성

일본 경제의 지속적인 발전은 두 차례에 걸친 오일 쇼크와 엔고円高 기조의 정착, 그리고 '영국병'이라는 말이 상징하듯 주요 선진국 경제에 내재하는 국내의 구조적인 문제들예를 들면 구조적 인플레 요인으로서의 임금 상승, 그와 병행하지 않는 노동 생산성의 정체, 노사 대립의 격화, 설비 투자의 부족, 여기에 정부 부문의 비대화의 폐해로서 나타난 재정 적자의 확대 등. 『通商白書』, 1981로 세계 경제가 동반 침체기에 빠져 있던 시기에 달성되었다는 점에서 저력을 평가하지 않을 수 없다.

일본 경제의 펀더멘탈이 단단하다는 의미이지만 일본 경제의 부상을 정치·경제 정책이나 산업 구조와 같은 요인 이외에 사유양식이나 기업 문화 등과 관련 지어 파악하면 실체를 보다 명확히 파악할 수 있다. 우선 일본의 고도성장을 지탱해온 노동 생산성Labor Productivity, 종업원의 노동 시간이나 노동량의 결과에 의해 얻어지는 생산량의 비율을 보면, 그 상승률은 선진제국을 압도한 반면 시간당 임금 상승률은 선진제국에 비해 낮았다<표 2> 참조. 노동 생산성의 경우 제1차 오일 쇼크 이후 선진제국은 정체된 상태였는 데 반해 일본은 여전히 높은 수준을 유지하고 있었다.

〈표 2〉 노동 생산성 상승률과 시간당 임금 상승률 국제 비교(단위%)

	년	미국	일본	서독	영국	프랑스	이탈리아	캐나다	EC
노동 생산성 상승률	1973~1980	1.7	6.8	4.8	1.9	4.9	3.6	2.2	4.2
	1960~1980	2.7	9.4	5.4	3.6	5.6	5.9	3.8	5.4
시간당 임금 상승률	1973~1980	9.3	10.5	9.7	19.1	15.2	20.1	11.9	13.8
	1960~1980	6.7	15.1	10.3	12.7	12.0	16.0	8.6	11.9

노동 생산성은 총 노동 시간당 산출액.
EC는 9개국 합계.
출처 : 「第3章 3. 貿易摩擦の構造的背景」(第3·2·7表), 『通商白書』 1982年度版에서 발췌 작성.

노동 생산성의 향상은 제품 가격의 국제 경쟁력 확보는 물론 물가의 상승 억제나 산업 구조의 유연한 변화를 가능하게 하는 등, 일석 3조의 효과를 엿볼 수 있는 지표이다. 특히 제조업 분야는 수출 비율이 높은 업종의 상승률이 수출 비율이 낮은 업종에 비해 일반적으로 높다는 결과가 증명되었다『通商白書』, 1980. 여기에 '대량 생산형 혁신'에서 '효율형 혁신'으로 기업 문화의 구조적 변화를 추구하며 생산성의 향상을 제고함으로써 일본의 국가 경쟁력은 지속적으로 확보되었다.

국가 경쟁력의 실체는 각종 지표가 증명했다. 1985년이 되면 일본의 GNP는 OECD 전체 GNP의 약 10%를 차지해 미국 GNP의 3분의 1, 서독 GNP의 2배에 달했다. 국민 1인당 GNP달러 베이스도 OECD 제국의 7번째로, 주요국 가운데는 미국, 캐나다에 이어 3번째의 고수준이었다.

주요국의 대외순자산 잔고도 80년부터 5년 만에 서독과 영국을 제치고 1위가 되었고, 경상 수지의 흑자 폭도 85년도에는 550억 달러를 기록하여 GNP의 3.8%까지 부풀어 올랐다. 특히 국민 경제의 활력을 반영하는 불쾌지수= 실업률 + 소비자 물가 상승률 - 실질 성장률는<표 3> 참조 제1, 2차 오일 쇼크를 극복한 1980년부터 구미 주요국에 비해 상대적으로 매우 낮은 편이었다總合研究開発機構,『国際社会の中の日本経済』. 국제 사회에 일본의 경제적 퍼포먼스를 단적으로 보여주는 사례였다.

〈표 3〉 국민 경제의 불쾌지수

	일본	미국	영국	서독	프랑스
1974년 1차 쇼크	27.1	17.2	20.0	9.2	12.8
1980년 2차 쇼크	5.8	20.8	27.0	7.6	19.9
1985년	0.1	8.5	15.9	9.0	14.8

출처 : 総合研究開発機構,『国際社会の中の日本経済』,1988.

"Japan as NO.1"을 필두로 소위 '일본 예찬론'이 붐을 이루기 시작한 것도 이 무렵부터이지만, 당시 영국에서는 "일본의 산업에 있어서 과학 기술에 대하여"라는 보고서과학과 기술에 관한 영국특별조사위원회, 1978.8 등을 통해 "일본이 과학 기술을 국가 목표를 달성하는 도구 혹은 수단으로 간주하여 정부가 다양한 정책을 취하면서 일본인의 성격, 재능 및 종신 고용 제도 등과 맞물려 과학 기술을 제대로 이용하여 생산 공정의 능률화에 성공하면서 정확한 품질 관리로 세계 시장을 개척해온 경험을 영국은 유효하게 응용할 수 있다"『文部科学白書』, 1980고 지적하기도 했다.

일본의 경제 성장의 동력을 종합적으로 파악하여 높이 평가한 것으로 볼 수 있지만, 일본인들의 이런 '전통'과 '자신감'이 80년대 국제 사회와 미국으로부터 Japan Bassing^{일본 두드리기}을 초래하는 빌미가 되기도 했고, 한편으로는 그런 '공격'적인 국제 사회와 미국에 대해 'NO라고 말할 수 있는 일본'이 되어야 한다는 주장이 내부로부터 확산되는 문화적 배경이 되기도 했다.[21]

이를 반영하듯 평론가 이누카이 미치코^{犬養道子, 1921~2017}는 다음과 같은 예를 들며 일본인들의 노동관이 뛰어나다는 점을 강조했다. 미국에는 소위 '먼데이 카', '프라이데이 카'라는 것이 있다고 한다. 월요일에는 지난 주말의 피로가 남아있어 머리도 눈도 팔도 제대로 움직이지 않아 10% 정도 결함 차가 나오며, 금요일에는 공장에서 바로 가는 주말여행 등으로 머리가 복잡해 치밀한 점검 등을 하지 않아 다시 10% 정도의 결함 차가 나온다는 것이다. 그에 비해 일본 차는 결함율이 0.2%밖에 되지 않으니 미국인들이 일본 차를 사는 것은 너무나 당연하다는 것이다^{『日本人が外に出るとき』}. 지금은 물론 사라진 말이지만 제품의 국제 경쟁력은 생산 라인에서 결정된다는 말을 실감케 하는 실태이자 80년대 양 국민의 노동윤리의 차를 극명하게 보여준 사례이다.

그뿐만 아니다. 1990년에 조사된 주요국의 결근율을 보면 프랑스 6.32%, 독일 4.82%, 영국 4.35%, 미국 2.78%인 데 비해 일본은 1.16%밖에 되지 않았다. 실제로 마츠다^{Mazda}의 미국 자회사의 경우는 월간 결근율이 10%에서 높은 달에는 12~13%에 달했고, 어떤 경우는 하루 결근율이 25%에 이른 적도 있었다고 한다. 일본 본사의 결근율이 1%에도 미치지 못했던 것에 비하면 엄청난 수치라고 할 수 있다(결근율이 낮다는 것은 일본인들의 성실함과 근면함을 반영한 결과로서 이는 생산성을 향상하는 요인이자 국제 경쟁력을 확보하는 토대가 되기도 한다. 그러나 한편으로는 사원의 회사에 대한 충성심과 귀속 의식이 강한 일본의 기업 문화를 반영한 것으로 때로는 '과로사', '과로 자살'을 낳는 원인이 되기도 한다).[22] 여기에 일본인들의 휴가 소화율이 평균 30% 전후임을 고려하면 결근·휴가율의 최소화는 일본 경제를 떠받치는 보이지 않는 일본적 정서라는 느낌이 든다.

4. 노동윤리의 에토스화와 전승
일본적 자본주의 정신의 역사성

근대 사회 이행기 일본의 대표적인 계몽사상가 후쿠자와 유키지福沢諭吉, 1835~1901는 "문명은 인간의 약속이지만 이것을 달성하는 것은 인간의 목적"이라고 하면서, 그것을 달성할 때 중요한 것은 다름 아닌 "직분"이라고 했다. "정부는 사물의 순서를 정해 현재의 행할 바를 행하고, 학자는 전후前後를 살펴 미래를 꾀하고, 공상工商은 나의 업業을 영위하여 스스로 나라의 부를 이루는 등, 각자가 직분에 따라 문명의 일국을 담당해야 한다"[23]고 했다. 정부, 학자, 상공인이 각자의 업에 충실한 것이 부국강병의 근원이라는 논리이다.

너무나 당연한 사실이지만 각 직분의 충실함을 바탕으로 문명국 일본의 건설이 가능했고 오늘날까지 일본인의 노동윤리가 세계의 주목을 받고 있다면 그것은 무사도武士道처럼 각 직분이 중시하고 지켜왔던, 그리고 그것을 뒷받침한 직업윤리가 뿌리를 내리고 있었기 때문이다. 일본 사회에서 자본주의 정신의 근원을 찾아보면 근세의 신분제하에서도 직업이나 일과 관련된 윤리 의식이나 도덕성을 강조하는 정신문화의 전통이 있었고, 이를 강조하고 실천하는 식자識者들의 사회적 노력이 있었으며, 농·공·상에 종사하는 서민들은 그들의 실천적 사상을 흡수하여 자기 혁신을 경주한 역사가 존재했다.

이 책에서 주목한 상인 철학의 존재가 그러하다. 신분제라는 태생적 한계에도 불구하고 스스로 확립한 상인도商人道를 바탕으로 전근대 시대의 상업 문화를 발전시키는 저력을 발휘했다. 오복상吳服商으로 출발한 미츠이 다카토시三井高利, 1622~1694는 공정한 분배와 동족끼리의 싸움 금지, 현자賢者·능지能者의 등용 중시, 사치 금지와 엄격한 근검 정신을 강조하는 철학으로 미츠이三井 그룹의 토대를 구축했고, 승려僧侶 출신으로 정직·자비·청정淸淨·검약을 강조했던 스미토모 마사토모住友正友, 1585~1652는 "상대가 어떤 말을 하더라도 상인은 화를 내거나 난폭한 말을 해서는 안 된다"는 마음 자세와 신용을 중시하고 모든 일에 마음을 다해 대할 것을 강조한 '문주원지의서文殊院旨意書'를 남겨 스미토모住友 그룹을 융성시켰다.

일본에서 최초로 청주淸酒 생산에 성공한 근세의 거상巨商 고노이케 나오후미鴻池直文, 1571~1651는 인의仁義·오상지도五常之道와 충효 사상, 가내화친을 강조한 '자손제사조목子孫制詞条目'을 제정하여 근세 시대 최대의 재벌로 성장했다. 어린 시절부터 상인으로서의 자각과 직분에 충실했던 삶을 바탕으로 무사 계급의 가훈처럼 상가의 가훈家訓을 설정하여 근세의 상업 발전에 기여한 상징적인 인물들이다. 오사카·이세伊勢 상인과 더불어 3대 상인으로 명성을 날렸던 오우미 상인近江商人[24]만 하더라도 자기 현시나 대가를 기대하지 말고 사람을 위해 최선을 다하라는 '음덕선사陰德善事'의 철학으로 지역 사회의 발전과 복리 증진에 기여한 역사를 보유하고 있다(근세 시대 3대 상인들이 후예들이 오늘날 일본의 대기업 그룹을 형성하고 있다).

견고한 상인 정신과 상도덕오늘날의 관점에서 보면 기업윤리을 바탕으로 근세 일본의 기업 문화를 구축하여 지역과 국가 발전을 도모한 사례를 일일이 열거할 수 없지만, 신용과 법을 준수하고 사회적 공헌을 추구하는 것이 상업 발전의 기본이라는 정신을 실천한 기업 문화가 전통으로 계승되고 있다는 점이 중요하다. 상징적 인물이 이토츄 상사와 마루베니丸紅株式会社의 토대가 된 벤츄紅忠, 1872 창업자 이토 츄베에伊藤忠兵衛, 1842~1903다. 오우미 상인의 후예로 불교신앙에 의거하여 "장사는 보살의 업"이라는 철학으로 상인의 길을 추구하고, 이익 3분주의순 이익금 중 본점·적립금·점원의 배분을 5:3:2로 함를 도입하여, 점원들의 근로 의욕 제고와 인재를 양성하고 재산을 나누는 것을 상업 번영의 본도本道로 생각하는 사상을 후세에 남겼다.

전후 일본 재계에서 '경영의 신'으로 칭송받았던 마츠시타松下幸之助는 실업인으로서의 사명에 입각한 경영도道와 상인도·종업원도를 설파하여 기업의 이윤과 공공성을 존중하는 철학을 실천하여 '국민적 영웅'으로 부상했고, 니노미야 손토쿠의 보덕 사상報德思想을 계승한 도요타 사키치豊田佐吉, 1867~1930는 자신의 핵심 사상인 '현세 구제의 정신'을 "지성으로 업무에 종사하여 산업보국의 결실을 맺어야 한다"는 도요타의 기업 이념에 담아 일본의 자동차 산업을 이끌었다.

살아있는 '경영의 신'으로 존경받았던 이나모리 가즈오稲盛和夫, 1932~2022는 대의명분과 공명정대함, 정직함과 금욕적인 생활, 이익은 추구하는 것이 아니라 따라오는 것이라는 경영 철학을 구현했고, '인간 존중'의 사업 경영을 관철한 이데미츠 사조出光佐三, 1855~1981, 出光興産創業者는 "돈은 벌고 싶지만 신용을 잃어버리면서까지 돈을 벌 수 없다"는 철학으로 기업의 사회적 책임을 실천했고, 한국계로 소프트뱅크 그룹을 이끌고 있는 손마사요시孫正義, 1957~도 "사람들이 기뻐하는 사회적 공헌을 할 수 있다면 행복하다"는 철학으로 국제 사회의 존경을 받고 있다.

'도道'를 중시하며 공리공익公利公益성을 강조하는 사상은 신뢰 사회 구축과 부국의 전제이고 그런 풍토는 일본 기업 문화의 역사성이다. 근세 시대 소상공인들의 상인 정신도 그러했다. 그들은 사회적인 부의 축적이나 산업의 개발, 발전 같은 원대한 꿈은 없었지만 근검·정직을 바탕으로 신용과 고객을 중시하며 일가일신一家一身의 안녕을 추구하는 상인도덕을 구축했다. 상인의 도덕성 강조에 의한 근로정신의 사회화와 그에 의해 체현화 된 소상공인의 "소극적 경제 사상"은 "일본인의 사상 발전사에 획기적인 새로운 사고방식을 제시한 것"[25]으로, 근대 사회를 거쳐 오늘에 이르기까지 소상공인들의 생활·정신문화를 지배하고 있는 사상이다.

"활력 있는 삶은 돈이 아니다"는 정신으로 5대째 두부 만들기를 이어오고 있는 두부 명인 야마시타 타케시山下健, 선대의 창업은 1872년. 와세다대학 졸업 후 대기업에 내정된 엘리트 청년이었지만 가업을 계승했다. 그는 아버지의 유훈인 "작아도 좋고 별 볼일 없어도 좋으니 그저 묵묵히 열심히 하라"는 말을 가슴에 새기며 두부 만들기에 전념하고 있다처럼, 전국 어느 소도시나 시골 마을을 가더라도 몇 대를 거쳐 이어지고 있는 생활 밀착형 소상가가 수없이 존재하는 이유가 여기에 있고, 100년이 넘는 장수 기업을 세계에서 가장 많이 보유하고 있는 배경이 여기에 있다(200년이 넘는 기업은 세계에서 일본이 약 60%를 차지하고 있다). 시대나 환경의 변화에도 불구하고 정직과 신용을 중시하는 정신은 기업 문화나 소상공인을 막론하고 조금도 훼손되지 않았다는 의미이다.

"비즈니스에서 성공하느냐 마느냐는 결국 일을 인생 최대의 놀이로 할 수 있느냐 없느냐"에 달려 있다는 미키 타니히로시三木谷浩史, 楽天株式会社代表, 1965~의 철학처럼, 일본의 경영자들이나 야마시타와 같은 저변의 소상공인들은 기본적으로 노동의 가치나 일에 대한 자세를 중시하고 이를 바탕으로 한 신용과 사회 공헌을 강조하는 사상을 전통적인 정신문화로 계승하여 실천하고 있다. "땀 흘리지 않는 사회는 추락한다"는 마에다前田又兵衛, 1877~1938, 前田建設創業者의 말처럼 '일'과 관련된 국제 비교 조사를 보더라도 일본적 가치의 차이를 발견할 수 있다.

1980~90년대 '일하는 것의 의미Meaning of working'에 관한 국제 비교 조사 연구에 의하면 '일 중심성'에 대한 상대 평가와 절대 평가 모두 일본이 가장 높은 것으로 나타났다. '직업의식work orientation'에 대한 국제 비교 조사에서는 "일은 수입을 얻기 위한 수단", "일은 인간에 있어 가장 중요한 활동", "비록 돈을 벌 필요는 없어도 일은 갖고 싶다"는 항목이 모두 일본이 높은 것으로 확인되었다. 조사 결과를 종합해보면 일본인은 일 중심적인 사고와 회사에 대한 정착 지향성이 매우 높은 것으로 나타났다(다만 일에 대한 만족감이나 회사에 대한 긍지는 낮은 편이었다).[26]

일본인들의 노동관이나 노동윤리를 비교의 시점에서 보았을 때 상대적으로 뛰어난 것은 바로 일본인·일본 사회가 오랜 역사를 통해 스스로 만들어온 의식이고 규범이며 문화이기 때문이다. '사람으로서 당연'하다거나, '근면은 미덕'이라는 의식, '열심히 하면 보상받는다'는 생각, '사회 구성원의 역할'이나 '회사의 발전을 위해서' 등과 같은 사고는 일본인들의 노동윤리를 상징하는 표현들이다. 일본의 경제 문화가 국제적 영향력을 확대해가면서 일부에서는 일본이 경제 원조를 할 것이 아니라 노동윤리를 전파하여 일본을 배우게 하자는 주장이 제기되고 있을 정도다.

근면한 근로정신을 존중하는 윤리관의 역사에 대해서는 스즈키 쇼산鈴木正三, 労働即仏道思想과 이시다 바이간石田梅岩, 心學思想을 통해 분석한 바이지만, 이와 관련하여 시마다 아키코島田燁子, 1936~는 민족성, 풍토, 농경 사회, 이에家 사회 등의 다양한 설명이 있을 수 있고 모두가 일리 있는 주장이기는 하나, 역시 중요한 것은 "일본인이 주체적으로 근로의 철학과 직업윤리의 사상을 만들어 내고 에토스화 시킨 것"이라고 했다. 여기에 경제적·정치적·종교적으로 맺어진 생활 집단이 갖고 있는 "집단도덕"이 가미되면서 확고한 근로의 철학과 직업윤리 사상이 일본인에게 뿌리깊이 자리잡았다고 한다.[27] 근대 자본주의의 '정신'을 분석한 막스 베버의 연구와도 유사한 문제의식이다.

일본인의 '노동 의무감'

일본인의 노동관에는 윤리적인 측면만을 강조하는 것으로 끝나지 않는다. 노동을 사회적 의무라고 생각하는 '노동 의무감' 같은 것이 존재하고 그것은 사회 공헌적 노동 지향성과 관련이 깊다. 25세에서 60세 사이의 남성을 대상으로 한 연구에 의하면 '일하는 것은 사회에 대한 의무'라는 생각이 61%에 달해 '그렇지 않다'의 31%를 압도하고 있다.[28] 게다가 일본인의 '노동관'에는 노동의 대가인 임금 외에 일에 대한 달성감이나 보다 고도한 기술을 습득한다는 특성도 있다.[29]

노동을 한다는 것은 주어진 자신의 능력을 발휘하여 기본적인 경제기반을 확보하면서 각자가 기대하는 라이프 스타일이나 자기상自己像을 실현해가는 도정道程이지만, 동시에 사회 구성원으로서의 관계가정과 일이나 직장과의 관계, 직장에서의 인간관계 등를 형성하고, 조직이나 사회에 공헌하는 삶의 양식이라는 것이 일본인들의 일반적인 생각이다. 그런 사상의 이면에는 노동 그 자체의 의미나 가치를 포함해, 노동과 인간의 상관관계, 사회적 모럴, 노동 환경이나 제도적 측면 등에 대한 전통적인 관념이 일본인·일본사회에 존재하고 있음을 의미한다.

그럼에도 불구하고 금전 지향성은 그다지 강하지 않다는 것이 특징이다. 1978년 한 연구소의 조사에 의하면 일본의 성인들은 돈이 있어도 일을 계속한다는 비율이 70%에 이르렀고, 1993년 전술한 일본생산성본부의 조사에 의하면 20~30대의 젊은이들도 '수입이나 지위는 그렇다 하더라도 좋은 일을 하고 싶다'는 의견이 71.4%에 이르렀다.[30] 일에 대한 생각과 일을 하는 이유는 백인 백색일 수 있으나 일본 사회의 통념은 비슷한 형태로 나타난다는 점이다.

2001년에 대학을 졸업하고 다양한 사회적 경험을 한 후 편집 관련 프로덕션을 설립하여 운영하고 있는 구보ㅊ保라는 일본인은 일과 인생관에 대해 "조직을 확대하고 많은 돈을 번다고 하는 발상은 전혀 없다. 목표는 하나, 전원이 즐기고 전원이 먹고 살아가는 것"이 자신과 사원들의 기본적인 생각이라고 했다.[31]

근세 이래 일본인의 의식 세계에 상존하는 "일하는 것은 좋은 것이다"라는 사상을 반영한 다소 통속적인 답변인 듯하지만, 일하는 보람을 중시하고 인간으로서 근로의 목적이 어디에 있는가를 한마디로 대변한 것으로 이해할 수 있다. 각종 데이터에 나타난 일본인의 일반적인 인식을 보면 이와 크게 다르지 않다는 것이 현실이다.

'일본적 경영'을 지탱하는 종신 고용과 연공서열제하에서의 '성과주의'만 하더라도 예외는 아니다. 성과에 대한 보상을 적시에 금전적으로 하는 것이 아니라 젊은 시절에 조직의 발전을 위해 최선을 다하면 훗날 그에 상응하는 대우계열 회사의 포스트나 연구소 설립과 지원 등를 보장하여 자신의 능력을 발휘하게 하고 구성원들은 조직 내의 전통과 회사의 노무 관리 시스템을 신뢰하며 오로지 주어진 일에 전력을 다한다. 일본의 기업 노조가 임금인상 투쟁에 총력을 기울이지 않는 것도 이런 문화와 무관하지 않다. 전근대 시대에 바탕을 두고 오늘날까지 시대적 상황에 맞게 변화를 거듭해오면서도 제도를 지탱하는 DNA 자체는 사라지지 않았다는 것이다.

일본 사회는 "일심불란으로 하나의 일에 매진하는 인간의 모습만큼 아름답고 존경할 만한 것은 없다"는 말이 회자되고 있다. 열심히 일하는 인간상에 대한 최고의 찬사가 아닐 수 없다. 노동의 본질을 자기실현의 방법이자 사회 공헌으로 간주하는 일본인의 노동관은 민족의 고유한 국민성이나 풍토 등을 반영하고 있는 '뿌리 깊은 나무'이기에 쉽게 무너지지 않을 것이다.

예나 지금이나 일본인들의 노동관의 형성 배경에 대해서는 각 분야에서 다양한 접근이 이루어지고 있으나, 저자는 일본인의 전통적인 생활 규범인 개인의 통속도덕적 사유양식과 집단의 도덕적 가치^{예를 들면 기업의 특성}을 반영한 직업윤리 같은, 여기에 화 사상을 바탕으로 집단 귀속주의 같은 보이지 않는 사회적 정서의 존재^{부록에서 분석} 등이 화학적으로 결합한 역사적·구조적 산물이라고 생각한다.

전통이나 문화는 만들어지는 것이 아니라 생활 속에서 어떤 형태나 가치관을 스스로 만들어 가는 것이다. 프로테스탄티즘의 인간상을 특징 지우는 직업 관념을 고려할 때 생산 노동에 관여하는 "중산적 생산자층"의 의식이 중요하지만, 기본적으로 그들은 "스스로 이마에 땀을 흘리는 노동을 적극적인 가치를 갖는 것으로 인식하고, 생산 노동이야말로 자신의 인격을 연마하고 이웃과 실질적인 연대를 실현하는 것이라는 확신을 갖고" 있다.[32] 노동의 이념에 높은 가치를 부여하는 사유양식은 평가받아 마땅하나, 자신을 단련하고 노동에 자기실현의 가치를 추구하는 경향은 역사 문화적인 관점에서 보면 오히려 일본이 강하다는 느낌을 지울 수 없다.

이 책에서 이미 언급한 대로 생활 문화 속의 윤리 의식을 포함해 상공업의 발전과 농업 생산성이 확대되어가는 근세 중·후기에, 어떤 학파에도 소속되지 않은 채 스스로의 노력과 실천적 사고로 민중들의 생활·직업윤리에 커다란 영향을 미치며 사회 질서와 일본적 자본주의 정신의 원형을 구축한 인물들이 전국에 존재했고, 그런 사상에 근거한 자생적 기업 문화도 형성되고 있었다. 일본인과 일본 사회는 정점頂點적 사상가는 물론이고 민중과 함께 한 그들의 사상과 업적도 끊임없이 발굴하고 전승하면서 일본인의 전통적인 정신문화로 발전시키고 있다.

그들에 의한 지행합일知行合一의 선구적 사상이 오늘날 일본의 기업 문화나 일본인의 노동윤리 구축에 기여한 점을 고려하면 이문화異文化 이해라는 관점에서 우리는 일본인의 '정신문화'의 특질을 깊이 고찰할 필요가 있다. 그와 동시에 실천적 삶을 통해 시대를 선도해간 혁신적 사상가와 사상을 지속적으로 발굴하고 계승하여 실천윤리로 체화하는 노력을 기울이는 것도 중요하다. 전통은 예로부터 계승되는 것이 아니라 만들어 진다invention of tradition는 논리에 저자는 동의를 표한다. 우리도 정신문화의 창조와 계승을 통해 우리만의 전통문화한국적 자본주의 정신를 만들어간다면 10대 경제 강국으로서의 국제적 지위는 다른 차원으로 도약할 것이다.

주석

1　竹山道雄,『昭和の精神史』,講談社学術文庫, 1985, pp. 286~287.

2　「降伏ショック反乱散発」,『読売新聞』, 2000.8.17.

3　経済安全本部,『経済実相報告書』, 1947.7.3, p. 1.

4　三橋規宏 外,『ゼミナール 日本経済入門』 2000年度版, 日本経済新聞社, 1985, p. 103.

5　「日本万国博 ①」,『読売新聞・夕刊』, 1970.2.19.

6　佐藤公久,『GNP大国日本の「国力」』, 教育社, 1979, p. 14.

7　1978~85年度版『文部科学白書』,『経済白書』,『警察白書』 등에서 발췌 정리.

8　臨時行政調査会,「行政改革の理念(第二次臨調第一次答申)」, 1981.7.10 참조.

9　ハーマン・カーン, 坂本二郎 外訳,「第二章」,『超大国日本の挑戦』, ダイヤモンド社, 1970 참조.

10　高坂正堯 外,『現代日本の政治経済』, PHP研究所, 1988, p. 212.

11　産経新聞戦後史開封取材班,『戦後史開封』, 産経新聞社, 1995, p. 184.

12　『私の履歴書・経済人6』, 日本経済新聞社, 1980, p. 162.

13　経済産業省中小企業庁,『日本の中小企業政策』, 2011.9 참조.

14　伊勢雅臣,「世界シェア・トップを誇る日本の中小企業にあった「3つの共通点」」, 2017.9.28 참조. https://www.mag2.com/p/news/mag_author/0000000699

15　마츠우라기계공업의 참고자료는 2014년 77세의 나이로 작고한 마츠우라 마사노리(松浦正則) 회장과 현 마츠우라 카츠도시(松浦勝俊) 사장의 메시지를 담은 기록물『シングルorダブル』No.001~190의 내용에서 발췌했다. https://www.matsuura.co.jp/www5/japan/news/

16　『石油化学新聞』, 2002.1.1.

17　일본 정부(경제산업성·중소기업청)는 2006~2009년에 "중소기업의 창의에 의한 지역의 활성화"라는 취지로 "건실한 모노즈쿠리 중소기업 300개사"를 선정하여 발표한 적이 있다. 전국 각지에서 활약하고 있는 50여만 개의 모노즈쿠리 중기 가운데 독자적인 기술력이 높은 기업들을 선정했지만, 일본 정부의 입장은 비록 300개의 기업을 선정했다 하더라도 그것은 "빙산의 일각"이라는 시각이었다. 일본은 사실상 중소기업 대국이라는 점을 인식할 필요가 있다.

18　日本の社長研究会 編,『ニッポンの社長たち』, ダイヤモンド社, 1994, p. 86. 도표는 p. 85.

19　21世紀企業行動生活行動研究委員会,『個人・企業・社会の現在と将来』, 1993.5.1 참조.

20　徳永芳郎,「働き過ぎと健康障害―勤労者の立場からみた分析と提言」,『経済分析』第133号, 経済企画庁経済研究所, 1994.1, p. 5 참조.

21　대표적으로는 盛田昭夫・石原慎太郎,『'NO'と言える日本』, 光文社, 1989가 있다. 이후 후속 관련 서적이 잇따라 출판되었다.

22 辻野功, 『日本はどんな国か』, 紀伊國屋書店, 1993, p.164.

23 福沢諭吉, 『文明論の概略』(『福沢諭吉全集』第四巻), 岩波書店, 1967, p.67.

24 중세에서 근대에 걸쳐 오우미에 본거를 두고 활동한 상인들의 총칭이다. 오우미의 현재의 지명은 시가현(滋賀県)이다. "파는 사람 좋고, 사는 사람 좋고, 세상이 좋다"는 사상을 갖고 있었고, 스미토모재벌과 이토츄상사, 마루베니, 도요타자동차, 다케다약품을 비롯해 일본을 대표하는 다수의 기업들이 그들의 후예들이다.

25 家永三郎, 『日本道徳思想史』, 岩波全書, 1954, p.187.

26 高橋美保, 「'働くこと'の意識についての研究の流れと今後の展望」, 『東京大学大学院教育学研究科紀要』第45巻, 東京大学大学院教育学研究科, 2005, pp.155~156.

27 島田燁子, 『日本人の職業倫理』, 有斐閣, 1990, p.29.

28 米田幸弘, 「労働倫理の階層化の検証労働義務感に着目して」, 『和光大学現代人間学部紀要』第7号, 和光大学現代人間学部, 2014.3, p.45.

29 清川雪彦・山根弘子, 「日本人の労働観」, 『大原社會問題研究所雜誌』No.542, 法政大学大原社会問題研究所, 2004.1 참조.

30 21世紀企業行動生活行動研究委員会, 앞의 책 참조.

31 城繁幸, 『若者はなぜ3年で辞めるのか』, 光文社新書, 2006, p.208.

32 城塚登, 『近代社会思想史』, 東京大学出版会, 1960, p.64.

일본인의 사유양식으로서
화和의 논리

1. 화사상의 역사성

일본의 전통적인 미와 최신 기술을 동원하여 만든 도쿄 스카이트리2012
년 완공. 높이 634미터를 자랑하는 이 웅장한 타워의 기반은 삼각형의 구조
를 취하고 있다. 그런데 위로 올라갈수록 하나의 타원형의 형태로 변한
다. 보는 각도나 장소에 따라 다양한 표정을 갖게 만든 독특한 디자인이
지만 각기 다른 주체로서의 3각이 궁극적으로는 하나의 타원으로 귀결
된다는 점에서 화를 추구하는 이미지가 내재되어 있다. 일본의 정신으로
간주되고 있는 '화'가 일본이 자랑하는 전통과 첨단의 심볼에 반영되었다
는 것은 그것이 바로 일본인과 일본 사회가 가장 중시하는 정서라는 것
을 의미한다.

일본의 민족성을 언급할 때 온화함, 현실성, 실용성, 경건함, 예의 바름
등을 거론하며 이를 장점으로 지적하는 경우가 많은데 이 정서를 지탱하
고 있는 것이 다름 아닌 '화'의 사상이고, 그것은 정직, 근면, 인내, 검약과
같은 실천윤리와 불가분의 관계에 있다. '화'라는 단어 자체가 갖고 있는
의미는 '부드럽고', '온화하고', '유연하다'는 것이나, 정서적 관점에서 보

면 현실을 '원점'으로 생각하고 자연과의 친화성을 강조하는 성향이 있어 대립적 사고를 배제하고 조화의 묘^{일종의 절충주의}를 추구하며 내부의 결속력을 강화하는 사상이라고 할 수 있다.

일본 사회에서 집단의 존망이나 사회적 불안을 야기하는 격한 투쟁이 빈발하지 않은 것은 절충주의 사고의 반영이지만 근저에는 대립적이고 긴장된 관계를 싫어하는 특유의 '와고코로和心' 정서가 존재한다. '와고코로'는 개인의 가치관을 우선하기보다는 집단의 질서나 조화를 중시하고 예의를 존중하는 마음가짐이다. 일본인의 마음을 표현하는 정신으로 역사와 함께 일상성에 존재하는 전통적인 정서라고 할 수 있다.

조화와 예를 중시하는 태도는 다양한 관계 속에서 갈등을 최소화하고 상호 신뢰에 기여하며 궁극적으로는 집단의 안정과 평화를 보장하는 토대 형성에 기여한다. '와和'를 바탕으로 조화와 융합의 '와輪'를 만들어 가는 일본인의 사유양식을 우리는 민족성의 관점에서 평가할 수 있지만, 그렇게 평가되는 사유·행동양식은 천성이 아니라 "문화에 의해 형성^{습관화}된다"는 점을 상기할 필요가 있다『日本人の心理構造』.

그래서 일본적 생육生育 환경의 특성을 중시해야 하고, 그런 관점에서 보면 일본의 역사 문화에서 '화' 사상의 실체를 극명하게 드러낸 사례를 발견할 수 있다. 바로 쇼토쿠 타이시聖德太子, 574~622가 604년에 만들었다고 하는 "17조 헌법"이다. "17조 헌법"은 일본 최초의 관제역사서官製歷史書로 간주되고 있는 『니혼쇼기日本書紀, 720』에 수록되어 있고, 진위(쇼토쿠 태자가 제작한 것인지 니혼쇼기를 편찬할 때 위조되었는지에 대한 논란이 있다)에 대해서는 논란으로 남아있다.

쇼토쿠 타이시가 화 사상을 주창한 위인으로 주목받기 시작한 것은 메이지明治시대 이후부터이나 민간 신앙에서는 일찍부터 숭배되고 있었다

「伝聖徳太子『憲法十七条』の「和」の源流」. 그런 역사적 경위로 쇼토쿠 타이시는 일본 사회에서 가장 널리 알려져 있는 역사적 인물이고, 그와 관련된 전설은 다양한 형태로 회자되고 있다. 전후 약 30년 가까이 일만엔 지폐의 초상화로 등장하여 일본인의 사랑을 받았고, 1980년대 후반에는 쇼토쿠 타이시를 묘사한 만화책이 젊은이들에게 베스트셀러가 되기도 했다.

"17조 헌법"의 사상

평론가 사카이야 타이치堺屋太一는 『일본을 만든 12인』이라는 저서에서 쇼토쿠를 첫 번째로 거론하면서 그 이유를 "이분이 1400여 년간 우리들의 마음을 지배해온 종교관, 그것을 구현화한 '신神·유儒·불佛 습합習合 사상'의 발안자이자 실천자였기 때문"이라고 했다. 습합 사상은 일본의 토착종교인 신도神道와, 인도에서 조선을 거쳐 일본에 전래된 가장 선진적인 불교, 그리고 생활 규범적 도덕률인 유교를 하나로 묶는 발상으로, 일본인의 종교관이나 문화관 형성을 포함해(습합 사상이 뿌리를 내림으로써 그 이후 일본 사회에서 종교는 중요한 대립축이 아니라 다른 모든 종교가 유입되어도 습합해야 할 대상이 하나 더 늘었음에 지나지 않는다는 의식이 보편화되었다), 다양한 외국의 문화나 기술을 도입할 때 일본의 대응 방법에 커다란 영향을 미친 발상이다『日本を創った12人』.

선진 문명을 동반한 종교가 유입되었을 때 기존의 종교와 사회 제도를 어떻게 조화롭게 정착시킬 수 있을까라는 문제는 결코 쉬운 일이 아니지만 쇼토쿠는 습합의 원리로 난제를 해결했다. 불교 연구와 보급에 주력하고 일본의 국가 체제를 화족 지배에서 관료 체제로 전환하여 국가 제도의 근본인 헌법을 만든 인물이다.

화 사상의 원류로 주목받고 있는 그의 "17조 헌법" 정신은 국가의 대사를 논할 때는 많은 사람들이 서로 마음을 열고 논의하면 도리에 적합한 결과에 이를 수 있다는 것으로, 오늘날의 표현을 빌리면 데모크라시의 근본이념을 실현했다고 볼 수 있다「聖徳太子・十七条憲法と神話・伝説・歴史」. 한 사람 한 사람은 부족하지만 군·신·민이 절도를 지키며 열린 마음으로 함께 하면 국가의 대사를 결정함에 무리가 없다는 논리이다.

거국일치론 같은 사상이라고 할 수 있지만 형식적인 거국일치론이 아니라 고지키古事記, 712에 보이는 "국민 동포감国民同胞感"에 근거한 자긍심이 배어 있는 주장이고, 그것을 지탱하는 사상은 "신화·전설·역사에 일관하는 전통적 정신"이자 "철학적·종교적·윤리적, 이른바 사상적 표현"이고, 이런 사상이야말로 일본 고유의 가치라는 것이 일본 사회의 인식이다「聖徳太子・十七条憲法と神話・伝説・歴史」.

사이토 아키라西藤輝에 의하면 이 마음은 고대 일본인의 청명심清明心이고, 쇼토쿠 타이시는 그런 일본인의 청명심에 불교·유교 그 외 윤리적 정신을 수용·습합하여 '17조 헌법'을 제정했다고 한다「日本倫理思想―聖徳太子・十七条憲法に源流を求めて」. 일본 사회가 '17조 헌법'의 의미나 사상적 원류에 대해 어느 정도로 인식하고 있는가를 보여주는 일례들이다.

'17조 헌법'이 담고 있는 사상은 중앙 집권적 국가 건설에 즈음하여 천황 중심의 국가 체제 확립과 사회 질서를 유지하기 위한 생활 규범으로서 예礼를 중시하는 기조가 선명하고 그 위에, 권선징악勧善懲悪과 근면 정신의 중시, 관리들의 복무 규정과 신의의 강조, 사리사욕과 권력 남용의 배제, 상호 신뢰와 협의 정신의 존중 등, 전체적으로 천황에 대한 복종과 위정자들의 도덕적 규범을 강조하고 있다. 오늘날의 위정자들이 명심해야 할 사안들이지만, 핵심은 제1조의 내용이 증명하듯 무엇보다 덕德이나 조화의 정신을 중시해야 한다는 것이다. 내용의 일부를 살펴보면,

제1조	以和為貴, 無忤為宗. 人皆有黨, 亦少達者, 是以或不順君父. 乍違于隣里. 然上和下睦, 諧於論事. 則事理自通. 何事不成. 화(和)를 무엇보다도 중시하고, 도리에 어긋나지 않는 것을 근본으로 하라. 사람은 그룹을 만들고 싶어 하나, 깨달음의 경지에 도달한 사람은 적다. 따라서 군주나 부모의 말씀에 잘 따르지 않고 이웃과 잘 지내지 못한다. 그러나 상하 모두 협조하고 친목의 마음으로 논의를 한다면 스스로 이치에 합당하고 무엇이든 이루는 것이다.
제4조	群卿百寮. 以礼為本. 其治民之本. 要在乎礼. 上不礼而下非斉. 下無礼以必有罪. 是以群臣有礼. 位次不乱. 百姓有礼. 国家自治. 정부 고관이나 일반 관리들은 예(礼)의 정신을 근본으로 해야 한다. 인민을 다스리는 기본은 반드시 예에 있다. 위가 예법에 어긋나면 아래의 질서는 무너지고, 아래가 예법에 어긋나면 반드시 죄를 범하는 자가 나온다. 따라서 군신들이 예법을 지키면 사회의 질서도 무너지지 않고, 서민들에 예가 있으면 나라 전체가 자연스럽게 평온해진다.
제15조	背私向公. 是臣之道矣. 凡人有私必有恨. 有憾必非同. 非同則以私妨公. 憾起則違制害法. 故初章云. 上下和諧. 其亦是情歟 사심을 버리고 공무에 임하는 것은 신하의 도리이다. 무릇 사람에게 사심이 있을 때 한(恨)의 마음이 생긴다. 한이 있으면 반드시 불화가 싹튼다. 불화가 싹트면 사심으로 공무를 보게 되고 결과적으로 공무를 방해한다. 한의 마음이 생기면 제도나 법률을 깨트리는 사람도 나타난다. 제1조에서 "상하 모두 협조하고 친목의 마음으로 논의하라"고 한 것은 이러한 심정에서이다.

제1조의 의미는 화를 중시하고 공동체의 생활에 순응해야 한다는 것이 핵심이다. 인간은 이성적으로 행동하는 소수를 제외하면 모두 자신의 이해관계에 따라 움직이기 때문에 그들은 누구의 말도 따르지 않고 이웃과도 불화를 초래하게 된다. 그러나 윗사람이 화합을 존중하고 아랫사람이 선의善意로 생산적인 토론을 한다면 모두에게 합리적인 결과를 도출할 수 있다고 한다. 덕과 자비의 논리가 내포되어 있는 듯하지만, 그것은 인간 상호 교류를 위한 규범이자 사회의 공동생활을 유지하기 위한 지침이기에 스스로가 제대로 실천한다면 인간은 이성적인 판단과 행동을 할 수 있고 그러기 위해서는 반드시 화가 뒷받침되어야 한다는 것이다.

제4조는 사회의 모든 집단을 유지하는 데 가장 중요한 것은 예를 존중할 줄 아는 위정자의 언행이고, 위정자가 예를 지켜 직분에 충실하면 자

연히 질서가 유지되고 국가도 평온해진다는 것이다. 제15조는 공공의 복지나 이익은 모든 직무의 목표가 되어야 하고, 모든 사람이 그 목표에 대한 책임을 느끼면 모두 중요한 사회적 결정에 참여할 수 있고 그렇게 되면 가장 바람직한 결과를 얻을 수 있는 기반이 확립된다는 것이다. 그러기 위해서는 화의 의미가, 소위 모든 인간관계와 사람에 대한 책임, 그리고 사람에 의한 행복이라는 것을 깨달아야 한다는 논리이다.

화나 예禮의 정신이 인간관계를 포함해 공익公益이나 사회의 질서를 유지하는 근본이기에 그 가치를 추구하면 사익私益은 물론이고 국가의 평화도 보장된다는 것이 '17조 헌법'이 지향하는 가치라고 할 수 있다. 자신의 신앙이나 주장보다는 타인에 대한 배려심과 관용성을 실천하고 합리적인 상식에 의해 이성적으로 행동한다는 것은 관념적이라는 느낌이 들지만, 화를 바탕으로 사회적 연대감과 공적 이념을 강조하는 논리가 헌법이라는 양식을 빌어 일본인의 의식 세계를 규정했다는 것은 주목할 필요가 있다.

인간이나 사회관계의 모든 것이 직접적인 상호 의존의 원리 위에 성립된다는 주장은 집단적 규제를 스스로에 과하는 금욕적인 문화 원리이다. '헌법'이 제시한 '화'의 논리는 "인간의 본질 및 인간 존재의 기초가 되는 원초적 경험"이고, 이 점은 "기독교의 기본적인 명제로서 인식되고 있는 연대와 이웃 사랑隣人愛의 개념과 일치한다"는 주장도 있다「十七条憲法の普編的意義」.

그러나 인류가 평등하다는 기독교의를 바탕으로 공공의 복지를 추구하면서도 개인주의가 뿌리를 내린 서구 사회와 비교하면 화를 토대로 한 일본 사회의 공존공영共存共榮 정신은 일본 고유의 문화적 특징이라고 할 수 있다 — 문화 양태의 고유성이나 자율성을 사史적 관점에서 분석해야 하는 이유가 바로 여기에 있다.

수전 농업과 촌락 사회의 정서

문화적 특수성을 언급할 때 주목받고 있는 것 중의 하나가 풍토론이다. 풍토가 인간에게 영향을 미친다는 철학자 와츠지 테츠로和辻哲郎, 1889~1960의 연구가 증명하듯, 풍토는 그 민족의 삶을 규정하는 데 매우 중요한 요소이고 일본인의 생활 문화도 그 영향에서 벗어날 수 없었다.

농림수산성에 의하면 "일본은 고래古來, 수전 농업을 기초로 수준 높은 기술을 구사하여 양질의 농산물을 산출해 왔다. 이것이 일본의 독자적 식문화의 기초가 되고 있다"『新たな米政策と水田農業のビジョンつくりについて』고 언급하며, 수전 농업과 그 기술 발전이 일본의 고유한 식문화 창출의 근간이었음을 강조하고 있고, 야마모토 시치헤이山本七平는 "일본 역사의 거의 전성기를 통해 일본인의 대부분은 농민이고 그것도 벼 재배를 주체로 한 농민이었다"고 했다『勤勉の哲学』.

일본·일본인의 역사는 농업을 주체로 한 생활사를 배제하고 언급할 수 없다는 뜻이다. 일본인의 생명을 지탱해온 주식主食이 쌀이라는 생각은 일본인들의 통념이고, 농업을 중심으로 일본의 역사를 생각하는 것은 일본 역사가들의 통념이다. 달리 표현하면 수전 농업은 일본인의 식문화와 역사를 대변하고 있다는 의미이다. 화의 정서를 응집하고 있는 문화적 양태를 일본인의 생활사를 통해 확인하고자 한다면 바로 이 "고래"의 수전水田 농업과 촌락村 사회를 이해하는 것이 중요하다.

기후나 풍토 등 자연조건과의 조화로운 삶을 바탕으로 하는 수전 농업은 일본만의 것은 아니지만 고밀도의 인구 부양을 가능하게 하면서(18세기 초에는 2600만 명을 보유하는 세계 유수의 고 인구 밀도 사회를 형성했다) 오늘날 일본의 농업 형태를 결정지운 역사성을 갖고 있다. 수전 농업은 고도의 노동집약적인 형태로 전개되기 때문에 경작을 위한 노동력이 많이 필요하고 농민들의 토지에 대한 집착성과 정착성도 강하다.

농민들의 생활상만 보더라도 전술한 지치부 양잠 농가가 증명하듯 자연과의 밀착성이 짙어 사회 질서에 순응적이고, 경작이나 일상적인 행사도 협력적 사고를 바탕으로 계절마다 관례대로 이루어진다. 공동체의 인간관계도 끊임없이 동일한 상대와의 관계를 반복적으로 지속해 감정적 정서적 융합을 모색할 수밖에 없고, 그 속에서는 개인적인 사고와 행동을 우선시하는 가치관을 지향하기도 어렵다.

결국 수전 농업은 오늘날까지 "마을村 = 지역을 위한 논田"이라는 개념이 작용하고 있듯이 개개인이 생활 공동체의 일원으로 사고하고 행동하는 집단주의적 생활 규범을 체득하게 하면서, 동시에 스스로를 억제하고 집단의 화합을 중시하는 사고에 지배될 수밖에 없는 태생적인 사회 환경을 조성하게 만든다. 오하라 유가쿠大原幽学가 농촌 부흥 운동을 주도할 당시에도 확인한 바 있듯이 공동 노동의 의미나 상호 부조 정신의 함양이 강조되면서도 그에 상응하는 강한 상호 제재의 문화도 동시에 형성될 수밖에 없는 구조가 바로 수전 농업의 특징이다.

이렇게 보면 수전 농업은 사회의 구조나 사람의 기질, 생활 문화 등을 포함해 다양한 형태로 일본인의 의식 세계를 규정했다고 볼 수 있다. 인력 작업 체계에 의해서만 경영이 가능한 수전 농업이 일본의 경우 과반을 넘는다加用信文,『日本農法論』는 역사성 속에서 형성된 이 같은 특성은 똑같은 역사를 보유하고 있으면서도 공동체적 규제가 희박하고 구미의 농업 발전 형태와 닮은 자본주의 친화적인 농업을 영위하고 있는 태국이나 베트남 미얀마의 일부 지역의 농업 형태와 비교하면 분명 차별화된 농업 문화라고 할 수 있다原洋之介,『アジアの「農」日本の「農」』.

농업은 토지와 작물과 노동의 결합체라고 할 수 있는데, 토지는 이동성이 없고 노동은 개개인의 사유양식을 반영하고 있어 일본의 수전 농업이 일본적 특징을 반영하는 농업 문화를 구축했다는 것은 당연한 것이다. 농촌 사회의 질서를 유지하는 인간관계의 실태를 보면 그 특성이 보다 선명해진다.

일본 사회의 원형은 "90% 이상의 사람이 태어나서 죽을 때까지 자신의 마을 밖으로 나간 적이 없던 시대에 만들어졌다"板坂元,『日本語の表情』. 그래서 일본의 전통적인 마을 공동체는 고래의 질서 체계를 유지하고 있다. 마을의 평화와 화합을 유지하기 위해 강조하고 있는 몇 가지 율법을 보면, ① 살상을 하지 말라, ② 도둑질을 하지 말라, ③ 불을 내지 말라, ④ 소송을 하지 말라다투지 말라 등과 같은 것이다中尾英俊,『日本社會と法』.

특히 ④의 경우는 지금도 일본인의 소송 건수가 극히 적다는 예에서도 확인할 수 있듯이, 내부 고발과 다툼을 싫어하고 자기 절제에 익숙한 일본인들의 행동양식을 그대로 반영하고 있다. 이러한 규범들은 누구의 일방적인 지시에 의한 것이 아니라 전술한 '절검법'의 합의 과정처럼 무라요리아이村寄合 : 자발적인 촌민집회에 의해 이루어진다. 공동체적 질서를 유지하기 위한 규제력이 마을 집회에서 결정되고 그러한 역사성이 관행으로 전승되어 '법적' 규제력이 유지되는 질서 의식이 공동체를 관통하고 있다.

전통 사회의 질서 체계

희로애락喜怒哀樂과 마을의 경제생활 리듬도 예외가 아니다. 국민의 대부분이 농민이었던 전근대 시대에는 노동과 휴양의 조정은 각 지역이나 마을에서 거의 일정했고 사람들은 그에 따르는 것이 관례였다. 그러다 보니 공동체 속에서 일본인의 생활은 일관되게 "마을 사람과 함께 기뻐하고 즐기고 마을 사람과 함께 슬퍼한다"는 것이 생활 리듬이었다荻原龍夫,『祭

り風土木記』上. 직업이 분화하면 노동과 휴양의 형태도 다르고 자신의 편의를 고려하는 경향이 강화되지만 농업을 주된 생업으로 하던 전통 사회의 경우는 일체화된 합의에 따라 촌락 사회의 운영이 비교적 엄격하게 지켜지고 있었다는 것을 의미한다.

이와 관련하여 민속학자 미야모토 츠네이치宮本常一, 1907~1981는 "촌민 일동이 똑같은 생활과 감정을 갖고 살아가면 고독을 느끼지 않는다. (…중략…) 기쁨을 나누고 즐거움을 함께하는 다수가 있어 생활 감정은 풍부해진다. 슬픔 속에서도 안심감을 갖고 고통 속에서도 절망을 느끼지 않는 것은 집단생활의 덕분이다. 마을의 규약이나 많은 불문율적인 습관"이 오랜 시간 지켜지는 것은 그것이 "고루固陋"하기 때문이 아니라 "감정적 유대감" 때문이고, 그 "유대감"이 "마을의 공동생활에 의해 새롭게 데워지고 유지"되면서 동시에 "친목의 의미를 갖는 많은 공동 노동이나 단체 활동"의 밑거름이 된다고 했다『家郷の訓』.

일본의 전통 사회는 신앙적인 감정에 의해서가 아니라 친목에 의한 정서적 유대감이 공동체의 질서를 유지하는 근본이라는 것이다. "친목의 마음으로 논의"할 것을 강조한 "17조 헌법"의 가치를 계승하고 있는 것처럼 보이지만 이 과정에서 주목할 수 있는 것이 바로 "공동체의 불문율적인 습관"을 만들어 가는 리더의 캐릭터이다.

일본의 촌락 공동체 사회에서 흔히 마을의 리더로 간주되고 있는 인물의 캐릭터를 보면 대체로 마을 사람들의 어려운 이야기를 들어주고 친절한 마음으로 주변을 잘 도와주며, 사회적으로 필요한 다소의 지식만 갖추고 있으면 특별한 재능이나 능력이 없어도 마을 지도자가 되는 경우를 흔히 발견하곤 한다. 마을의 화합과 평화를 위해서는 덕치德治력을 발휘할 수 있는 리더가 필요하다는 인식이다.

학계의 연구를 통해서나 마을 공동체에서 행해지고 있는 각종 생활 실태나 마츠리祭り 문화를 조사하면 바로 확인할 수 있는 사실이지만 그런 리더에게도 조건이 있다. 그 역할의 담당자는 사람의 행위를 단순히 선악으로 보는 것이 아니라 인간성을 바탕으로 인간과의 관계를 중시하는 가치관을 보유하지 않으면 안 된다. 따라서 이미 가업을 자식에게 물려주고 일선에서 은퇴하여 은거隱居의 신분에서 세상 일반의 책임을 짊어질 수 있는 경륜 있는 인물이어야 비로소 가능하다는 것이다宮本常一, 『忘れられた日本人』.

엄격한 종적 질서가 기능하고 있는 구조이나 전통 사회에서는 마을에서 발생한 문제를 내부에서 해결하는 것이 관행이었기에 중재를 담당하거나 해결에 임하고자 했을 때 구성원들이 그것을 이해하고 받아들일 수 있는 인격의 소유자여야 한다는 사고이다. 공동체 유지에 질서와 예의를 중시하는 일본인의 심성이 반영된 결과라고 할 수 있다.

마을의 전통이나 기풍은 생활 속에서 체득하고 전승되기에 신뢰할 수 있는 인물의 존재가 필요하고, 다양한 규약에 대해서는 구성원들의 믿음이나 실천 의식도 매우 자발적이지만 역으로 합의가 제대로 지켜지지 않으면 그에 대한 제재 또한 냉혹하다는 특징이 있다. 그 대표적인 예가 일본인의 코아·퍼스낼러티로서 전승되고 있는 '무라하치부村八分'라는 제재 행위이다.

이것은 촌락 사회가 특정의 촌민을 배제하는, 이른바 촌락 내부에서 행해지는 모든 교제장례식과 화재의 경우는 예외이다를 차단하는 공동 절교로써 일본이 집단행동주의 사회라는 것을 상징하는 단어이다. 주로 촌락 내의 절도, 폭행, 방화 등의 형사적 범죄나, 마을의 규약掟이나 합의 위반, 공동 작업의 태만, 생활 태도에의 반감 등의 행위를 한 자에 가해지는 것으로 알려져 있지만 실제로는 촌락 사회의 질서와 관련된 제재 행위로 더 알려져 있다荒木博之, 『日本人の行動樣式』.

무라하치부 판정을 받게 되면 공동체 생활이 불가능할 뿐만 아니라 이주移住조차 어려워져 당사자에게는 사형 선고와 같은 것이다. 예를 지키고 인내하며 타인을 배려하는 마음이 화의 본질이고 그것이 바로 공동체 문화를 만들어 가는 근간이라고 생각한다면 마을 공동체가 합의한 생활 질서 체계를 깨트리는 자에게 제재를 가하는 것은 당연하다는 결론에 이른다.

촌락 사회의 규약이나 질서는 합의 정신을 존중하지만 그것이 반드시 합리적이고 객관적이라는 보장은 없다. 그럼에도 공동체에 의한 제재가 정당화되면 협조와 봉사, 희생정신만이 강조되고 그런 문화 속에서 '자기'라는 주체는 사라지기 마련이다. 공동체의 안녕을 위해 집단 제재가 불가피하다는 인식은 일본의 전통 사회를 넘어 오늘날까지도 일본 사회에 기능하고 있는 사유양식이다.

2. 화의 존중과 집단주의 정서

경제학자 무라카미 야스스케村上泰亮, 1931~1993는 '집단'의 의미를 "주체로 간주할 수 있는 사람들의 모임"이라고 정의한 뒤 '집단'의 분류를 첫째, 역할 체계라고 부르는 상호 작용 시스템의 성격에 의한 분류목표 달성의 수단으로서 이루어지는 수단적 행위와, 행위 그 자체에 만족하거나 가치 실현을 구하는 표출적 행위, 둘째, 집합 목표의 특질에 의한 분류인간이 품는 목표에는 무수한 하위 목표가 있는데 그 가운데 하나 혹은 일부분을 목표로 하는 한정적인 것과 존속·발전이라는 의미에서 막연한 것을 목표로 하는 무한정적인 것, 셋째, 집단의 성립 사정이나 존립 근거에 의한 분류그것이 자연 발생적이나 인위적이냐라는 것로 구분했다. 그리고 이에 근거하면 근대적 집단은 수단적·한정적·

인위적이고, 전근대적 집단은 표출적·무한정적·자연 발생적이라고 정의했다『文明としてのイエ社会』.

개인의 생존이나 생활 근거를 집단에 둔다고 한다면 집단의 목표는 개개인의 생활 전반을 견인하게 되고 집단의 목표 역시 무한정이 된다. 또 혈연이나 지연, 언어나 문화, 규범 등이 공동성을 보유하고 있을 때는 자연 발생적인 집단이 형성될 수 있다. 이렇게 보면 자연 친화적인 수전 농업이나 공동체의 삶을 강조하는 촌락 사회는 자연 발생적이고 집단의 목표도 제한적이지 않으며, 화를 바탕으로 합의의 가치나 정서적 동질성을 강조하는 특성이 있어 기본적으로 집단주의 성향을 형성한다.

아라키 히로유키荒木博之, 1924~1999가 "일본의 집단은 원래 벼 재배의 마을이 성스러운 숲을 중심으로 성별聖別된 종적, 폐쇄적 소우주였던 것처럼 집단 존재의 절대 논리하에 형성된 극히 신성하고 폐쇄적인 미크로코스모스성을 보지保持하고 있다"『日本人の心情論理』고 언급한 대목은 이를 대변하는 주장이다. 그렇게 형성된 가치관은 역사와 함께 '집단주의'라는 문화적 전통성을 확보하게 된다. 일본 사회의 내부를 들여다보면 대부분의 집단과 성원들이 '집단 정서'라는 것을 보유하고 있다.

심리학자들의 견해에 의하면 '정서'는 "한 개인의 환경 또는 상황에 대한 인식 혹은 신체적 반응"이라는 의미인데, 일본어 대사전広辞苑은 "때때로 일어나는 다양한 정" 또는 "그러한 감정을 불러일으키는 기분, 분위기"로 정의하고 있다. '집단 정서'라고 할 경우 '정서'의 의미는 후자에 속한다. 그래서인지 일본인들은 '정서'를 '스스로를 흐름에 맡긴다'는 뜻으로 받아들이고, 조직의 분위기와 흐름에 벗어나는 경우는 '공기를 모른다'는 말로 대신하고 있다. 원리나 법칙으로 이해할 수 없는 행동들이 일본 사회에서 정당화되는 것도 바로 이 '정서' 때문이다.

보이지 않는 실체로서의 '세켄'

가치관의 상대화를 거부하고 '정서'를 중시하는 의식은 행동양식에 그대로 반영되어 나타난다. 되도록 '부드럽게', '노'라고 말하지 않으며, 상대의 의견에 '동의'를 표하는 사유양식이 대표적이다. 일본인은 자기 의사를 적극적으로 표현하지 않는 민족으로 알려져 있지만 특히 '노'라고 말하는 것을 꺼려한다.

이와 관련하여 언어학자 긴다 이치하루히코金田一春彦, 1913~2004는 "영어의 NO는 자신이 말한 센텐스가 부정문이라는 것을 나타내는데 일본어의 '이이에いいえ, no의 의미'는 '당신의 생각은 틀렸습니다'라는 의사 표명이다. '이이에'를 피하려는 것은 상대에게 적어도 불쾌감을 갖게 하지 않으려는 배려심"이라고 언급했다『日本人の言語表現』. '배려심이 없으면 타인의 마음을 알 수 없다'는 일본 속담을 연상시킨다.

역사학자 아베 킨야阿部謹也, 1935~2006는 이를 세켄世間의 논리로 설명한 바 있다. 그는 일본에는 '세켄'이라고 하는, 사람과 사람의 연결 고리가 개인을 구속하고 있어 일본인은 자신의 의견을 말하는 것에 능숙하지 않다고 한다. 세켄 속에서 드러나지 않는 것이 중요하기 때문에 전체와 다른 의견을 제시하는 것에 소극적이고, 복장이나 태도도 세켄과 맞추며 살아가는 것이 일본인들의 보편적인 삶의 양식이다『日本人の歴史意識』.

일본인이라면 이 세켄으로부터 벗어나 생활할 수 없으며, 자신의 언행이 세켄으로부터 배제되는 것을 가장 두려워한다. '세켄을 모르는 놈世間知らずの奴'이라는 소리가 치명적인 욕이 되고, 어떤 불상사가 발생했을 때 '세켄에 폐를 끼쳐 대단히 죄송합니다'라고 사죄할 만큼 세켄은 일본인의 정서를 지배하고 있다.

보이지 않은 실체로 존재하는 세켄은 논리보다 무드를 중시하며 일본인의 언행을 제한하지만 동시에 세켄과의 관계 속에서 존재 의미를 찾으며 집단주의 문화를 구축하고 있다. '이이에'라고 말하는 것을 싫어하듯이 부정적인 단어나 명령형의 단어를 잘 쓰지 않는 일본인의 '언어 문화'는 그런 실태를 반영하고 있다.

언어는 사상이나 감정과도 밀접한 관련성을 보유하고 있어 한두 마디로도 충분한 의사 전달이 가능한 고도로 발달된 교신 수단이고 집단 구성원의 동질성을 확인할 수 있는 가장 유효한 수단이다. 일본어가 그런 특성이 강하다. 일본인은 하루 일이 끝나면 예외 없이 나누는 인사말이 있다. '오츠카레사마お疲れ様 : 수고하셨습니다. 주로 아랫사람이 윗사람에게', '고쿠로사마ご苦労様 : 수고했습니다. 주로 윗사람이 아랫사람에게'와 같은 말이다. 헤어질 때의 가벼운 인사말이고 하루 일에 대한 노고를 위로하는 의미로 사용되나 영어로는 딱히 정해진 표현이 없는 말이기도 하다.

아라키 히로유키에 의하면 '오츠카레사마'라는 말은 근로의 이미지가 내포된 일종의 '오타가이お互い, 함께' 의식으로 공동체의 성원으로서 집단의식이 내재된 단어함의로서 존재하는 근로와 집단이미지의 중복라는 것이 일본인들의 인식이라고 한다. 자신도 타인을 향해 '오츠카레사마'라고 하고 타인으로부터도 그런 인사를 받는 것이 당연하다는, 이른바 집단 내에서 이루어지는 일종의 계약적 발언이고, 이는 공동체 작업이 생활을 위한 대전제가 되는 농경 문화가 잉태한 극히 일본적인 패턴이라는 것이다『日本人の行動樣式』. 노동이나 작업과 관련된 의미이자 역사성을 확보하고 있다는 주장이다.

의미는 비슷하지만 사용법이 다른 말로 '간바루頑張る'라는 단어가 있다. '간바루'의 사전적 의미는 "내 뜻을 관철시킨다", "어디까지나 인내하여 노력한다"이다. 일본 사회는 대체로 후자의 의미로 사용하지만 무엇인가를 시작하기 전에 하는 말이다. 문학자 다다 미치타로多田道太郎, 1924~2007에 의

하면 원래 이 말은 자신의 뜻을 고집하는 것이기에 과거에는 그다지 사용하지 않았고 공동체 내에서는 오히려 나쁜 의미로 인식되었다고 한다.

그러나 전시戰時기 때부터 일상성에서 의식되기 시작했고, 전후에 '서로 힘내자'라는 사회 분위기가 조성되면서 그에 동조하기 위해 자신도 에너지를 발휘해야 한다는 기분이 형성된 것, 그리고 그런 의식이 바람직하다는 무의식의 양심적 격려가 가미되면서 집단적 무의식의 표현으로 자리 잡았다고 한다『しぐさの日本文化』. 평소 일본인들이 무의식적으로 사용하고 있는 일본어에는 문화 전통을 반영하고 있는 단어들이 상당히 많고 그런 단어들은 자연스럽게 일본인들의 가치관을 규정한다.

개인의 주체적 자아를 의미하는 단어가 집단의 분위기에 동조해야 한다는 정서와 기묘하게 결합하면서 맹목적 가치관을 형성했다는 논리는 서구인의 시각에서 보면 쉽게 납득하기 어려울지 모른다. 그러나 언어는 전통이나 문화의 소산이고 인간은 언어에 의해 사고와 행동을 반복하고 또 제약받기 때문에 '언어 문화'라는 관점에서 일본인과 일본 사회를 탐구하면 흔히 발견할 수 있는 사유양식들이 있다.

예를 들면 감정적·정서적 신뢰 관계의 중시나 간접 표현 방식의 애용 등은 집단 정서를 지탱해가는 근간이고, 여기에 합의 정신의 존중, 관용과 배제의 논리, 우치內, 안와 소토外, 밖의식, 세상 일반의 시선世間の目, 타인에 대한 배려心思いやり, 타인과의 관계성에서 자기를 규정하는 태도, 집단 목표를 우선하는 의식, 사회 규범이나 불문율에 대한 자율적인 실천 의지, 협조와 희생정신의 일반화 등은 전형적으로 집단 정서를 대변하는 생활 태도이다. 그런 정서는 기본적으로 자신의 신념을 우선시하는 서구의 개인주의와 뚜렷하게 대비되는 의식이기도 하다.

운명 공동체 의식

일본 사회의 집단주의 문화는 전통적인 촌락 사회에 기능하고 있는 운명 공동체 의식에 기인하는 바가 크다. 이 의식은 성원 모두가 '함께', '똑같이', '흥망성쇠'의 가치를 공유하겠다는 것으로 일본인이라면 이 정서로부터 독립하기 쉽지 않다. '일본 주식회사' 같은 말은 운명 공동체 의식을 한마디로 대변한 예이다. 이러한 의식을 공유하는 국민이 많으면 '흥'의 관점에서는 지역이나 국가의 구심력을 강화하는 토대가 되나, '망'의 관점에서 보면 조직이나 국가의 위기를 자초하는 논리가 되기도 한다.

태평양 전쟁 당시 군국주의자들이 외친 '일억총옥쇄―億總玉碎'나 70년대 일본의 중류 사회를 상징한 '일억총중류―億総中流' 의식 등을 상기하면 쉽게 이해할 수 있다. 전자가 구슬玉이 아름답게 부서지듯 최후의 한 사람까지 '일본'이라는 집단을 위해 명예롭게 순국하자는 광적인 집단 정서라고 한다면, 후자는 경제 성장과 소득 증대에 의한 계층 간의 편차에도 불구하고 국민 모두가 평등성과 동질성을 확보하고 있다는 전향적인 집단 정서의 전형이다 — 일본식 영어인 '샐러리맨'은 기업 내에서의 신분적 차별성을 없애고 평등성을 강조한 대표적인 표현이라고 할 수 있다.

'흥'이든 '망'이든 집단 귀의歸依적인 사고가 국민에게 안심감을 심어준다는 점에서는 운명 공동체 의식의 양면성을 보는 듯하지만, 국민 모두에 의한 결사 항전이나 국민의 90%가 중류라는 의식 일반은 과도한 집단의존적 정서가 초래하는 폐단이라 지적하지 않을 수 없다. 그럼에도 일본 정부는 그 가치를 일본적 가치의 핵심으로 계승하고 있다.

2015년 일본 정부는 일본 경제의 위기를 돌파하기 위한 거국적 카드로 '일억총활약 사회―億総活躍社会'라는 비전을 제시했다. "젊은이나 고령자도, 여성이나 남성도, 장애나 불치병 환자도, 한번 실패를 경험한 사람도,

모두 함께 활약할 수 있는 사회"라는 이념을 바탕으로 소자고령화少子高齢化를 정면으로 돌파하여 포용과 다양성에 의한 지속적인 경제 성장을 보장하겠다는 의도이다.

여성과 고령자를 일본 경제의 잠재적 성장을 떠받치는 주체로 재인식하고 사회 보장의 기반을 강화하여 새로운 "성장과 분배의 호 순환" 시스템을 구축하겠다는 것이지만, 그 이면에는 일본인 모두가 국가 경제의 주체가 되는 전원 참가형의 운명 공동체적 '일본호日本丸'를 실현하겠다는 것이다.

운명 공동체 의식에 사로잡혀 무아無我의 가치관이 형성되는 현상은 기업 문화도 예외가 아니다. 샤프의 경영 신조 중에 "화는 힘이다. 함께 믿고 결속을和は力なり'共に信じて結束を"라는 내용이 있고, 경영의 귀재로 존경받고 있는 마츠시타 코노스케松下幸之助는 "일본은 화의 나라이다. 화의 마음을 잊어버리면 회사는 무너진다"는 말을 남긴 적이 있다 ― 사람과 사람의 관계를 이어주는 보이지 않는 '끈' 같은 것이 화이고, 그것이 일본인이 전통으로 생각하는 '마음心'임을 강조한 철학이다.

기업은 개인과 전체의 조화를 외쳤고 경영자들은 자신의 리더십과 타인의 의견을 종합하는 밸런스 감각의 유지와 조화로운 인간관계의 구축을 통해 '화를 존중'하는 경영 방침을 실천하고, 종업원들은 조직에의 강한 귀속 의식과 '무엇이든 하겠습니다何でもやります'라는 조건 없는 충성심으로 스스로를 '회사 인간'으로 전락시켰다. 많은 경영자가 전후 일본의 경제 성장 요인으로 노조의 협조 정신을 강조하고 있는 것은 노조가 '회사 제일주의'라는 의식으로 화의 가치를 중시했기 때문이다.

실제 일본의 중견·중소기업의 사장들에게 '자신을 경영자의 스타일로 판단한다면 어떤 스타일입니까'라는 질문을 하자, '밸런스파'라고 대답

한 사장이 38%로 가장 많았고, 그 뒤를 이어 '행동파'가 32%, '개성파'가 15.9%, '이론파'가 14.0%의 순이었다. 또 일본의 경영자 협회가 일본과 구미의 사장들을 비교 조사한 결과를 보면 일본의 경우는 '원맨·참여 절충형'과 '자주성 존중'의 비율이 합해서 53%인데 반해 '원맨' 스타일이라고 대답한 경영자는 7%에 지나지 않았다『ニッポンの社長たち』. 미국과 유럽도 '원맨·참여 절충형'이 일본 못지않게 높았지만 내부에서의 인간관계를 중시하는 관행은 일본과 비교할 수 없을 정도로 낮았다는 점에서 내면적으로는 일본과의 차이를 확연히 드러내고 있다.

이 점은 경제학자 이토 쵸세이伊藤長正, 1918~没年不明의 지적을 통해서도 확인할 수 있다. 그는 자본을 중시하는 구미 기업의 경우 경영자는 권력으로 부하를 복종시키는 강제적인 리더십을 추구하다가 그것이 여의치 않으면 개인으로서 종업원과 제휴하는 참가형의 형태로 변화를 꾀하지만, 일본의 경우는 자신의 권력이나 능력을 직접 사용하여 부하를 설득하거나 강제하는 것을 선호하지 않는다고 한다.

그보다는 집단이 각 구성원에 대해 갖고 있는 집단으로서의 권력이나 능력을 이용하여 구성원이 집단의 규범에 동조하게 한다. 이 경우 구성원은 강제되고 표면적으로 복종하는 것이 아니라 내면적으로 동조함으로써 종업원에게 회사가 자신을 위해 무엇을 해 줄 것이라는 감사함을 느끼게 만든다는 것이다. 이것이 일본의 기업다운 기업이고 그런 점에서 일본의 경영자는 가장家長적이고 지사志士적이라고 한다『集団主義の再発見』. 기업 내에서 운명 공동체 의식이 어떻게 형성되는지를 일목요연하게 설명한 사례이다.

집단주의 정서의 이중성

'화'의 특징은 공동체 구성원의 정서적 통합이고 그것은 '전원일치'를 지향한다. 따라서 운명 공동체 의식과 함께 성장한 '화'의 원리는 조직이나 집단 내에서 이단異端을 허락하지 않는다. 창의적이고 독창적인 인재가 일본 사회에서 발육하기 어려운 것도 바로 이 때문이다. 특이한 재능이나 능력보다도 활력이나 협조성, 인내심을 중시하는 가치가 일본의 집단 정서이고 그 속에서 '사풍社風'과 같은 기업의 아이덴티티도 형성된다.

조화로운 행동을 우선시하고 끊임없이 동질성을 추구하며 절제와 협력과 희생을 개인의 공동체에 대한 존재 의미로 느끼게 만드는 이념이 작동하면 개인은 '화합호'라는 이름으로 달리는 전차의 부속품으로 전락하기 마련이다. 아라키가 "화의 덕이 가치로서 칭송되는 세계는 인간의 마음 깊은 곳에 내재하고 있는 인간성의 존귀함이나 추악함도 집단이라고 하는 의존 모태依存母胎의 다이나미즘 속에 항상 희박화稀薄化하고 유형화되어간다"『日本語から日本人を考える』고 지적한 것은 '화'를 우선시하는 집단주의 정서의 부정적 측면을 단적으로 정의한 예이다.

국가도 예외는 아니다. '화'의 사상이 천황 중심의 제사祭事적 단결을 강화하는 공동체 원리로서 중앙 집권적 국가 형성의 근간으로 승화되고, 일군만민一君万民 사상의 틀 안에서 중앙 정부나 촌락, 가족의 레벨에까지 확대 전용된 것은 이를 상징적으로 증명하고 있다. 지배 계급이 '화'를 권위 체제 유지의 '안전장치'로 활용했다는 의미이다「日本文化の'和'と福音にみる'キリストの和'」. '화'의 사상을 무너뜨리는 것은 바로 공동체의 원리를 무너뜨린다는 것을 국가가 앞장서 강조한 것이다.

생활 문화, 혹은 일본 사회의 어느 집단이나 조직을 막론하고 접할 수 있는 '화'의 정서와 집단주의 논리는 '세켄'의 논리와 함께 그것을 실현하기 위한 내부 구성원들의 노력이 실천적으로 뒷받침되어 있기에 가능하다. 그러나 한편으로는 집단의 안과 밖을 분리하려는 '집단 의존 모태' 의식을 노정露呈하게 된다는 점도 간과할 수 없다.

인류학자 나카네 치에中根千枝, 1926~2021는 개인으로부터 이루어지는 사회 집단의 구성 요인을 추상적으로 파악하면 '자격'과 '장場'이라는 두 개의 이질적인 원리를 발견할 수 있다고 한다. '장'이라고 하는 것은 일정한 지역이라든가, 소속 기관과 같이 자격의 차이를 불문하고 일정한 틀에 의해 일정한 개인이 집단을 구성하는 경우를 말하는데 일본인의 집단의식은 바로 이 '장'을 강조하는 의식에 의해 형성된다고 한다『タテ社会の人間関係』.

일본인이 외부를 향해 자신을 사회적으로 자리매김할 때 '장'을 앞세우는 사유양식은 자신이 속한 집단을 '우치'로 생각하고 상대를 '소토'라고 생각하는 의식의 반영이다. '우치'라는 사고는 자타의 관계에서 '자自'를 주체적으로 인식하는 것으로서 이 경우는 집단을 구성하는 성원의 자격이 이미 동질성을 확보했다는 의미이다. 동질성의 확보는 집단 성원의 일체감을 강조하는 내적인 조건 = 정서적인 결합이 작용했다는 것으로서 그렇게 되면 집단 내부는 신뢰할 수 있는 동료仲間의식에 의해 안정감을 갖게 되나, 외부에 대해서는 그로 인해 오히려 배타성을 강화하고, 이는 집단 간 치열한 경쟁주의 문화를 낳게 되는 요인이 되기도 한다.

이와 관련하여 가토 슈이치加藤周一, 1919~2008는 일본의 사회나 문화를 이해할 수 있는 기본적인 특징으로서 ① 경쟁적인 집단주의, ② 이와 관련한 현세주의現世主義, ③ 시간의 개념과 관련하여 현재를 존중하는 태도, ④ 집단 내부의 조정 장치로서의 상징체계 등을 중시하며, 일본 문화의 패러다임을 규정할 수 있는 이러한 특징이 외부를 향하게 되면 우치노모노内の者와 소토노모노外の者와의 구별이 상당히 날카로워지면서 대단히 폐쇄적인 성향을 띄게 된다고 한다. 특히 자신이 속한 집단 이외의 사람을 '외인外人'으로 간주하면 일반적으로 대화는 어려워지고(현대 일본 사회에서 외인의 극단적인 경우가 바로 아시아계 외국인이다), 여기에 지리적인 여건까지 가미되면 외부와의 커뮤니케이션은 더더욱 곤란해진다『日本文化のかくれた形』.

교세라京セラ의 창업자 이나모리 카즈오稲盛和夫, 1932~2022는 좀 더 직설적이다. "집단, 그것은 리더의 인간성을 반영하는 거울"이라는 명언을 남기기도 했던 그는 "하나의 생활 단위로서 무라村는 내부의 질서를 유지하면 충분히 살아갈 수 있기에 외부와의 연대를 중시하는 개방적인 시스템 형성보다는 공동체 내부의 조화적인 운영을 중시하는 내부 지향이 형성된다"고 했다.

따라서 내부의 성원에 대해 항상 조화적이고 평화적이며 동시에 평등하기를 강조하는 공동체의 논리가 성립하면 "무라 논리가 작용하지 않는 외부의 세계, 즉 다른 공동체와 상대하는 상황이 도래하는 경우에는 극히 투쟁적이고 경쟁적인 의식을 발휘하고 때로는 잔인한 행위로 치닫는 경우조차 있다"는 것이다. 무라 내부의 구성원들에게는 허락되지 않는 행위가 외부인이나 다른 공동체에 대해서는 쉽게 허락되는 일종의 더블 스텐더드의 가치가 형성된다는 의미이다『新しい日本新しい経営』.

경쟁의식과 배타성 그리고 공격성이 동시에 공존하는 일본의 집단주의문화의 특징을 명쾌하게 간파한 지적이지만 문제는, 외부와의 대립적 관계는 필연적으로 내부의 강한 결속력을 필요로 한다는 점이다. 여기서 주목할 부분은 내부의 비판적 소수 의견이나 개인의 돌출적인 행동은 언제나 내부 통합과 화의 추구라는 미명하에 억압된다는 것과 동시에 집단이 추구하는 공동의 목표는 절대 선으로 간주되면서 그 울타리 안에서의 자신은 항상 보호되고 있다는 안심감을 느끼게 된다는 것이다.

그 과정에서 구성원들은 상황 추수狀況追隨적인 행동양식을 체득하며 자연스럽게 집단의 안정과 번영을 최우선시하는 목표 의식을 공유하게 된다(이 점은 각종의 제도적 장치에 의해 정당화되어간다). 뿐만 아니라 집단의 번영과 존속을 위해 또는 자신과 자신이 속한 집단이 우수하다는 것을 입증하기 위해 통속도덕의 사유양식으로 멸사봉공의 논리를 실천하는 객체로 전락하고 때로는 공격적인 행위마저 마다하지 않는다. 집단주의 정서의 부작용이 작동하게 되는 것이다.

집단주의 정서의 몰가치성

집단 정서의 폐쇄성은 '기업 전사'나 '회사 인간'이 탄생하는 구조를 보면 실체를 보다 이해할 수 있다. 경제학자 이와타 류시岩田龍子, 1934~는 입사한 신입 사원이 어떻게 '회사 인간'으로 변해가는지를 설명하는 과정에서 다음과 같은 사실을 주목했다. 대부분의 생활을 동료와 함께하는 상황 속에서는 "서로 관심을 갖고 혹은 관심을 가져주는 사람들도 대체로 회사 동료이다. 수년간 같은 상태에 빠져들게 되면 하나의 경영 조직인 회사가 점차 하나의 소우주로 변해 버린다. 외부 세계의 관심은 점차 약해지고 역으로 집단의 내부에 대한 관심은 이상하리 만치 부풀어 오른다. 이것이 바로 '회사 인간'의 탄생 과정이다"라고 언급했다『日本の経営組織』.

고도 경제 성장을 거치면서 대부분 근로자들은 스스로를 회사 인간으로 규정했지만 그 이면에는 자신도 모르는 사이에 가해지는 '타율적 강제'라는 문화가 작용하고 있었다. 사원 기숙사나 사원 주택을 비롯해 운동회나 사원 여행 등 사내 모든 행사의 참석을 통해 회사 생활의 전부가 개인의 삶과 일치하는 환경을 만들면서 조직을 단순한 소속 이상으로 강한 정동적情動的인 조직으로 탈바꿈시킨 것이다.

다양한 사회적인 복리 제도도 공적인 제도에 의해서가 아니라 기업 내의 복지에 의해 제공되고 구성원으로 있는 한 다대多大한 서비스를 향유할 수 있게 만든다. 그런 조건 속에서 개인은 기업에의 과잉 적응이 당연시되고 '회사 인간'으로 스스로 변화를 추구하는 것을 강요받는다. 서구 사회의 조직 개념으로는 파악하기 어려운 "일본 고유의 귀속 의식, 회사 인간의 멘텔리티가 존재"하는 배경이다田尾雅夫『会社人間はどこへ行く』.

'회사 인간'은 조직이 원하는 인간이고, 조직이 바라는 '능력 있는 인재'란 '전천후적인 역량'을 가진 자이다. 결국 젊은이들이 기업의 일원이 된다는 의미는 공동·공생의 라이프 스타일이 형성되면서 조직 적응적인 인물로 변질되고 이것이 '장'의 문화와 결합하면서 폐쇄적 사고를 형성하게 된다.

1979년 닛쇼이와이日商岩井의 상무 시마다 미츠타키島田山敬가 유명을 달리하며 남긴 "회사의 생명은 영원합니다. 그 영원을 위해 우리는 봉사해야만 합니다"라는 말은 회사 인간의 실체를 극명하게 보여준 사례이다. 노사 화합, 촌민村民 의식, 현민縣民 의식, 그리고 국가 의식이나 민족의식이 강조되는 논리 등은 알고 보면 모두 이런 정서로부터 형성되었다고 해도 과언이 아니다. 자아를 상실한 채 자신의 존재 의미를 집단의 존속·번영과 동일시하는 몰가치적 행동양식은 근대적, 자본주의적 가치이념으로 보면 분명 자가당착自家撞着이 아닐 수 없다.

그러나 아이러니컬하게도 그것이 결과적으로는 집단 간의 치열한 경쟁의식을 유발시키는 형태로 발전하면서 일본의 국가 경쟁력을 확보하는 기반으로 작용하고 있다. 세계 최고의 경쟁력을 자랑하는 제조업을 비롯해 대중문화 산업의 애니메이션이나 만화의 국제 경쟁력이 국내의 치열한 내부 경쟁 체제하에서 확보되었다는 사실은 시사하는 바가 적지 않다(집단의 개념은 반드시 하나의 독립된 형태만을 한정하는 것은 아니고 집단 간의 연계, 예를 들면 기업의 계열이나 하청관계와 같은 수직적 연계에 의한 집단주의나 동일한 분야의 제 집단끼리의 결속에 의한 직종별 집단주의 등을 모두 포함하고 있다. 특히 직종별 집단주의 문화 속에서 표출되는 성원들의 강력한 '나카마仲間 의식'이나 정당 내의 파벌주의 같은 것은 일본의 집단주의 문화를 지탱하는 또 다른 요인이 되고 있다).

실제 일본 사회를 주시해보면 각 분야에서 '전인적全人的인 소속감'을 바탕으로 집단 간 라이벌 의식을 발휘하면서 상호 발전을 꾀하고 있는 예들이 무수히 많다. 지역으로는 도쿄와 오사카, 기업에서는 소니와 파나소닉전자, 도요타와 닛산자동차, 세이부와 다이에이유통, 시세이도와 가네보화장품, 대학에서는 도쿄대와 교토대국립, 와세다와 게이오사립, 스포츠에서는 요미우리와 한신프로야구 등, 우리가 익히 알고 있는 일반적인 예를 비롯해 각 분야마다 거의 예외 없이 전통적인 라이벌이 존재하고, 이들은 각자 사활을 건 집단 간의 생존 경쟁을 펼치며 일본의 사회 발전에 이바지하고 있다(경우에 따라서는 집단 내 집단 간의 경쟁의식이 치열한 경우도 흔히 볼 수 있다). 모든 분야에서 오로지 서열에만 관심을 기울일 뿐 진정한 라이벌의 존재를 선호하지 않는 우리의 문화양식과 비교하면 사뭇 다른 점이 아닐 수 없다.

집단아集我의 완성과 도덕성의 마비

자아 = 집단아의 완성이 경쟁 문화의 순기능을 발휘하는 측면을 외면할 수 없지만 한편으로 구성원들의 몰가치적 집단 귀속을 강화하며 개인과 집단의 도덕성을 마비시키는 부작용도 간과할 수 없다. 전후 경제가 부활하는 과정에서 등장한 '사용社用족'의 실태를 비롯해(먹고, 마시고, 장악하고, 품고, 힘내게 하는, 이른바 5개를 '~하게 하는 족族'의 문화는 멸사봉공을 요구하는 기업의 논리와 회사의 이익을 위해 '사용'이라는 명목하에 자신의 이득을 취하는 왜곡된 충성심이 빚어낸 부정이다), 거품 경제 붕괴 이후 일본 사회에 커다란 충격을 던져주었던 미츠비시 자동차三菱自動車, 유키지루시 유업·식품雪印乳業·雪印食品, 일본햄日本ハム, 미츠이물산三井物産, 도쿄전력東京電力 등의 사건은 집단주의 문화의 폐쇄성이 기업의 모럴해저드로 이어진 상징적인 사건들이다.

전후의 기업 문화가 잉태한 '사용족'의 실태나 일본을 대표하는 기업들의 불상사의 특징은 치열한 경쟁 속에서 집단의 이익을 추구하기 위한 일탈이자 경쟁 체제하에서의 탈락을 두려워 한 나머지 부정을 조직적으로 조장, 은폐했다는 공통성이 있다. 정직과 신뢰를 전제로 하는 일본 사회의 가치로 보면 이해하기 어려운 일이지만 조직의 안정과 경쟁 구도의 일각을 유지해야 한다는 강박 관념이 작용하면서 불미스러운 일이 발생하면 정보 제공을 차단하고 조직적인 은폐를 기도하는 폐쇄적 행동양식으로 돌변해 버린다. 그러다 보니 일단 본사나 성원들은 "우리는 잘 모르는 일"이라는 발뺌부터 하다가, 그 후 사실이 밝혀지면 "세켄을 소란스럽게 해서 대단히 죄송합니다"는 말과 함께 회사 경영진이 국민 앞에 나타나 머리 숙여 사죄하는 모습을 연출한다.

일본 사회에서 생활하다 보면 조직 사회에서 어떤 문제점이 표면화되었을 경우 반드시 적절한 형태의 해결을 위한 스케이프 고트를 내세우며 책임의 소재가 분명치 않은 형태로 일단락을 지우는 예를 흔히 접하곤 한다. 하지만 이것도 알고 보면 도덕적 참회라기보다는 조직의 안정을 위해서라는 측면이 강하다. 경영진이 앞장서 굴욕을 감내하며 사태 수습에 나서기는 하지만 그 굴욕은 구성원 모두의 몫이기에 책임 추궁은 가능하면 하지 않는다는 것이 그들의 방식이다. 사태 해결을 위한 본질적인 접근보다는 상황의 추이에 편승하여 집단이나 조직의 안녕을 담보하려는 사유양식의 특징을 반영한 것으로서 역사적으로도 쉽게 확인할 수 있는 현상이다.

대표적인 사례가 패전 직후의 '일억총참회'론과 같은 허무맹랑한 주장이다. 전쟁에 대한 책임을 국민이 공동으로 지자는 논리로 이는 아무도 책임을 지지 않겠다는 '일억총무책임'의 논리와 조금도 다를 바 없다. 그럼에도 일본 사회는 이에 대한 자성과 비판은커녕 모두가 적당히 넘어가 버렸다. 이를 사회심리학자 미나미 히로시南博, 1914~2001는 일본인들 특유의 "매조히스틱한 안심감"이라고 지적했다『日本的自我』. 책임의 소재를 상황과 집단의 논리에 귀속시켜 자신의 평안을 보장받는 행동양식이 토착화되어 있음을 의미한다.

일본의 역사를 통해 '화'가 일본인들의 정신세계를 장악했지만 그것이 잉태하고 있는 폐쇄성·무책임과 같은 부작용이 결코 만만치 않음에도 그에 지고의 가치를 부여하고 있다면, 우리가 상식적으로 알고 있는 일본인의 의식 구조가 때로는 매우 복잡하다는 사실을 느끼게 된다. 그래서 그 의식 구조를 이해하고 분석하는 방법론은 경도된 관점이나 논리로 접근해서는 안 된다는 것이다. 이문화를 심층적으로 이해하는 연구 방법론의 단련이 필요한 연유이기도 하다.

참고문헌

제1장

Adam Smith, 大内兵衛・松川七郎 訳,『諸国民の富』, 岩波書店, 1959.

板倉聖宣,『フランクリン』, 仮説社, 1996.

石田梅岩,「石田先生語録」,『石門心学』日本思想大系 42, 岩波書店, 1971.

石川謙,『石田梅岩と"都鄙問答"』, 岩波新書, 1968.

イザヤ・ベンダサン, 山本七平 訳,『日本教について』, 文春文庫, 1975.

色川大吉,『明治の文化』, 岩波書店, 1970.

岡澤憲一郎,「ウェーバーの宗教観ー'近代の経済エートス'の形成」,『名古屋学院大学論集』
　　　第51巻 3号, 名古屋学院大学産業科学研究所, 2015.

オールコック, 山口光朔 譯,『大君の都』, 岩波文庫, 1962.

鹿野正直,「'近代'批判の成立」,『歴史学研究』341号, 歴史學研究會, 1968.

鎌田柳泓,「心學五則」,『石門心学』日本思想大系 42, 岩波書店, 1971.

ゴードン・S・ウッド,『ベンジャミン・フランクリン, アメリカ人になる』, 慶應義塾大学出版
　　　会, 2010.

佐藤義隆,『ベンジャミン・フランクリンーアメリカを発明した男』(『岐阜女子大学紀要』第
　　　35号), 2006.3.

斎藤正二 訳,『フランクリン自伝』, 講談社文庫, 1973.

産経新聞社,『戦後史開封』, 1995.

柴田嶋翁,『鳩翁道話・壱之上』(『石門心学』日本思想大系 42), 岩波書店, 1971.

柴田實,「石門心学について」,『石門心学』日本思想大系 42, 岩波書店, 1971.

城島明彦,『石田梅岩「都鄙問答」』, 致知出版社, 2016.

_____,『中江藤樹'翁門答'』, 致知出版社, 2017.

住谷一彦,『マックス・ヴェーバー』, NHKブックス, 1970.

田畑稔 外,『現代日本の教育イデオロギー』, 青弓社, 1983.

手島堵庵,「前訓」,『石門心学』日本思想大系 42, 岩波書店, 1971.

ベンジャミン・フランクリン, ハイブロー武蔵 訳,『人生を幸せと導く13の習慣』, 総合法令出
　　　版株式会社, 2003.

_____ 訳,『若き商人への手紙』, 総合法令出版株式会
　　　社, 2004.

中野泰雄,『マックス・ウェーバー研究』, 新光閣書店, 1977.

西平重喜,『世論調査による同時代史』, プレーン出版, 1987.

早坂隆,『世界の日本人ジョーク集』, 中公新書ラクレ, 2006.

Max Weber, 梶山力・大塚久雄 訳,『プロテスタンティズムと資本主義の精神』上券, 岩波文庫, 1955.

_____ 訳,『プロテスタンティズムと資本主義の精神』下券, 岩波文庫, 1962.

丸山真男,『日本の思想』, 岩波新書, 1961.

森田健司,「鎌田柳泓の思想における心学的基盤」,『大阪学院大学経済論集』第27巻 第1・2号, 2013.

安丸良夫,『日本ナショナリズムの前夜』, 朝日新聞社, 1977.

_____,『日本の近代化と民衆思想』, 青木書店, 1974.

山本七平,『勤勉の哲学』, 祥伝社, 2008.

제2장

家永三郎,『日本道徳思想史』, 岩波全書, 1954.

石田梅岩, 家永三郎 外編,「都鄙問答」,『近世思想家文集』日本古典文学大系 97, 岩波書店, 1966.

_____,「倹約斎家論 下」,『石門心学』(柴田実, 日本思想大系 42), 岩波書店, 1971.

今井淳,『近世日本庶民社会の倫理思想』, 思想社, 1965.

内村鑑三,『代表的日本人』, 岩波文庫, 1941.

大野信三,『仏教社会・経済学説の研究』, 有斐閣, 1956.

大原幽学, 奈良本辰也 外,「微味幽玄考 一ノ上」,『二宮尊徳・大原幽学』, 岩波書店, 1973.

貝原益軒, 石川謙校訂,『養生訓・和俗童子訓』, 岩波文庫, 1961.

加藤みちこ,『勇猛精進の聖ー鈴木正三の仏教思想』, 勤誠出版, 2010.

神谷満雄,『鈴木正三ー現代に生きる勤勉の精神』, PHP文庫, 2001.

木村壮次,『超訳報徳記』, 治知出版社, 2017.

児玉幸多,『二宮翁夜話』, 中央公論新社, 2012.

_____ 譯,『二宮尊徳・二宮翁夜話』, 中央公論新社, 2012.

小松和彦,『福の神と貧乏神』, ちくま文庫, 2009.

堺屋太一,『日本を創った12人』, PHP文庫, 2006.

島田煙子,『日本人の職業倫理』, 有斐閣, 1990.

城島明彦,『石田梅岩「都鄙問答」』, 致知出版社, 2016.

城島明彦,『中江藤樹 '翁門答'』, 致知出版社, 2017.

鈴木正三, 加藤みちこ 編訳,『鈴木正三著作集・Ⅰ』, 中公クラシックス, 2015.

鈴木鉄心校訂・編,『鈴木正三道人全集』, 山喜房仏書林, 1988.

高尾一彦,『近世の庶民文化』, 岩波書店, 1968.

童門冬二,『二宮尊徳の経営学』, PHP文庫, 2013.

新渡戸稲造, 内原忠雄 訳,『武士道矢』, 岩波文庫, 1938.

長谷川直哉,「明治期企業家の経済思想と道徳的深層の関係について」,『日本経営倫理学会誌』第16号, 日本経営倫理学会, 2009.

原田伴彦,『日本町人道』, 講談社, 1968.

速水融,『歴史人口学研究ー新しい近世日本像』, 藤原書店, 2009.

藤吉慈海,『浄土教思想の研究』, 平楽寺書庄, 1983.

堀出一郎,『鈴木正三ー日本型勤勉思想の源流』, 筑沢大学出版会, 1999.

中村元,『鈴木正三の宗教改革的精神』, 三省堂, 1949.

奈良本辰也,『二宮尊徳』, 岩波新書, 1959.

二宮尊徳,「二宮夜翁話」,『二宮尊徳・大原幽学』日本思想大系52, 岩波書店, 1973.

Max Weber, 梶山力・大塚久雄 訳,『プロテスタンティズムと資本主義の精神』上券, 岩波文庫, 1955.

森田健司,『なぜ各経営者は石田梅岩に学ぶのか』, 三省堂, 2015.

山本七平,『日本資本主義の精神』, 光文社, 1979.

＿＿＿＿,『勤勉の哲学』, 祥伝社, 2008.

R.N. ベラ, 池田秋昭 訳,『徳川時代の宗教』, 岩波文庫, 1996.

「大原幽学 田んぼのヒーロー物語」, http://www.tanbo-kubota.co.jp/water/hero/yuugaku.html

제3장

青野豊作,「松下幸之助・透徹の思想」,『論叢 松下幸之助』第16号, PHP総合研究所, 2011.

井上幸治,『秩父事件』, 中公新書, 1968.

色川大吉,『明治の文化』, 岩波書店, 1970.

エドワード・シルヴェスター・モース, 石川欣一 翻訳,『日本その日その日』, 講談社, 2013.

小木新造,『ある明治人の生活史』, 中公新書, 1983.

小野進,「モラル・キャピタリズム(Moral Capitalism)の経済学」,『立命館経済学』第63巻 第5・6号, 立命館大学人文科学研究所, 2015.3.

北康利,『同行二人 松下幸之助と歩む旅』, PHP研究所, 2008.

木村昌人,「'合本主義'研究プロジェクトについて(1)」,『青淵』No.759, 渋沢栄一記念財団, 2012.6.

_____,「渋沢栄一研究とグローバル化－合本主義・"論語と算盤"」,『渋沢研究』第27号, 渋沢史料館, 2015.

小見山隆行,「江戸期の商人精神と企業家精神の生成に関する考察」,『商学研究』第49巻 3號, 愛知学院大学商学会, 2009.

堺屋太一,『日本を創った12人』, PHP文庫, 2006.

渋沢栄一,『渋沢百訓 論語・人生・経営』, 角川ソフィア文庫, 2010.

_____,『論語と算盤』, 角川ソフィア文庫, 2008.

渋沢栄一伝記資料刊行会, 渋沢青淵記念財団竜門社 編,『渋沢栄一伝記資料』第46巻, 1962.

高尾一彦,『近世の庶民文化』, 岩波書店, 1968.

中沢市朗,『歴史紀行秩父事件』, 新日本出版者, 1991.

並松信久,「農村経済更生と石黒忠篤－報徳思想との関連をめぐって」,『京都産業大学論集』社会科学系列 第22号, 2005.

農林省訓令,「農山漁村経済更生計画ニ関スル件」, 1932.10.6.

平賀明彦,「農家簿記記帳運動と分村移民論－'黒字主義'適正規模論の帰結」, 白梅学園短期大学 編,『白梅学園短期大学紀要』第29号, 1993.

松下幸之助,『私の生き方考え方』, 甲鳥書林, 1954.

_____,『物の見方考え方』, 実業之日本社, 1963.

_____,『実践経営哲学』, PHP研究所, 1978.

_____,『商売心得帖』, PHP研究所, 1973.

_____,『素直な心になるために』, PHP研究所, 1976.

松田延一,「戦前の農村更生協会の活動」,『農山漁村経済更生運動資料－その2～経済更生運動の現地における実施推進に関する資料』, 農村更生協会, 1977.

見城悌治,「はしがき」,『渋沢栄一, '道徳'と経済のあいだ』, 日本経済評論社, 2008.

柳田國男,『明治文化史・風俗編』, 洋々社, 1954.

山本七平,『日本資本主義の精神』, 光文社, 1979.

_____,『渋沢栄一 近代の創造』, 祥伝社, 2010.

崔吉城,『「親日」と「反日」の文化人類學』, 明石書店, 2002.

「明治10年代における蚕糸業の概況」, 埼玉県 編,『新編埼玉県史・資料編』21, 1982.

「明治10年勧業概況」, 埼玉県 編,『新編埼玉県史・資料編』21, 1982.

「埼玉製糸会社稟告書」, 埼玉県 編,『新編埼玉県史・資料編』21, 1982.

「明治一六年勧業概況」, 埼玉県 編, 『新編埼玉県史 · 資料編』 21, 1982.

「上州高崎駅ニ到ル鉄道路線ノ儀」, 鶴巻孝雄 編, 『明治建白書集成』第六巻, 1984.

「民間金融ノ景況及閉塞ノ原因」, 埼玉県 編, 『新編埼玉県史 · 資料編』 21, 1982.

「人庶物産改良ニ競奔スルノ概況」, 埼玉県 編, 『新編埼玉県史 · 資料編』 21, 1982.

「桐窓夜話」, 埼玉県 編, 『新編埼玉県史 · 資料編』 19, 1983.

「埼玉県惨状視察報告」, 埼玉県 編, 『新編埼玉県史 · 資料編』 23, 1982.

『パナソニックの行動規準』改定版, 2008.10.1.

제4장

家永三郎, 『日本道徳思想史』, 岩波全書, 1954.

犬養道子, 『日本人が外に出るとき』, 中央公論社, 1986.

清川雪彦 · 山根弘子, 「日本人の労働観」, 『大原社會問題研究所雑誌』 No.542, 法政大学大原
　　　社会問題研究所, 2004.1.

経済安全本部, 『経済実相報告書』, 昭和22.7.3.

総合研究開発機構, 『国際社会の中の日本経済』, 野村総合研究所, 1988.

佐藤公久, 『GNP大国日本の「国力」』, 教育社, 1979.

産経新聞戦後史開封取材班, 『戦後史開封』, 産経新聞社, 1995.

島田嬅子, 『日本人の職業倫理』, 有斐閣, 1990.

城繁幸, 『若者はなぜ3年で辞めるのか』, 光文社新書, 2006.

城塚登, 『近代社会思想史』, 東京大学出版会, 1960.

高坂正尭 外, 『現代日本の政治経済』, PHP研究所, 1988.

高橋美保, 「'働くこと'の意識についての研究の流れと今後の展望」, 『東京大学大学院教育学
　　　研究科紀要』第45巻, 東京大学大学院教育学研究科, 2005.

竹山道雄, 『昭和の精神史』, 講談社学術文庫, 1985.

辻野功, 『日本はどんな国か』, 紀伊國屋書店, 1993.

徳永芳郎, 「働き過ぎと健康障害－勤労者の立場からみた分析と提言」, 『経済分析』第133号,
　　　経済企画庁経済研究所, 1994.1.

三橋規宏 外, 『ゼミナール 日本経済入門』 2000年度版, 日本経済新聞社, 1985.

日本の社長研究会 編, 『ニッポンの社長たち』, ダイヤモンド社, 1994.

ハーマン · カーン, 坂本二郎 外譯, 「第二章」, 『超大国日本の挑戦』, ダイヤモンド社, 1970.

福沢諭吉, 『文明論の概略』(『福沢諭吉全集』第四巻), 岩波書店, 1967.

米田幸弘, 「労働倫理の階層化の検証労働義務感に着目して」, 『和光大学現代人間学部紀要』 第7号, 和光大学現代人間学部, 2014.3.

盛田昭夫・石原慎太郎, 『'NO'と言える日本』, 光文社, 1989.

渡辺洋三, 『日本社会はどこへ行く』, 岩波書店, 1990.

臨時行政調査会, 「行政改革の理念(第二次臨調第一次答申)」, 1981.7.10.

中小企業庁, 『元気なモノ作り中小企業300社』, 2006~2009.

21世紀企業行動生活行動研究委員会, 『個人・企業・社会の現在と将来』, 1993.5.1.

『にっぽにあ』第24号, 2003.3.15.

『石油化学新聞』, 2002.1.1.

『シングルorダブル』No.001~190 https://www.matsuura.co.jp/www5/japan/news/

『私の履歴書・経済人6』, 日本経済新聞社, 1980.

『日経流通新聞』, 1981.12.10.

「日本万国博 ①」, 『読売新聞・夕刊』, 1970.2.19.

「降伏ショック反乱散発」, 『読売新聞』, 2000.8.17.

「經濟社會基本計劃」, 1973.2.12.

『經濟白書』, 経済企画庁, 1956・1981・1982・1978~1985.

文部科学省, 『文部科学白書』, 1980.

警察庁, 『警察白書』, 1978~1985.

厚生労働省, 『厚生労働白書』, 2001.

『通商白書』, 経済産業省, 1980・1981・1982.

부록

阿部謹也, 『日本人の歴史意識』, 岩波新書, 2004.

荒木博之, 『日本人の行動様式』, 講談社現代新書, 1973.

_____, 『日本人の心情論理』, 講談社現代新書, 1976.

_____, 『日本語から日本人を考える』, 朝日新聞社, 1980.

板坂元, 『日本語の表情』, 講談社現代新書, 1978.

稲盛和夫, 『新しい日本新しい経営』, PHP文庫, 1998.

岩田龍子, 『日本の経営組織』, 講談社現代新書, 1985.

ウド・ヤンソン, 「十七条憲法の普編的意義」, 平松毅監 譯, 『法と政治』50巻2号, 関西学院大学法政学会, 1999.6.

荻原龍夫, 『祭り風土木記』上, 教養文庫, 1965.

加藤周一 外, 『日本文化のかくれた形』, 岩波書店, 1991.

加用信文, 『日本農法論』, 御茶の水書房, 1972.

金田一春彦, 『日本人の言語表現』, 講談社現代新書, 1975.

倉沢正則, 「日本文化の'和'と福音にみる'キリストの和'」, 『キリストと世界』第10号, 東京基督教大学, 2000.

西藤輝, 「日本倫理思想ー聖徳太子・十七条憲法に源流を求めて」.

http://www.jabes1993.org/rinen_archive/saito_shotoku_may2011

堺屋太一, 『日本を創った12人』, PHP文庫, 2006.

田尾雅夫, 『会社人間はどこへ行く』, 中公新書, 1998.

多田道太郎, 『しぐさの日本文化』, 筑摩書房, 1972.

中根千枝, 『タテ社会の人間関係』, 講談社現代新書, 1967.

中尾英俊, 『日本社會と法』, 日本評論社, 1994.

日本の社長研究会 編, 『ニッポンの社長たち』, ダイヤモンド社, 1994.

農林水産省政策広報パンフレット, 「新たな米政策と水田農業のビジョンつくりについて」, 2003.

原洋之介, 「3部 多様な相貌をもつアジアの農業・農村」, 『アジアの「農」日本の「農」ーグローバル資本主義と比較農業論』, 書籍工房早山, 2013.

村上泰亮 外, 『文明としてのイエ社会』, 中央公論社, 1979.

南博, 『日本的自我』, 岩波新書, 1983.

三好隆史, 『日本人の心理構造』, ダイヤモンド社, 1996.

宮本常一, 『家郷の訓』, 岩波書店, 1984.

_____, 『忘れられた日本人』, 岩波文庫, 1984.

夜久正雄, 「聖徳太子・十七条憲法と神話・伝説・歴史」, 『亜細亜大学教養部紀要』12, 亜細亜大学, 1975.

山本七平, 『勤勉の哲学』, 祥伝社, 2008.

'신생 일본'의 등장과 대일관의 재정립

80년대 말 일본이 거품 경제에 취해 있을 때 미국 경제는 고코스트, 저품질, 저서비스, 저스피드로 상징되는 기업 문화의 근본적인 변화가 필요하다는 공감대를 형성하기 시작했다. 비즈니스 프로그램의 혁신을 위한 타개책으로 '리엔지니어링'이 외쳐지고 그 도구로서 정보 시스템, 퍼스널 컴퓨터, LAN의 활용과 같은 정보화가 언급되면서 소위 '정보의 전자화', '통신 네트워크의 활용', '정보의 공유화'를 베이스로 하는 'CALS'라는 개념이 등장하게 된다. 혁신적이고 미래지향적인 산업 정보 시스템으로 주목받은 'CALS'는 미 국방성이 병기의 품질 향상을 목적으로 컴퓨터를 활용하여 후방에서 군사 지원을 한다Computer Aided Logistics Support는 뜻으로 출발했지만, 통신 산업의 발달로 민간에서의 활용이 제창되면서 라이프 사이클 전반에 적용할 수 있는 의미로 확산되었다. 이에 따라 'CALS'의 풀 네임도 아래와 같이 변했다.

① Continuous Acquisition and Life-cycle Support
② Computer-aided Acquisition and Logistic Support

①과 ②를 더해 정의하면 "기업의 조달 활동을 지원하는 정보 시스템"이라는 이해가 가능하다. 또 ①에는 "Life-cycle"이 있고 ②에는 "Logistic"

이 있다. 여기서 말하는 "Life-cycle"은 "원재료에서 부품, 완성품, 가게에 진열되는 상품, 소비자가 사용하는 상품, 폐기된 상품"이라는, 이른바 한 제품의 일생을 나타냄과 동시에 "설계, 부품 재료 조달, 생산, 출하, 메인 터넌스"라는 기업 활동의 일련의 흐름을 나타내는 말이고, "Logistic"는 기업 전략 자체를 의미한다(동시에 "전쟁, 병기, 방위"라는 숨은 뜻도 있지만 우선 일차적인 의미를 생각하면 좋을 것이다).

이상을 종합하면 'CALS'란 "조달을 비롯한 기업 활동, 혹은 제품의 라이프사이클 전반"을 "컴퓨터를 사용하여 지원"하는 "전략적인 정보 시스템"이 된다. 그러나 숙련된 문장이라고 보기 어려워 통산성通産省은 "생산·조달·운용 지원 통합 정보 시스템"으로 번역했고, 논자에 따라서는 "조달 정보 시스템", "전자 거래 지원 시스템", "부품 통합 정보 시스템"등으로 명명했다. 다른 각도로 해석하면 "칼스는 종이를 사용하지 않는 비즈니스 시스템"이라는 의미를 띠고 있다. 90년대 초 일본의 컴퓨터, 방위, 항공·우주 분야에서 근무하던 일부가 당시 미국에서 진행되고 있던 '칼스 프로젝트'에 대해 "일본의 대응이 늦으면 대단히 위험하다"고 경고하고 있을 때 일본 경제의 미래와 전자 상거래에 대한 일본 사회의 이해를 돕기 위해 닛간코교日刊工業신문 취재팀이 통산성의 전문가와 함께 분석하여 발표한 CALS의 정의이다.石黒憲彦,『CALS』

일본 사회의 자기 혁신 기운

일본 사회의 CALS론은 고도 정보 통신화와 메가 컴페티션mega-competi-tion을 주도한 미국 발 신경제가 제조업 신화 창조에 젖어 있던 일본 경제에 상당한 충격으로 다가왔다는 것을 의미하지만, 한편으로는 새로운 산업 인프라에 대한 일본 사회의 두려움과 호기심이 착종錯綜한 상태에서 나타난 적극적인 자기 반응이었다. 이때부터 일본 사회는 화합과 통합의 정신으로 난국을 극복해온 전통을 바탕으로 전후 시스템과 미래에 대한 불투명함을 극복하기 위한 자기 혁신에 착수했다.

경제 평론가 하세가와 케이타로長谷川慶太郎는 냉전체제 이후의 세계 경제는 철저하게 '자유화 노선'으로 나아가고 있다고 하면서, 그 전제로서 ① 국유 기업의 민영화, ② 국내 산업에 대한 보호정책의 폐지, ③ 경제 활동에 대한 정부 규제의 철폐 등은 필수적이며, 만약 이러한 방향으로 경제 정책의 전면적인 전환을 하지 않는 나라는 선진국이나 개발도상국, 구공산권을 포함해 어느 나라 할 것 없이 모두 쇠퇴할 것이니, 일본도 이 전제가 되는 제도는 예외 없이 개혁의 대상이 되어야 하고, 그 흐름에 반대하고 저항하는 세력은 철저하게 격파해야 한다고 주장했다『これからの日本経済』.

정부의 상황 판단도 유사했다. 1992년 이후 6차례의 긴급 경제 대책 발표와 65조 엔의 거대 자금을 투입하며 경기 활성화를 도모했으나 실패로 끝나자, 작금의 일본 경제는 단기적으로도 중·장기적으로도 새로운 국면에 직면해 있다는 전제하에 현재의 경제 상황의 진단과 처방 목표를 "일본 경제의 다이나미즘 회복"에 초점을 맞추었고『経済白書』, 1995, 이듬해는 전후의 경제 신화를 지탱해온 일본적 시스템으로는 더 이상 미래를 보장할 수 없다는 인식하에, '포스트 캐치 업'의 시대에 어울리는 구조와 제도를 구축하는 것이 폐색감閉塞感을 불식하고 일본 경제의 다이나미즘을 부활시키는 조건이라고 하며 시스템과 구조 개혁을 강조했다『経済白書』, 1996. 국가 경쟁력 확보를 위한 경제 구조 개혁에 정부의 역량을 결집하겠다는 의지였다.

경제계의 입장은 보다 적극적이었다. 게이단렌経団連은 1995년도 총회에서, 일본은 전후 50년 만에 중대한 기로에 서 있다는 주장과 함께 "우리나라 경제 사회 시스템은 이미 세계적인 변혁의 시대에 대응할 수 없는 것이 되고 있다. 이런 가운데 급격한 엔고, 제조업·금융 시장 등의 공동화와 고용불안, 게다가 한신대지진과 혼돈에 빠진 정치·사회 정세 등에 의해 국민의 불안과 폐색감은 증대하고 있다"라고 진단하면서, 정치사회의 혼란뿐만 아니라 일본의 경제 환경도 이미 국제 사회의 흐름에 제대로 대처하지 못하고 있음을 지적했다. 정부나 민간, 경제계 등이 한결같이 과거의 성공 신화를 보장했던 일본적 경제 시스템의 구조적인 변화 없이는 일본의 성장과 발전은 기대할 수 없다고 역설했다.

정치권도 예외가 아니었다. 당시 자민당 내의 최대 파벌이자 국민적 신망이 두터웠던 하시모토 류타로橋本龍太郎는 행정·재정·금융·사회 복지·경제 구조·교육의 6대 개혁 과제를 설정하여 내각의 명운을 걸고 개혁에 나섰고, 그 연장선상에서 국민적 지지를 받으며 등장한 고이즈미 준이치로小泉純一郎는 "구조 개혁 없이는 일본의 재생과 발전은 없다"는 신념으로 경제·재정·행정·사회·정치 분야에서 각종의 구조 개혁을 단행했다. 정치권의 안정과 철저한 구조 개혁을 요구하던 게이단렌도 "21세기를 향해 정치·행정·경제 전반에 걸쳐 과감하게 구조 개혁을 추진하여 정치에 대한 국민의 신뢰와 기대를 회복"하기 바란다는 격려를 보내며 정치권의 개혁 노선을 지지했다.

경제 구조의 패러다임 변화와 시대적 가치관의 변화로 일본 사회가 총체적 위기감에 빠져들자 지식인들은 전후 부흥과 고도 경제 성장, 그리고 경제 대국 일본을 건설한 전후 가치·시스템과의 과감한 단절을 요구하며 일본 사회의 혁신을 부르짖었고, 경제계는 근본적인 혁신을 바탕으로 창조와 다양성의 중시, 가치 기준의 변화, 선택과 집중을 통해 새로운 기업 문화 구축에 사활을 걸었다. 금융 개혁을 비롯한 제도 개혁과 규제 완화의 요구를 최대한 수용하여 경제계의 자구 노력을 뒷받침한 정치권의 노력과 갖은 비난에도 경기 회복과 부양을 위한 각종 정책을 통해 일본 재건에 몰두한 관료들의 노력도 있었다.

중앙 정부와 지방 정부는 작은 정부의 실현과 지속적인 자주·자립 노력을 발판으로 지방 분권의 길을 모색하며 21세기의 "매력 있는 일본"의 창조에 진력했다. 구조 조정과 고용 불안이 지속되면서 가치관의 혼란이나 심리적 불안감이 증폭되고, 과거에 경험하지 못한 새로운 사회 문제 등이 일본인들의 일상성을 위협하고 있었음에도 과거의 영광을 떠받혀 온 통속도덕적 사유양식은 크게 무너지지 않았고, 계층·세대·지역·노사 간에 나타날 수 있는 극한적인 갈등이나 대립 따위도 찾아보기 어려웠다.

그렇게 일본 사회는 90년대부터 시작된 경제 위기를 '잃어버린 20년'으로 규정하며 다양한 각도에서 변화와 혁신을 요구하는 움직임을 활발히 전개하며 제 문제들의 해결에 국력을 결집해왔다. 어찌 보면 '뉴 저팬'의 탄생을 예고하는 인고忍苦의 시간을 보내었다고 해도 과언이 아니지만(이 과정에서 전후 부흥을 지탱해온 소위 정·관·재 일체화 시스템이 오히려 강화된 부작용도 물론 지적하지 않을 수 없다), 그동안 우리 사회는 일본의 위기가 다가올 우리의 자화상임을 외면한 채 '일본의 시대는 끝났다'며 조소어린 시선으로 응시하는 데 만족했다. '잃어버린 20년'이 아닌 '자기 혁신의 20년'이었음을 간과한 것이다.

'신생新生 일본'의 등장

90년대 일본의 경제 위기가 본격화되기 시작할 무렵 일본 경제전문가로 주목받았던 피터 타스카Peter Tasker는 "일본이 1980년대에 경제 대국으

로 부상하기까지 일본 사회는 오일 쇼크나 엔 강세, 미국의 '일본 두드리기'와 같은 경제적 위기에 직면했고 그때마다 인내심을 발휘하거나 효율성을 높이거나 오로지 열심히 일하는 것으로 문제를 해결해 왔다. 그러나 일본 사회가 90년대에 경험하기 시작한 혼란은 이제까지 일본이 경험하지 못한 완전히 새로운 상황이라는 데 문제의 심각성이 있다"고 하면서, 그 배경을 "지금의 일본의 혼란은 이해하기 쉬운 외부로부터의 쇼크가 아니라 소위 내부로부터 서서히 진행되고 있는 쇼크이기 때문"이라고 했다. 따라서 "일본 사회가 이 새로운 혼란을 극복하기 위해서는 과거의 해결 방법과는 근본적이고 질적으로 다른 방법을 동원하지 않으면 문제해결은 불가능하다"고 주장했다. 그러면서도 그는 "이번에도 일본은 이 난관을 극복하고 지금과는 다른 일본으로 거듭날 것"이라고 예언했다『日本の時代は終わったか』.

그의 예언대로 일본 경제는 성장을 위한 각종 구조 개혁이 조금씩 성과를 내면서 새로운 국면을 맞이했다. 2009년의 리먼 쇼크와 2011년의 동일본대지진에도 불구하고 경기 순환상 서서히 확장 국면에 진입하는 전기를 마련했고『経済白書』, 2012, 개인 소비나 공공 투자 등이 경기 회복을 주도하면서 기업 수익이나 생산도 회복되기 시작했다『経済白書』, 2014. 니혼게이자이신문日本経済新聞도 20여 년간 계속된 경제 정체의 원인을 불량 채권의 처리 지연, 정치 상황의 혼미, 과거의 성공 신화에 대한 기업의 환상 등으로 정리한 뒤, 정치가 리더십을 발휘하여 기득권을 타파하는 암반을 도려내고, 기업은 글로벌화·디지털화에 대응하는 체질 개선과 단련을 통해 경제를 성장시키는 노력에 진력한다면 버블의 후유증에서 벗어날 수 있으며, 이제 일본은 겨우 그런 전기를 마련했다고 평가했다「'失われた20年'教訓に飛躍のとき」, 2015.9.21.

이를 증명하듯 경제 상황은 실질 성장률의 지속적인 플러스 성장을 바탕으로 "일본 경제의 가능성 확대"를 위한 산업의 구조 변화를 주도하며 "4반세기만의 성과와 재생하는 일본 경제"에 대한 자신감에 충만해 있고, 세계 경제의 불투명성이 고조되고 있음에도 "소비나 투자 등 국내 수요의 회복"을 위한 정책에 집중하며, 기술 혁신과 생산성 향상에 의한 "새로운 성장"을 모색하고 있다. 그런 노력은 명목 GDP 과거 최대인 550조엔, 기업 수익은 과거 최고인 75조엔, 취업자 수는 최근 5년간 251만 명 증가, 유효구인배율$^{1.6배}$은 1970년대 전반기 이래 40여 년 만에 고수준을 기록하는 등$^{2018년 단계}$ 전후 최장의 경기 회복기를 이어가는 결과로 나타났다.

지금 이 순간에도 일본은 "성장과 분배의 호순환 실현을 향해" 끊임없는 자기반성과 혁신으로 "리질리언트^{resilient} 일본 경제"$^{강력함과 유연성을 겸비한 경제 사회 구축}$를 기약하고, '가상 공간'과 '현실 공간'을 고도로 융합시킨 시스템에 의해 경제 발전과 사회적 과제의 해결을 양립하는 인간 중심의 사회$^{Society 5.0}$를 모색하고 있다. 경제·사회의 변혁^{innovation}을 통해 세기말 일본 사회를 짓눌렀던 폐색감을 타파하고, 세대를 초월하여 서로 존중할 수 있고 미래의 희망에 충만한, 국민 개개인이 활력에 찬 질 높은 생활을 향유할 수 있는 국가를 건설하겠다는 의지이다.

'뉴저팬'의 탄생이 한국의 위기와 맞물려 전개되는 상황을 한국 사회는 어떤 시선으로 바라보고 있을까. 300억에 달하는 대일 무역 적자에는 아무런 관심도 없으면서 일본의 국가 신용 등급이 우리보다 낮아졌다고 우쭐대거나, "불구대천^{不俱戴天}"의 원수라는 유산에 사로잡혀 'The Japanese'의 실체를 외면하는 우^{愚}를 단절하지 못한 자신의 한계를 반성하고 있는 것일까. 아니면 한국 사회의 '친일'과 '반일'의 '일^{日}'은 감정이나 감성이 아닌 실체에 의한 '일'이어야 한다는 것을 역사가 우리에게 교훈으로 남겨놓았다는 사실을 인지하며 자기 혁신에 매진하고 있을까.

일본은 아시아의 근대 문명을 선도하고 패권적 지위를 구축하여 세계를 상대로 전쟁을 일으킨 주체이자, 세계의 찬사를 받은 전후 부흥과 경제·문화 대국의 입지를 자력으로 국제 사회에 각인시킨 나라이고, 우리 역시 20세기 한 민족이 경험할 수 있는 모든 굴욕적 상황식민 지배, 내전, 분단에 IMF 금융 지배까지 경험한 유일한 국가지만, 산업화와 민주화 시대를 거쳐 ICT·문화 강국을 건설한 나라이다.

양국 사회가 영욕의 20세기를 어떤 식으로 기억하든 21세기의 '뉴코리아'는 그에 부응하는 집단 지성을 바탕으로 성숙하고 냉정한 시각으로 '신생 일본'을 응시하는 문화 선진국이 되어, 국제 사회로부터 존경받고 신뢰받는 대한민국으로 거듭나야 한다. 대한민국의 '선진화'와 우리를 바라보는 제 외국의 시선에 존경의 넘ᅙ이 실리는 그날까지 '한국인'으로서의 '삶'을 존중하며 살아가는 한 사람이길 스스로에게 다짐하면서 본 연구의 긴 여정을 마무리하고자 한다.

2023년 3월
용두산 기슭에서, 김필동